VIVER FELIZ

VIVER FELIZ

*A construção
da felicidade*

CHRISTOPHE ANDRÉ

Tradução
CLAUDIA BERLINER

Martins Fontes
São Paulo 2006

Esta obra foi publicada originalmente em francês com o título
VIVRE HEUREUX por Éditions Odile Jacob, Paris.
Copyright © Éditions Odile Jacob, março 2003.
Copyright © 2005, Livraria Martins Fontes Editora Ltda.,
São Paulo, para a presente edição.

1ª edição 2006

Tradução
CLAUDIA BERLINER

Revisão da tradução
Andréa Stahel M. da Silva
Acompanhamento editorial
Luzia Aparecida dos Santos
Revisões gráficas
Sandra Garcia Cortes
Ana Maria de O. M. Barbosa
Dinarte Zorzanelli da Silva
Produção gráfica
Geraldo Alves
Paginação
Moacir Katsumi Matsusaki

Dados Internacionais de Catalogação na Publicação (CIP)
(Câmara Brasileira do Livro, SP, Brasil)

André, Christophe
  Viver feliz : a construção da felicidade / Christophe André ; tradução Claudia Berliner ; [revisão da tradução Andréa Stahel M. da Silva]. – São Paulo : Martins Fontes, 2006.

  Título original: Vivre heureux : psychologie du bonheur.
  ISBN 85-336-2232-5

  1. Auto-ajuda – Técnicas 2. Felicidade – Aspectos psicológicos 3. Psicologia aplicada I. Título.

05-8569   CDD-158

Índices para catálogo sistemático:
1. Felicidade : Psicologia aplicada 158

Todos os direitos desta edição para o Brasil reservados à
Livraria Martins Fontes Editora Ltda.
Rua Conselheiro Ramalho, 330 01325-000 São Paulo SP Brasil
Tel. (11) 3241.3677 Fax (11) 3101.1042
e-mail: info@martinsfontes.com.br http://www.martinsfontes.com.br

Para Pauline

ÍNDICE

Introdução   15

PRIMEIRA PARTE: A FELICIDADE É POSSÍVEL?   19

Capítulo 1 O que é a felicidade?   21

A dois passos da felicidade   22
Satisfação e felicidade *22*; Prazer e felicidade *23*; Alegria e felicidade *25*; Beatitude e felicidade *26*; Por que marcar diferenças? *28*

Como é que vivenciamos a experiência da felicidade?   29
As situações de felicidade *30*; As emoções da felicidade *31*; A construção da felicidade *32*; A concepção da felicidade *34*; "Conheci a felicidade, mas não foi isso que me deixou mais feliz" *36*

A felicidade: um sentimento muito particular   36
No começo, era o bem-estar *36*; A felicidade é um sentimento *37*; A felicidade se basta a si mesma *38*; Não se brinca com a felicidade! *39*; A alquimia da felicidade *40*

Capítulo 2 A felicidade impedida   41

Não sou dotado(a) para a felicidade   42
O medo da felicidade existe? *42*; Na verdade, falta de jeito: "O que fazer com a felicidade?" *42*; Ou angústia: "E *depois* da felicidade?" *43*; Às vezes, superstição: "Atrair o azar para a felicidade?" *43*; Ou tristes hábitos: "A infelicidade, conheço bem…" *44*; E alguns interditos culturais: "A felicidade?… Pense bem, veja…" *45*

O sentimento de infelicidade no cotidiano   47
É possível fazer a si mesmo(a) infeliz? *48*; A concepção da infelicidade *49*

Onde você se situa entre felicidade e infelicidade?   50

Algumas perguntas sobre a felicidade e a infelicidade   52
Um combate desigual? *52*; A infelicidade é necessária para a felicidade? *53*; Pode-se sentir felicidade na infelicidade? *54*; E infelicidade na felicidade? *55*; A felicidade pode proteger da infelicidade? *58*; É possível enfrentar a "verdadeira" infelicidade? *58*; Pode haver felicidade depois da infelicidade? *61*

Sair das trevas…   63

Capítulo 3 A felicidade: uma história íntima   65

Existe uma predisposição para a felicidade?   67
Bom humor *68*; Temperamento feliz *70*; Humor e temperamento: é possível mudar? *71*

Os pais podem ensinar a felicidade aos filhos?   72
O que os pais podem fazer para a felicidade dos filhos? *73*; O amor que meus pais me deram me ajudou a ser feliz? *74*; O que meus pais me mostraram da relação deles com a felicidade? *75*; O que meus pais me ensinaram sobre a felicidade? *77*

As idades da felicidade   79

Infância: a felicidade em estado puro? *79*; Adolescência: a felicidade, e eu com isso... *82*; Idade adulta: maturidade ou mediocridade da felicidade? *83*; Envelhecer feliz? *85*

SEGUNDA PARTE: COMPREENDER E DEFENDER A FELICIDADE *89*

Capítulo 4 Onde buscar a felicidade? *91*

Promessas e artifícios: a felicidade por encomenda *92*
O dinheiro traz felicidade? *92*; Mentiras e miragens mercantis *95*; Substâncias da felicidade? *101*

As aparências da felicidade *104*
O *status* e os diplomas *105*; A juventude *106*; A saúde *107*; A beleza *107*

A felicidade está no vínculo *110*
O casal *110*; Os filhos *113*; Os pais *115*; Os amigos *116*

A felicidade está na ação *118*
O trabalho *118*; O lazer *120*; Ação e felicidade: um pouco de teoria *121*; E o descanso? *122*

A felicidade está no campo *123*

As coisas da vida... *125*

Capítulo 5 O que sabemos sobre a felicidade? *127*

Uma ciência da felicidade? *128*
A medida da felicidade *128*; As pesquisas sobre a felicidade *129*; Duas dimensões mensuráveis da felicidade *131*

Felicidade de cima ou felicidade de baixo? *132*
O elevador da felicidade *133*; Algumas condições psicológicas para a felicidade *134*; E então, *top-down* ou *bottom-up*? *141*

Quatro caminhos para a felicidade *142*

Não existe felicidade "tamanho único" *143*; As quatro caras da felicidade *143*

Felicidade e sentido da vida *147*
Biologia, psicologia e sociedade: três bases para a felicidade *148*; Sísifo e a felicidade *151*; Uma visão montês da felicidade *152*

Fé e felicidade *153*
Para encontrar a felicidade, é preciso acreditar nela... *153*; Religião e felicidade *154*; Fé e felicidade: usar apenas a dose prescrita? *156*

Para que serve a felicidade? *156*
"Tornar-me indiferente à idéia da morte..." *157*; "Vivamos felizes esperando a morte" *158*; É sempre preciso reler Proust... *160*

Capítulo 6 A felicidade, um tema que aborrece *161*

Uma breve história da felicidade no Ocidente *162*
Felicidade e cristianismo *162*; A revolução da felicidade *164*; Romantismo da infelicidade... *165*

Debates sobre a felicidade: quando escuto a palavra "felicidade", vou logo sacando meu revólver... *166*
Pecado nº 1: a felicidade torna molenga e medíocre *167*; Pecado nº 2: a felicidade torna egoísta *168*; Pecado nº 3: a felicidade deixa ansioso e infeliz *170*; Pecado nº 4: a idéia de felicidade é inútil, ilusória, enganosa e mentirosa *171*; Pecado nº 5: a felicidade tornou-se um objeto de marketing obrigatório *172*; Pecado nº 6: a felicidade é o novo ópio do povo *172*; Pecado nº 7: a felicidade é vulgar *174*

Felicidade e luta de classes *174*
Três etapas da história da felicidade *175*; Felicidade e distinção social *176*

As idéias feitas sobre a felicidade nem sempre estão onde se pensa... *177*

TERCEIRA PARTE: CONSTRUIR A FELICIDADE   *181*

Capítulo 7 Como não ficar infeliz   *183*

A tentação da infelicidade   *184*
Por que em geral somos dotados para a infelicidade?   *186*;
Por que lutar contra a tentação da infelicidade?   *186*

*Marasmo, fossa e mau humor: névoas sobre
a felicidade...*   *189*
Que fazer ante o mau humor?   *192*

*Preocupações, percalços e inquietações: quando viver
é uma preocupação...*   *195*
Os ratinhos da ansiedade roem o bolo da felicidade   *196*;
O que fazer com a ansiedade?   *199*

O pessimismo: lucidez ou cegueira?   *201*
O que é o pessimismo?   *202*; Como o pessimismo entrava a
felicidade   *204*; O que fazer para lutar contra o pessimismo?   *206*

Sem tempo para ser feliz...   *207*
"A felicidade? Combinado, quando eu tiver acabado..."   *208*;
Por que os hiperativos têm dificuldades com a felicidade?   *210*;
O que fazer para não esquecer a felicidade?   *210*

Irritação, raiva e outras emoções hostis   *212*
A tentação das emoções hostis   *213*; As emoções hostis poluem o
bem-estar e prejudicam o vínculo social   *214*; O que fazer para
lidar com as emoções hostis?   *215*

As três distâncias que o separam da felicidade   *217*
Saudade e arrependimentos: "O homem exilado de sua
felicidade..."   *217*; Inveja: a distância entre si mesmo e os
outros   *219*; Idealopatia: a distância entre sonho e realidade   *221*

Do bom uso da queixa   *223*
Todo tipo de queixas...   *224*; Sou infeliz, por isso me queixo, ou
queixo-me, por isso sou infeliz?   *225*; O que fazer com a vontade
de se queixar?   *226*

Preparar o retorno da felicidade... 227

Capítulo 8 Cultivar e proteger a felicidade 229

Decidir-se pela felicidade 231

Esforços para ser feliz? *233*; Saborear todas as formas de felicidade *234*; Desobedecer ao marasmo *236*; Um objetivo, não uma obsessão *237*; A jardinagem da felicidade *238*; Em suave inclinação para o alto *239*; Manter os olhos abertos *240*

Uma felicidade com rosto humano 241

Como não exasperar os outros com a própria felicidade? *242*; Os deveres da felicidade *242*; A felicidade de todos existe? *243*

O otimismo: Max, Cândido e os ratos nadadores 243

O que é o otimismo? *245*; Caricaturas e críticas do otimismo: Cândido *246*; Inteligência do otimismo *248*; Ilusões positivas? *249*; Como fazer com que ratos se tornem otimistas? *251*; De onde vem o otimismo? *252*; Prática do otimismo *253*

Cultivar a inteligência que se tem da felicidade 256

Observar as pessoas felizes *257*; As pequenas felicidades *259*; Sábios, mas não resignados *260*; Gratidão e felicidade *261*; "Ficar feliz quando tudo vai bem..." *262*

Conclusão 263

QUARTA PARTE: COMO ESTÁ A SUA RELAÇÃO COM A FELICIDADE? 265

I – Um questionário para avaliar suas predisposições emocionais para a felicidade 267

Como calcular seus resultados? *268*; Como interpretar seus resultados? *269*

II – Um questionário para avaliar a relação entre seu bem-estar e seu trabalho 271

Como calcular seus resultados? *272*; Como interpretar seus resultados? *272*

III – Um questionário sobre sua satisfação com a vida   273
Como calcular seus resultados? *274*; Como interpretar seus resultados? *274*

IV – Uma escala de pequenas felicidades cotidianas   275
Como utilizar o questionário? *276*; Como calcular seus resultados? *279*; Como interpretar seus resultados? *280*

V – Um questionário sobre o seu perfil de felicidade   281
Como calcular seus resultados? *283*; Como interpretar seus resultados? *283*; Se você obteve uma maioria de respostas "Felicidade de ação" *284*; Se você obteve uma maioria de respostas "Felicidade de satisfação" *284*; Se você obteve uma maioria de respostas "Felicidade de domínio" *285*; Se você obteve uma maioria de respostas "Felicidade de serenidade" *285*

VI – Um questionário sobre o pessimismo e o otimismo   287
Como calcular seus resultados? *289*; Como interpretar seus resultados? *289*

Para saber mais   291
Homenagens   295
Agradecimentos   297
Notas   299

INTRODUÇÃO

"Felicidade: estado da consciência plenamente satisfeita."

Dicionário Le Robert

Sou pequenininho.
Gosto muito de ouvir histórias. Mas o fim dos contos de fadas sempre me deixa um pouco perplexo: "Viveram felizes..." Como é que a gente sabe, se não tem mais nada escrito, descrito? Esses príncipes e essas princesas nunca mais ficam bravos? Nunca mais ficam infelizes? E por que a história pára? A felicidade não é interessante? Quando a gente está feliz não tem mais nada para contar?

Por que esse mistério em torno da felicidade?

Tenho dez anos.
Escuto cada vez menos as histórias dos adultos, mas eu os observo. Cada vez mais. Estico a orelha quando eles falam – raramente – da felicidade. Como todas as crianças que crescem, descubro que a infelicidade existe, e que a vida não acontece exatamente como nos contos de fadas.
É tão difícil, a felicidade?

Tenho vinte anos.
Sou um estudante bastante feliz. Entre um curso na universidade e uma partida de *rugby*, gosto de conversar com meus amigos e reconstruir o mundo. Minha obsessão não me largou, mas descubro um paradoxo: a felicidade é um tema que aborrece. Pode suscitar impaciência ("felicidade é uma bobagem"), críticas ("a felicidade torna molenga e egoísta"), hostilidade ("a felicidade é uma ditadura"), até desprezo ("a infelicidade é mais interessante que a felicidade"). De onde vem todo esse nervosismo a respeito da felicidade?

Tenho trinta anos.
Pronto, sou psiquiatra! Convivo com aquelas e aqueles que têm dificuldades com a felicidade: felicidade impedida, felicidade impossível, felicidade que provoca medo, felicidade de que se foge, felicidade que se chora. Tentamos juntos encontrar o caminho de volta... Mas não é fácil. Como escreve Voltaire: "Todos buscamos a felicidade sem contudo saber onde encontrá-la, como bêbados que procuram sua casa, sabendo confusamente que isso existe..."
Como se faz para achar a felicidade?

Hoje...
Ainda não resolvi a equação da felicidade. Ou melhor, não completamente. De qualquer forma, fiz progressos... Escutando e observando aqueles que têm o dom de senti-la e

INTRODUÇÃO

construí-la. Acompanhando e ajudando os outros a se aproximarem dela. Continuo lendo Voltaire. Que escreve: "Decidi ser feliz porque é bom para a saúde." Como sou médico, gosto do que é bom para a saúde de meus pacientes. Gosto da felicidade e da idéia da felicidade.

E você?

Como está a sua relação com a felicidade?

Primeira Parte

A FELICIDADE É POSSÍVEL?

Nada mais importante que a felicidade. Nada de mais inapreensível também.

Os filósofos, que foram os primeiros a fazer dela um objeto de estudo, refletiram – e escreveram – muito sobre a felicidade.

Mais recentemente, é a psicologia que tenta responder às perguntas que cada um de nós se faz sobre a felicidade:
- *O que é exatamente a felicidade? Um pensamento, uma emoção, uma ilusão?*
- *Como nos aproximamos dela no cotidiano?*
- *Por que tantas pessoas têm dificuldades com a felicidade?*
- *Quais as relações entre felicidade e infelicidade? A felicidade pode ajudar a enfrentar melhor a infelicidade? A sobreviver a ela?*
- *Existem aptidões para a felicidade? Caso existam, de onde vêm? E como vão se inscrever nas nossas trajetórias de vida?*

Capítulo 1

O QUE É A FELICIDADE?

"Dizem muitos: quem nos dará a felicidade?"
Salmo IV

"Estou numa casa que não é a minha, mas onde objetos familiares se misturam com outros que não conheço. Sinto-me muito bem, calma, em paz. A porta do quarto vizinho está entreaberta. Tento me dirigir para ela e abri-la, mas é impossível: ou não consigo me mexer, ou a porta muda de lugar.

Tudo está banhado numa luminosidade leitosa, sinto-me fora da gravidade, desloco-me ora andando, ora flutuando, meu corpo me obedece totalmente, não pesa mais nada, todos os barulhos estão distantes e amortecidos.

Tenho muita vontade de entrar no quarto, sinto que a fonte de meu bem-estar está lá e que se entrasse me sentiria ainda melhor. É claro que nunca consigo entrar.

Mas o mais incrível é que, apesar disso, é um sonho agradável. Estou serena. Ao acordar, sinto-me bem, um pouco estranha: tenho a impressão de ter me aproximado da felicidade..."

Esse sonho me foi contado por uma de minhas pacientes, com quem conversara longamente sobre a felicidade. A meu ver, resume a evidência e o mistério da felicidade. E também nossa grande dificuldade de compreendê-la e de nos aproximarmos dela...

A DOIS PASSOS DA FELICIDADE

Aproximar-se da felicidade...

Assim como a sabedoria ou a inteligência, a felicidade não se deixa definir facilmente. Em vez de renunciar a ela ("A felicidade não existe. Por conseguinte, só nos resta tentar ser felizes sem ela"), tentemos circunscrevê-la, analisando os estados psicológicos agradáveis, vizinhos ou primos da felicidade, mas que não a contêm ou não a resumem por completo: prazer, alegria, satisfação...

Em que esses estados são diferentes da felicidade? Em que são limitados ou incompletos em comparação com o que pode nos oferecer a felicidade? Eles são meras expressões da felicidade? Meios de se aproximar dela?

Satisfação e felicidade

O sorriso do bebê que adormece depois da mamada faz a mamãe dizer: "Vejam como ele está feliz..." Mas, sem se dar conta, é de sua própria felicidade que a mãe está falando e não da de seu filho, mais difícil de afirmar (pode-se, em con-

A FELICIDADE É POSSÍVEL?

trapartida, garantir que ele está muito satisfeito de ter recebido sua dose de leite, de amor, de carinhos e de atenções).

Mas a mamãe não está totalmente enganada: satisfazer um desejo não é a definição mais espontânea da felicidade? No entanto, as coisas não funcionam, ou nem sempre, ou não tão bem como gostaríamos: a felicidade não se resume à satisfação de nossos desejos. É até possível que seja o contrário. Proust notava, por exemplo: "É raro que uma felicidade venha pousar justamente sobre o desejo que a reclamara."* E às vezes é até um erro fatal buscar a felicidade por meio da satisfação dos ideais: vários mitos trágicos nada mais relatam senão o sofrimento, seguido da queda, de indivíduos que perseguem seus desejos, quer seus objetos sejam o amor, o poder ou a glória. Donde a célebre frase de Oscar Wilde: "Há apenas duas tragédias na vida: uma é não ter o que se deseja; a outra, é consegui-lo."

O que fazer então? Segundo o budismo, nenhum objeto vale que o desejemos, o sofrimento provém do desejo, e é a abolição do desejo, não sua realização, que provoca o fim do sofrimento[1]. Abolir os desejos: que projeto difícil! Em todo caso, é útil o lembrete de que nossa busca da felicidade deve depender o menos possível de objetivos materiais: estes devem servir à felicidade, não encarná-la (esta é a grande mentira da publicidade).

Prazer e felicidade

Suzanne

"Para mim, a felicidade é ter a inteligência de aproveitar a vida, de não desperdiçar os prazeres. A base da felicidade é a capacidade de obter prazer ali onde ele se encontra. Há um provérbio americano que diz: *An apple a day keeps the doctor*

---

* *À sombra das raparigas em flor*, trad. Mário Quintana, Ed. Globo, Rio de Janeiro, 6ª ed., 1981, p. 47. (N. da T.)

away, 'uma maçã por dia mantém o médico a distância' (certamente para estimular as pessoas a comerem frutas para o bem de sua saúde). Transformei-o, só por diversão, em: *A pleasure a day keeps the sadness away*, 'os pequenos prazeres elevam o moral e afastam as tristezas ilegítimas'. É inútil aspirar a felicidades complexas ou sutis demais: a melhor das palavras de ordem é *enjoy*, 'desfrute, aproveite!'."

O prazer é o conjunto das sensações agradáveis ligadas à satisfação de nossas necessidades fundamentais: alimento, sexualidade, conforto, atividade física. Buscar a felicidade nos prazeres da vida: eis um belo projeto, que, ademais, tem a vantagem da simplicidade. Mas será suficiente?

De fato, muitas vezes o prazer é parcial, limitado à satisfação de um sentido ou de um órgão, e difere nisso do caráter global do sentimento de felicidade. Além disso, a felicidade não é uma simples soma de momentos de prazer, e a frase do poeta Mallarmé – "A carne é triste, sim, e eu li todos os livros"* – lembra esta dolorosa constatação: a acumulação ou a repetição dos prazeres não conduz à felicidade. Pode até afastar dela, por decepção e frustração.

Embora agradável e necessário à existência, o prazer não é portanto a felicidade, mesmo que dê essa ilusão para alguns: "O prazer é a felicidade dos loucos. A felicidade é o prazer dos sábios" (Barbey d'Aurevilly). Os limites do hedonismo, doutrina que faz do prazer o soberano bem, foram sublinhados inúmeras vezes pelos filósofos. Mas não só por eles...

No alegre tumulto ideológico dos anos 1960-1970, decretou-se que o prazer estava "liberado" e as palavras de ordem a esse respeito puseram-se a florescer: "Gozar sem freios", "É proibido proibir", "Quanto mais faço amor, mais tenho vontade

---

* Tradução do verso extraída do livro "Mallarmé", traduções e textos de Augusto de Campos, Décio Pignatari e Haroldo de Campos, editora Perspectiva. (N. da T.)

de fazer a revolução"[2]. Alguns machos adoraram esse acesso facilitado ao sexo, mas as coisas decididamente já não eram como antes: inspiradas pelas feministas, as mulheres passaram a fazer troça da caricatura do homem auto-satisfeito que confundia felicidade com prazer, perguntando à sua companheira depois de uma relação sexual: "E aí, tá feliz?"

Contudo, o prazer às vezes se parece com a felicidade: o gato ronronando dá a impressão de experimentar uma plenitude de prazer que teríamos vontade de chamar de felicidade. Sob uma forma intensa e sob certas condições, o prazer até permite alcançar uma alegria autêntica, ou às vezes induzir felicidade: é o prazer dos melômanos escutando a música de que gostam, dos *gourmets* saboreando seu prato favorito, dos esportistas conseguindo realizar um movimento difícil... Veremos mais adiante quais são essas condições.

Alegria e felicidade

Nicolas

"É mais fácil eu me lembrar e falar dos instantes de alegria que dos de felicidade. Lembro-me de cenas, de momentos alegres: ataques de riso entre amigos, festas de família, sucessos profissionais, vitórias esportivas, reencontros... Todas essas alegrias estão claras na minha memória. A felicidade é algo mais indefinido, mais confuso, mais diluído no tempo. Sem dúvida porque sou uma pessoa concreta, pragmática, extrovertida: a alegria é algo que se sente, que se vê, que se compartilha facilmente. A felicidade é mais íntima. Um tanto misteriosa..."

A criança que recebe um presente, o cientista que faz uma descoberta importante, o amigo que encontra outro amigo, todos eles sentem alegria, essa emoção positiva, intensa, que toma conta da pessoa. Mas a alegria é uma reação a um acontecimento do meio, costuma ter uma causa exterior: ora, um dos mistérios da felicidade é que às vezes ela pode vir de dentro.

E, sobretudo, como emoção, a alegria é breve por essência: "A felicidade é a duração. A alegria é o instante."[3] É verdade que a felicidade está sempre associada ao sentimento de duração. Sim, existem felicidades breves e fugazes. Sim, a felicidade não existe de modo contínuo, apenas de forma intermitente. Mas toda felicidade contém a esperança (espera-se que ela não termine nunca), a ilusão (pensa-se que ela será eterna), ou a promessa (supõe-se que será forte o suficiente para resistir ao tempo) de sua própria duração...

A felicidade e a alegria, muitas vezes associadas, nem sempre são necessárias uma para a outra: existem alegrias malsãs, muito distantes da serenidade da felicidade, como as da vingança (a *Schadenfreude* da língua alemã: alegria de ver o adversário derrubado). Existem também felicidades calmas, às vezes muito afastadas da excitação inerente à alegria: falar da vida com um amigo, na suavidade de uma noite de verão. Aliás, a felicidade tende por si só para a calma e para a paz. Pula-se de alegria, não de felicidade.

A alegria é a um só tempo um dos ingredientes, uma das expressões e uma das encarnações da felicidade: "Ela é um elemento da felicidade, ao mesmo tempo mínimo (no tempo) e máximo (em intensidade)."[4] Como o prazer, a alegria também é uma das vias de acesso à felicidade: sua força é tamanha que pode vencer várias barreiras psicológicas e revelar o que a felicidade pode ser. Pode motivar a busca da felicidade, o que já é uma ajuda preciosa.

Beatitude e felicidade

Judith

"Minha avó tinha uma grande influência sobre toda a família, e sobretudo sobre nós, seus netos. Dava-nos muito daquilo que chamava de *lições de vida*. Como era engraçada e boazinha, gostávamos de escutá-la. Mas não foram apenas serviços que ela nos prestou! Por exemplo, quando nos falava do

A FELICIDADE É POSSÍVEL?

amor, era assim: um grande amor, ou nada! Segundo ela, saberíamos se os garotos que encontrássemos eram ou não 'bons' pelo intenso *frisson* que sentiríamos à sua simples vista. Ainda estou esperando esse intenso *frisson* e mesmo assim encontrei o homem da minha vida: mas as coisas não aconteceram exatamente como minha avó anunciara! Quanto à felicidade, era a mesma coisa: tinha necessariamente de ser grande e transbordante. E, portanto, rara. Além disso, já que as coisas são como são, não se devia esperar encontrá-la com muita freqüência. Também aí levei um certo tempo para entender que, para mim, a felicidade se apresentaria mais comumente na forma de pedacinhos, deliciosos até, do que na de um enorme bolo de aniversário inteiro, com velas e todo o resto. Que a felicidade se pareceria mais com luzes esparsas de velas que com uma salva de fogos de artifício. Nunca cheguei a saber se minha avó, morta na minha adolescência, tivera efetivamente acesso a estados de felicidade superiores, ou se o que ela nos dizia sobre o amor ou a felicidade destinava-se apenas a nos prevenir contra uma certa leviandade na apreensão da vida..."

Portanto, para alguns, haveria algo ainda melhor, ainda mais intenso que a felicidade, esferas para além da felicidade. Existem estados psicológicos tão intensos que deixam as pessoas fora de si, que as *transcendem*. O êxtase místico que Pascal viveu em 23 de novembro de 1654, entre dez e meia da noite e meia-noite, mudou o rumo de sua vida. Deixou algumas palavras sobre isso num pergaminho ("Alegria, alegria, alegria, lágrimas de alegria...") conhecido pelo nome de *Memorial de Pascal*, que conservou até a morte costurado nas dobras de sua veste.

Santo Agostinho definia a beatitude como "a alegria na verdade". O dogma católico fala da "verdadeira felicidade que Deus concede ao homem fiel à sua vontade", e assinala que, para sublinhar sua duração, é melhor utilizar o termo beatitude: "Fala-se de uma felicidade passageira, não de uma beatitude fugaz."[5]

A felicidade cotidiana daqueles que não são nem santos nem sábios não aspira a objetivos tão elevados e impressionantes como o encontro com Deus ou com a Verdade. E, acima de tudo, como veremos, a felicidade supõe um desabrochar no âmbito da pessoa, e não uma "saída" de si como o êxtase ou o arrebatamento. Na felicidade, não se fica isolado do mundo, mas em estreita relação com ele. Não há nada menos "beato" que a felicidade. Apesar disso, contudo, veremos daqui a pouco que a felicidade tem algo a ver com uma forma de transcendência da vida cotidiana...

Por que marcar diferenças?

Uma criança se aproxima de você e lhe oferece um desenho, dizendo com um grande sorriso: "Toma, é para você." Depois vai embora cantarolando... O que você sente na hora é certamente agradável. Mas o que é exatamente? Prazer ("o gesto dela me deu muito prazer"), alegria ("fiquei muito contente") ou felicidade ("aquilo me deixou feliz")? E, se você estivesse preocupado ou estressado, o gesto teria mexido com você? (pois pode-se não estar receptivo para a felicidade). Se você não estivesse disponível, a criança teria ido até você? (pois pode-se afastar a felicidade de si).

Então, por que fazer essas perguntas? Afinal, todos esses estados são agradáveis, por que não se contentar com isso, por que querer saber mais? É evidente que senti-los e cultivá-los nos aproxima da felicidade. Contudo, não a substituem. Saber, sentir que pode haver "algo" diferente, que os supera e os engloba, já é uma forte motivação. Há também, como veremos, uma *necessidade* de felicidade, em face das ameaças da infelicidade.

De fato, o importante não é tanto nomear precisamente o que se sente, mas possibilitar a felicidade e construí-la. Se é útil refletir sobre essas nuanças, é porque, como dizia o filósofo

A FELICIDADE É POSSÍVEL?

Alain, "o prazer, ou a alegria, ou a felicidade, como se queira chamá-lo, não é algo que se pega, é algo que se *faz*". E, para "fazer" a própria felicidade, é certamente preciso acolher, até mesmo cultivar, tudo o que nos aproxima dela. Mas, também, refletir um pouco além de nossas experiências imediatas...

COMO É QUE VIVENCIAMOS A EXPERIÊNCIA DA FELICIDADE?

Imagine uma bela noite de verão. Você acaba de passar uns momentos ao ar livre, no calor morno da noite, escutando os grilos e olhando as estrelas (*situação* propícia para a felicidade).

Em seguida, você entra em casa e vai até o quarto de seu filho: percebe que ele arrumou cuidadosamente todos os seus bichinhos de pelúcia à sua volta antes de adormecer. Sua cabeça emerge dos lençóis, rodeada de uma galeria de animaizinhos simpáticos. Você se sente profundamente tocado(a) por esse espetáculo (*emoção* de felicidade).

Ao subir para deitar, conversa com seu cônjuge sobre a felicidade, e vocês trocam seus pontos de vista: para você, a felicidade pode, em parte, ser fruto de certos esforços, mas seu cônjuge acha que não se pode buscá-la voluntariamente, pois só o acaso a proporciona (*concepções* da felicidade).

Ao adormecer, você se sente bem, e toma consciência da sorte que tem de poder viver esses instantes; fica pensando em tudo o que terá de fazer para poder continuar vivendo outros (*construção* da felicidade). Depois cai no sono, pois refletiu muito...

Você acaba de viver quatro experiências de felicidade, diferentes em sua natureza, seus mecanismos, suas significações: situação, emoção, construção e concepção. A que elas se referem? E o que podem lhe dar?

♦

As situações de felicidade

Eis um trecho de uma carta de um de meus antigos professores, agora aposentado e vivendo no Sudoeste, com quem conversei longamente sobre a felicidade...
"Caro Christophe,
Outro dia você me pediu para eu lhe contar alguns instantes de felicidade. Eis alguns, recentes e sem nenhuma ordem:
– quando minha esposa põe buquês de flores em casa;
– abrir as janelas do meu quarto, de manhã, e ver a paisagem de que tanto gosto;
– escutar as vozes alegres e vigorosas dos meus filhos ao telefone;
– comer um *salmis de palombe** com amigos;
– ter minhas primeiras grandes conversas com meus netos;
– observar o vôo misterioso dos grous;
– consertar um pombal estragado, recolocá-lo no lugar e contemplar o resultado;
– receber um telefonema surpresa de amigos em viagem pela região, anunciando sua chegada em casa no fim da tarde;
– andar sozinho pela floresta e parar de tempos em tempos para escutar os ruídos da natureza;
– saborear um velho armanhaque com meus sobrinhos..."

Costumamos falar de "momentos de felicidade" para designar os instantes, ao mesmo tempo comuns e deliciosos, que nosso cotidiano nos oferece. Existem incontestavelmente momentos mais favoráveis à felicidade que outros. Eles quase sempre se originam de três grupos de situações: os momentos de trocas (conversar, escrever-se, telefonar), os momentos de comunhão (com a natureza ou a arte) ou de sensações (gastronômicas ou físicas), os momentos de realização (no trabalho ou numa atividade de que se gosta).

---

* Preparação especial para aves de caça, no caso uma espécie de pomba selvagem típica da região Sul e Sudoeste da França. (N. da T.)

A FELICIDADE É POSSÍVEL?

Certos dias parecem oferecer mais situações de felicidade. Mas será isso devido às situações ou à nossa receptividade? Podemos perdê-las, não ver nem captá-las, "passar ao largo". Podemos também sair em sua busca, desenvolver nossa receptividade a elas. A parte que cabe ao subjetivo será sempre importante: às vezes, essas pequenas festas da felicidade cotidiana custam a decolar. Pois essas situações, esses instantes, na verdade não passam de degraus para alcançar a nossa felicidade: ainda resta muito a fazer...

As emoções da felicidade

Sophie
"A felicidade faz o que quer, vai e vem, escapa-nos em grande parte. Parece-se mais com um gato que com um cachorro: é ela que decide vir ronronar ou não no nosso colo, demonstrar indiferença ou desaparecer por vários dias. Não vem correndo quando a chamamos. É por isso que não gosto de dizer que *sou* feliz. Só me dou o direito de dizer que me *sinto* feliz. A felicidade não é um estado estável, é uma coisa incontrolável e subjetiva."

"Sentir-se feliz", eis algo que nos faz passar para uma dimensão levemente diferente: a felicidade já não está somente fora de nós, nós a interiorizamos sob a forma de uma emoção. Uma emoção é a percepção física e psicológica de uma situação, percepção esta que é mais rápida que a inteligência e a linguagem. Uma emoção é involuntária: não se pode controlar seu aparecimento (mas pode-se, em troca, modular sua intensidade, escolher exprimi-la ou não e eventualmente decidir como a exprimiremos). Não se pode convocá-la: ninguém pode *decidir* ficar enciumado, furioso ou alegre.

Portanto, a felicidade se aproxima incontestavelmente do mundo das emoções (veremos que ela é *algo* mais): será sentida de maneira involuntária, física e psíquica, poderá muitas vezes prescindir das palavras, e não se poderá decidir ser feliz por encomenda. Assim como existem emoções discretas (a saudade) e outras transbordantes (a alegria), também a felicidade poderá ser mais ou menos intensa e perturbadora.

A construção da felicidade

As duas experiências precedentes da felicidade, situações e emoções, remetem-nos a uma interação entre o meio (o que ele propõe?) e a pessoa (como ela vai reagir?). Aquilo que podemos chamar de *construção* da felicidade já não é um fenômeno passivo – estar em situações agradáveis e mostrar-se receptivo a elas –, mas um fenômeno ativo – buscá-las, suscitá-las, amplificar seu impacto e sua duração.

A etimologia confirma isso: na língua francesa, a palavra "feliz", "*heureux*", designa em primeiro lugar aquele que se beneficia de um destino favorável. A "boa hora" [*bon heur**] é então a "boa sorte"[6], donde a expressão, de outro modo incompreensível, "*au petit bonheur la chance*"**. Assiste-se em seguida a uma evolução progressiva no uso da palavra, que passa a designar um estado mental. Essa evolução do sentido da palavra *bonheur* [felicidade] corresponde também à das atitudes e das convicções a respeito dela: com o passar dos séculos, começamos a pensar que a felicidade já não era apenas ofertada pelo destino, mas que também podíamos construí-la e conquistá-la. Na linguagem falada, empregamos por exemplo a expressão: "Artesão de sua felicidade."

Na carta do meu professor do Sudoeste, da qual citei acima um trecho, também figuravam alguns exemplos de felicidades muito claramente ligadas a um esforço, a uma postura de construção:

---

* A palavra *heur*, em francês, vem do latim *augurium*, augúrio. (N. da T.)
** Expressão pleonástica que significa "ao acaso". (N. da T.)

A FELICIDADE É POSSÍVEL?

– "tentar, dentro de mim, secretamente, reconciliar-me com tal ou qual pessoa com que há inimizade e, vez por outra, conseguir;
– reservar um tempo para um amigo infeliz, e escutá-lo;
– em meus combates interiores, ganhar algumas batalhas de tempos em tempos..."

Essa passagem da felicidade *recebida* para a felicidade *construída* é comparável ao que aconteceu com o alimento (aliás, a felicidade é, sob certos aspectos, comparável a um alimento psicológico).

Por muito tempo os seres humanos caçavam e colhiam: seu alimento dependia do que conseguissem encontrar e apanhar no seu ambiente. Depois, passaram a domesticar animais e se tornaram agricultores, o que lhes possibilitou maior controle das fontes alimentares. Isso provocou coisas boas (menos fome, desenvolvimento possível de outras atividades técnicas ou culturais...) e menos boas (conflitos de poder, corrida pela propriedade, doenças decorrentes do excesso...).

O mesmo acontece com a felicidade: nossas aspirações modernas consistem hoje em domá-la, em já não nos contentarmos com felicidades *selvagens* e tentar *domesticá*-las. A esse respeito, fala-se de usinas de sonhos e de indústria da felicidade para descrever as engrenagens do cinema hollywoodiano. A grande questão, evidentemente, está em saber se essa felicidade domesticada terá o mesmo gosto que a felicidade selvagem. Se as felicidades *cultivadas* equivalem às felicidades *naturais*.

Mas é certamente um erro formular o debate nesses termos: já faz tempo que deixamos de opor a luz elétrica à luz natural. Ambas são necessárias, e ambas têm seus encantos próprios: podemos considerar igualmente belos um nascer do dia no campo e uma cidade iluminada à noite... O mesmo pode ser dito das felicidades selvagens e das felicidades domesticadas, das felicidades ofertadas e das felicidades construídas: precisamos das duas. São complementares e nada as opõe, afora convicções ideológicas de alguns arautos da "felicidade-que-sobretudo-não-deve-ser-buscada-pois-isso-não-seria-a-verdadeira-felicidade".

A concepção da felicidade

Aurélie

"Tive dois pais muito diferentes na sua relação com a felicidade. Minha mãe era uma ansiosa, sempre inquieta com o futuro, jamais ousando alegrar-se, de medo que isso atraísse a infelicidade e a penúria. Era adepta do *Para viver felizes, vivamos escondidos*. Com ela, o negócio era: 'Escondamos nossa felicidade, e até finjamos não reconhecê-la se por acaso cruzarmos com ela!' Estava convencida de que a felicidade era uma sorte indevida, insolente; e que poderia atrair a cólera dos deuses ou a inveja dos homens. Já meu pai era o contrário: estava persuadido de que a felicidade era possível, e que todo o mundo tinha direito a ela, que estávamos na terra para ser felizes. Era a infelicidade que lhe parecia uma anomalia. Na mesma medida em que tudo deixava minha mãe inquieta, ele confiava em quase tudo. E, quando ela criticava seu otimismo sistemático, ele lhe respondia: 'Mesmo que eu esteja enganado, me faz bem acreditar nisso.'"

Sentir-se feliz está relacionado com a emoção. Achar que a felicidade é possível ou que se tem uma vida feliz está, em contrapartida, relacionado com o juízo, poderíamos até dizer, com a convicção: é uma *visão* de mundo, subjetiva e pessoal. Essa visão condiciona profundamente o olhar que passeamos por nossa vida, e explica por que a consideramos feliz ou infeliz: selecionamos ou ignoramos alguns acontecimentos, atribuímos a eles maior ou menor importância. Podemos também ser cegos a situações de felicidade, desperdiçar emoções de felicidade. Ou, ao contrário, nos alimentarmos de maneira duradoura da experiência e da lembrança de algumas pequenas felicidades.

A FELICIDADE É POSSÍVEL?

Uma concepção positiva da felicidade pode garantir uma vida emocional mais harmoniosa. Um de meus pacientes disse-me um dia: "Quando estou triste, cansado, sinto tardar a hora de conseguir ficar feliz de novo..." É toda uma concepção da felicidade que transparece nessa frase: mesmo na tristeza, sabemos que a felicidade acabará voltando. Assim como não ficamos abatidos porque chove, mas aguardamos e esperamos o sol.

É isso exatamente o que já não conseguem fazer as pessoas deprimidas, convencidas de que seus sofrimentos não conhecerão um fim, e é por isso que a tristeza dolorosa delas é de fato uma doença. É por isso também que elas têm dificuldade de "lutar" e "reagir", como lhes recomendam os que as cercam: a doença depressiva exauriu sua concepção da felicidade e, com ela, sua motivação para fazer esforços ("Para quê? A vida só traz sofrimentos e decepções..."). É por isso que a depressão exige um tratamento, medicamentoso ou psicoterapêutico, e não apenas a vontade da pessoa. Mas voltemos à nossa concepção da felicidade...

Sobre o que se apóia a concepção da felicidade? Geralmente sobre elementos mais subjetivos que objetivos. E sempre sobre uma história íntima, uma trajetória de vida pessoal: Aurélie, cujo depoimento citei, "funcionava" como a mãe, numa hiperansiedade perante a existência, até os trinta anos, antes de ir-se tornando pouco a pouco capaz de pensar a felicidade possível, como seu pai.

Portanto, cada um de nós tem uma opinião *a priori* sobre a felicidade: possível ou não, ligada à ação ou ao repouso, ao vínculo social ou à reclusão etc. Mas sobretudo: dependente de nossos esforços ou do acaso. Pois todos sabemos que a felicidade só existe de forma intermitente. Mas há aqueles que se resignam e se entregam ao acaso. E aqueles que têm em mente tornar, por meio de seus esforços, essas intermitências mais freqüentes e mais duradouras...

*"Conheci a felicidade, mas não foi isso
que me deixou mais feliz"*

No fim desse sobrevôo das diferentes experiências de felicidade, podemos compreender melhor um dos significados dessa frase, aparentemente paradoxal, de Jules Renard.

Há, por um lado, felicidades que nos são oferecidas pela vida (situações e emoções) e, por outro, as felicidades que tentamos construir e permitir a nós mesmos (construção e concepção). As primeiras nos dão a oportunidade de *sentir felicidade*, o que já é muito. As segundas nos ajudam a *ter uma vida um pouco mais feliz* que aquela que os acasos da existência ou os acontecimentos de nosso passado teriam permitido, o que é melhor ainda.

Para ser totalmente sincero, e por ter lido e relido religiosamente o *Diário* dele, acho que Jules Renard também queria dizer algo mais: que as pequenas felicidades podem nos deixar mais felizes que as grandes e dar mais sentido à nossa vida. Voltaremos a falar disso. E que a felicidade não é algo totalmente racional (mesmo que o racional possa nos ajudar a domá-la melhor) ou previsível (mesmo que seja melhor refletir um pouco a respeito com antecedência). Veremos por quê...

A FELICIDADE:
UM SENTIMENTO MUITO PARTICULAR

No começo, era o bem-estar

"Felicidade é quando me sinto bem..."
À primeira vista, haveria algo mais distante da felicidade, conceito nobre, que o bem-estar, conceito mais trivial, até vulgar ou caseiro? No entanto, o bem-estar, por sua natureza, é sem dúvida o que mais nos aproxima da felicidade.

Os cientistas, muito prudentes com a noção de felicidade, em geral preferem trabalhar apenas com a noção de bem-estar, sobre a qual há hoje uma quantidade crescente de estudos[7]. Em seu ensaio *Vivre content*[8] [Viver contente], Jean-Louis Servan-Schreiber propõe maliciosamente renunciar à felicidade, ou ao menos ao uso da palavra, e sugere em troca buscar o *contentamento*, como um "trocado da felicidade".

Em todo caso, é assim que as coisas costumam se apresentar: momentos agradáveis cruzam nosso caminho, a menos que nós mesmos os tenhamos provocado. Podem ser previsíveis e lógicos: andar na primavera por um caminho que já conhecemos e de que gostamos, participar de uma festa, falar da vida com um(a) amigo(a), ouvir nossa música preferida... Podem também ser faíscas e irrupções imprevistas: escutar um pássaro cantar lá fora enquanto estamos suando em cima de um trabalho difícil, cruzar com uma pessoa desconhecida que nos sorri, receber um telefonema imprevisto de uma pessoa querida, ver duas crianças andando na rua de mãos dadas...

Todos esses momentos nos oferecem algo agradável sob uma forma ou outra. Vão nos fazer bem. E tudo o que concorrer para o nosso bem-estar vai facilitar o surgimento da felicidade: apenas facilitar, nem mais nem menos. O bem-estar na verdade é apenas uma encruzilhada, uma janela aberta para possibilidades. Pode dar apenas nele mesmo, ou permitir o acesso a algo totalmente diferente. E nesse estágio a felicidade ainda é somente um fantasma, uma promessa. Por enquanto há apenas um "certo quê"...

A felicidade é um sentimento

O bem-estar jamais seria felicidade sem o ingrediente fundamental que é a *tomada de consciência*. Montesquieu escreveu: "Seria preciso convencer os homens da felicidade que ignoram, embora dela gozem." É que a tomada de consciência do estado de bem-estar, que é a base da felicidade, faz esta última mudar de condição: de um simples estado de conforto, pode-se ter acesso a um fenômeno bem mais intenso.

Essa tomada de consciência é uma operação psicológica mais difícil do que parece. Entravam-na inúmeros obstáculos cotidianos, aquilo que uma de minhas pacientes chamava de "poluições psicológicas": preocupações, estresse, fadiga, exigências excessivas... É sem dúvida por isso que tantas felicidades são retrospectivas. O que foi tristemente sublinhado pelos poetas: "Felicidade, reconheci-te pelo ruído que fizeste ao partir."

Seja como for, a consciência do instante é o ingrediente indispensável para a felicidade. A tal ponto que alguns, como Albert Camus, colocavam essa consciência acima da felicidade: "O que desejo agora já não é ser feliz, somente ser consciente." *Montaigne, ou la conscience heureuse* [Montaigne, ou a consciência feliz] é também o título de um dos mais belos livros[9] dedicados a esse filósofo atento à felicidade, que escreveu em seus *Ensaios*: "Eu, que não tenho outro fim senão viver e me alegrar."

Mais que uma idéia voluntarista ou que um discurso interior (é duro convencer-se de que se está feliz se o corpo ou o coração não acompanham), mais que uma emoção ou que um humor (ainda que bom), a felicidade é, portanto, graças à consciência, o que os pesquisadores em neuropsicologia denominam um *sentimento*, essa "experiência mental e privada de uma emoção"[10]. A consciência é indispensável à emoção de bem-estar para levar ao sentimento de felicidade. Mas ainda nos falta uma última dimensão...

A felicidade se basta a si mesma

Clémence

"Minha maior felicidade? É uma felicidade de cartão-postal, neste último verão! Um pôr-do-sol, atrás de um barco que me trazia de volta das férias numa ilha grega. Meu namorado estava ao meu lado, a paisagem era magnífica. Não precisava de mais nada, um estado que raramente sinto, eu que em geral sou insatisfeita por natureza. Tinha a impressão de que tudo o que um ser humano podia sentir de agradável estava concentrado naquele instante."

A experiência da felicidade é uma transcendência do bem-estar (transcender: superar, situar-se para lá de). A felicidade, diferentemente do prazer, excede a pessoa, vai além do seu controle e de seus limites, físicos ou psicológicos. Nossa felicidade é sempre maior que nós, puxa-nos para o alto, enche-nos e transborda. Mas, sobretudo, a felicidade é o único objeto das aspirações humanas que se basta por si só: uma vez alcançada, não se deseja mais nada. É por isso que os filósofos da Antiguidade, como Aristóteles, consideravam-na o *summum bonum*: o "soberano bem".

A percepção de um estado de plenitude, de finitude tal que se tem a impressão de ter chegado aonde se queria, de que não se deseja outra coisa senão a duração do instante, é este o terceiro elemento que permite compreender o que é a felicidade. É algo que não escapou a Diderot e d'Alembert, pois a definição que dão da felicidade na *Enciclopédia* comportava a seguinte passagem: "Um estado, uma situação tal que se desejaria que permanecesse inalterada..."[11]

Não se brinca com a felicidade!

"Quando a família estava reunida em torno da mesa, a sopeira fumegando, mamãe às vezes dizia: Parem um instante de beber e de falar. Obedecíamos. Mirávamo-nos sem entender, achando graça. É para fazer vocês pensarem na felicidade, dizia ela. Perdíamos a vontade de rir..."[12]

Essa lembrança de infância do cantor quebequense Félix Leclerc evoca com poesia esse paradoxo da consciência: é ela que amplifica e sublima nossos momentos de bem-estar. Mas é também ela que nos revela, no mesmo movimento, a felicidade e sua fragilidade.

O escritor Philippe Delerm, observando de longe sua mulher e seu filho, descreve igualmente essa experiência perturbadora: "Eu sei. Jamais serei mais feliz que agora. Nomeio minha felicidade; de repente ela me dá medo, e fico todo arrepiado."[13]

Eis-nos bem longe da imagem modelar de uma felicidade sorridente e boba, de uma felicidade tranqüilizadora e sem espinhos. A felicidade é coisa séria... Um pouco trágica até? É que a aspiração de todo ser humano à duração de sua felicidade está condenada pela própria natureza desta última: como sentimento, a felicidade é produto de um equilíbrio instável entre biologia e psicologia, uma história e um meio.

Nada é perfeito, nem mesmo a felicidade!

A alquimia da felicidade

Entendemos agora melhor por que a felicidade é tão pouco obediente! A seqüência das operações psicológicas necessárias para a sua emergência é complexa e sutil.

Resumindo: sinto, tomo consciência, não desejo mais nada, e ao mesmo tempo sei que isso vai acabar...

É um encadeamento muito frágil: posso não estar pronto para acolher o bem-estar; posso não ter forças, vontade, capacidade de extrair o melhor disso. Dar-se conta da fragilidade dessa alquimia também pode nos incitar a saborear ainda mais a felicidade, *já que* ela vai desaparecer; ou a nos atormentarmos, *porque* ela vai desaparecer...

Portanto, vamos descobrir juntos, ao longo deste livro, como o processo da felicidade pode ser entravado ou facilitado. E fiquem tranqüilos: como nos bons velhos filmes hollywoodianos, certamente haverá, depois de algumas peripécias, um *happy end*...

Capítulo 2

A FELICIDADE IMPEDIDA

"Desejamos a verdade e só encontramos em nós incerteza. Buscamos a felicidade e só encontramos miséria e morte."

Blaise Pascal

"Você está escrevendo um livro sobre a felicidade? Um troço que ninguém consegue definir ou alcançar? Melhor fazer alguma coisa sobre a infelicidade, será mais fácil!"

Acabei não escutando os conselhos do amigo que me fez esse comentário, mas ele tinha razão, ao menos num ponto: difícil falar da felicidade sem abordar a questão da infelicidade. Ou melhor, as questões ligadas à infelicidade: Por que tanta gente tem dificuldade de atingir a felicidade? Por que não ser infeliz não é necessariamente ser feliz? Pode-se sobreviver a uma infelicidade muito grande?

◆

NÃO SOU DOTADO(A) PARA A FELICIDADE

> "E quando ele acredita ter agarrado sua felicidade, ele a esmaga..."
>
> Louis Aragon

Ève

"A felicidade, não consigo senti-la. Talvez isso me angustie. Quando ela está aqui, não a vejo, ou então ela me incomoda e fujo. Ou então a destruo, mesmo sabendo que estou fazendo mal para mim mesma. Um psicólogo me disse um dia que eu tinha medo demais da felicidade para poder ser feliz. O problema é que ele nunca me ensinou a ter menos medo dela..."

O medo da felicidade existe?

Jovem residente, lembro-me de ter ficado muitas vezes surpreso com o que diziam uns psiquiatras mais velhos sobre certos pacientes, da *vontade deles de estar mal*, de seu suposto masoquismo, de sua resistência à cura... Era um dos maus hábitos da psiquiatria no fim do século XX: quando não se conseguia curar alguém, atribuía-se a ele a responsabilidade. Levei muito tempo para entender que o que diziam os mais velhos em geral era prova mais de sua impotência para curar e de sua lassidão de terapeutas que de uma realidade qualquer. Mais tarde, encontrei esse mesmo tipo de discurso a respeito da felicidade: o ser humano teria medo da felicidade... Ainda e sempre idéias prontas para usar?

Na verdade, falta de jeito: "O que fazer com a felicidade?"

"Não tolero bem a felicidade. Falta de costume", escrevia Marguerite Yourcenar[1]. Existe claramente, como veremos, um tino para a felicidade que alguns nunca aprenderam a ter na

A FELICIDADE É POSSÍVEL?

vida. É isso, mais que um suposto "medo da felicidade", que se constata ser mais freqüente. Todo o mundo aspira à felicidade, mas nem todo o mundo aprendeu a alcançá-la ou a desfrutar dela. E, quando a felicidade chega, ou melhor, se propõe (pois ela nunca chega tal qual, mas sempre sob a forma de possibilidade ou de esboço), às vezes ficamos perdidos. Paul Fort, autor do famoso poema "Le bonheur est dans le pré"*, escrevia assim: "O que fazer da felicidade quando não se é seu senhor e tampouco se sabe reconhecê-la e nela se fixar?..."[2]

Ou angústia: "E depois da felicidade?"

Para os ansiosos, a felicidade é um transtorno: mal ela chega ou é apenas entrevista, e eles se perguntam: "E depois?" O aparecimento, ou a mera evocação da felicidade, leva-os imediatamente a temer sua perda e seu desaparecimento. Alguns então adotam a única atitude preventiva possível: "Fugir da felicidade de medo que ela escape", como na canção de Serge Gainsbourg.

Vimos que a consciência da brevidade de qualquer felicidade era inerente à própria felicidade. Mas essa consciência é difícil de suportar para certas pessoas, que preferem então passar longe: "Prefiro ficar a dois passos da felicidade a estar com os dois pés metidos nela..."

***Às vezes, superstição: "Atrair o azar
para a felicidade?"***

Élie

"Quando me sinto feliz, quando acho que estou com sorte, prefiro não me alegrar abertamente, pois tenho a impressão de que isso poderia atrair o azar para a minha felicidade e

---

* A felicidade está no campo. (N. da T.)

a de meus próximos. Quero viver minhas felicidades, mas sem nomeá-las, em segredo. Um dia, depois de ter comprado a nossa casa, estávamos dando uma festa de inauguração. Um de meus amigos se aproxima de mim e me diz: 'E então, você deve estar feliz nessa casa linda?' Fiquei mudo, já não sabia o que dizer. É verdade que eu estava feliz de morar ali, mas reconhecê-lo me dava medo. Tive de fazer umas acrobacias para me safar daquela situação..."

Como se proteger da infelicidade ou atrair a felicidade para si? Desde a noite dos tempos, a relação com a felicidade e a infelicidade está na origem da maioria das superstições[3]. Na Grécia antiga, era possível os deuses ficarem invejosos da felicidade dos mortais. Daí, talvez, a reticência das culturas mediterrâneas a exprimir e exibir sua felicidade[4]. Pode-se atrair o azar para a felicidade simplesmente por revelá-la...

Sabe-se hoje que as superstições ganham importância quanto mais a pessoa tem uma sensação de controle frágil sobre sua existência e sobre o curso de sua vida. Crenças mágicas fortes em relação à felicidade significam em geral que a pessoa não dispõe das capacidades (ou da confiança) suficientes para a construção de sua própria felicidade.

Ou tristes hábitos: "A infelicidade, conheço bem..."

Olga

"Como dizer isso? É paradoxal, mas eu me encontro na infelicidade. Estou acostumada com a solidão, a tristeza, a nostalgia, a fossa... Sempre que um relacionamento amoroso acaba, fico ao mesmo tempo triste e aliviada: sei que vou reencontrar meus pequenos hábitos, minha rotina de solteirona. As noites solitárias, comendo congelados na frente da TV. Sinto-me mais eu mesma nesses instantes que quando tento viver junto com alguém: sempre me angustia a idéia de deixar de amar ou deixar de ser amada, fico sempre decepcionada em relação ao que esperava..."

A FELICIDADE É POSSÍVEL?

Conheci muitos(as) pacientes que sofriam de um verdadeiro "hábito da infelicidade", de uma cumplicidade triste com esta última. Reconheciam-se mais nos momentos infelizes do que nos instantes de felicidade; um deles chegava a falar do "casulo delicioso da tristeza" (que só é delicioso desde que não se eternize). O poeta americano Thoreau utilizava a expressão: "existências de calmo desespero".

Esse fenômeno foi particularmente estudado nas pessoas com auto-estima baixa[5]. Às vezes, elas têm a sensação de que a verdade de seu ser está mais no sofrimento que na alegria. Essa familiaridade com o sentimento de infelicidade não foi escolhida, mas imposta à revelia. Como a vida não lhes ensinou a manejar a felicidade, essas pessoas se sentem mais próximas daquilo com que se acostumaram: a tristeza.

Podemos também nos perguntar se esses sujeitos frágeis não se entregam, às vezes, inconscientemente, a uma prevenção da felicidade, por temerem que ela os faça sofrer quando desaparecer: "não se alegrar muito para não sofrer demais" é o lema deles. Paul Fort não intitulou uma de suas coletâneas de poemas *Chansons pour me consoler d'être heureux* [Canções para me consolar de ser feliz]?

E alguns interditos culturais: "A felicidade?... Pense bem, veja..."

Antigamente, existiam muitos interditos religiosos em torno da felicidade: por muito tempo, para a Igreja Católica a felicidade não devia ser buscada aqui embaixo, apenas no Paraíso.

Hoje, as limitações quanto à possibilidade de alcançar a felicidade são laicas e mais discretas: "Não estava no plano da criação que o homem fosse feliz", escrevia Freud. O mesmo pode ser dito quanto à inutilidade de sua busca: para o filósofo Alain, "a felicidade é uma recompensa que premia os que não a buscaram".

É certamente difícil avaliar o peso exato desses estereótipos culturais, mas ninguém duvida de que eles desempenhem um papel limitador nas concepções das felicidades possíveis que um certo número de pessoas tem. Se essas limitações se apresentam claramente na nossa mente como pontos de vista, de origem religiosa ou cultural, é possível organizar-se em face delas: refletir, contestá-las, modulá-las... Mas esses interditos sutis muitas vezes acabam sendo interiorizados, digeridos por nosso inconsciente. Alguns pacientes falam, por exemplo, de sua convicção de "não ter direito à felicidade". Esse tipo de frase, a meu ver, é sempre um sintoma preocupante e uma prioridade no diálogo psicoterapêutico: por que, e em nome do que, seres humanos não teriam direito à felicidade?

Chegamos às vezes até a observar uma verdadeira genealogia da infelicidade, uma transmissão, de geração a geração, dessas crenças que limitam o direito à felicidade. Existem famílias em que as crianças, assim como os adultos, têm de se submeter ao destino: "Não fomos feitos para a felicidade..."

Para um psicoterapeuta, essas frases são o equivalente da muleta do matador para o touro: ele fica com vontade de arremeter. Mas a experiência mostra que é preciso avançar com cuidado: contestar a convicção de uma infelicidade inevitável e de uma felicidade proibida é contestar a palavra dos pais, avós etc. Acontece que não se pode rejeitar o discurso daqueles que nos fizeram: primeiro, porque o objetivo desse discurso não era o de nos prejudicar. Depois, porque ele não comporta apenas coisas ruins: é preciso, como se diz, "separar o joio do trigo". Por outro lado, a aprendizagem da felicidade leva tempo: é inútil quebrar rápido demais o que existe, todos nós precisamos de referências, ainda que negativas, ainda que limitantes. Portanto, é preciso "romper a cadeia", segundo a fórmula do psicanalista Alain Braconnier[6], mas também reconstruir. É por isso que algumas terapias duram muito tempo...

◆

A FELICIDADE É POSSÍVEL?

O SENTIMENTO DE INFELICIDADE NO COTIDIANO

> "Noivarás com uma mulher, mas outro homem a possuirá; edificarás uma casa, mas não a habitarás; plantarás uma vinha, mas não provarás os frutos. Teu boi será degolado sob as tuas vistas, mas não comerás dele; teu burro ser-te-á arrebatado e não te será devolvido; tuas ovelhas cairão nas mãos de teus inimigos, e ninguém te socorrerá. Teus filhos e tuas filhas serão entregues a outro povo; os teus olhos os contemplarão e consumir-te-ás por eles o dia todo, sem nada poderes fazer. O fruto do teu solo e o produto das tuas fadigas serão consumidos por um povo que não conheces, e não passarás de um oprimido e espezinhado em todo o tempo. Enlouquecerás ante o espetáculo que teus olhos terão de contemplar..."
>
> Deuteronômio,
> "Maldições", 28, 30-34

A maioria de nossas experiências de infelicidade estão ligadas a acontecimentos menos graves que aqueles com que os ímpios são ameaçados nessa passagem da Bíblia. Mas nossas pequenas desgraças cotidianas nem por isso deixam de ser fonte de dificuldades e de sofrimento. Pois, assim como no caso da felicidade, a impressão de infelicidade sobre o conjunto de uma existência está, em geral, ligada mais à repetição que à intensidade. É o que nos mostra o exemplo (imaginário) de Marie e Sixtine, de acordo com uma investigação científica sobre esse fenômeno[7].

Duas irmãs, Marie e Sixtine, vão viver dois acontecimentos felizes: ganhar 1.000 euros na Loto e receber uma recompensa profissional de 2.000 euros. Marie vai viver os dois acontecimentos felizes no mesmo dia, e Sixtine, com quinze dias de intervalo.

Qual das duas fórmulas aumentará mais a felicidade delas? A maioria das pessoas indagadas (63%) pensa que é

Sixtine a mais sortuda: desfruta-se mais das boas notícias quando elas estão espalhadas no tempo.

Mesma experiência com dois acontecimentos infelizes: receber uma multa de 1.000 euros e uma notificação de imposto a pagar de 2.000 euros. E mesma diferença entre as duas irmãs: Marie recebe as duas notícias ruins no mesmo dia, e Sixtine com quinze dias de intervalo. Qual delas se sentirá menos infeliz? A maioria das pessoas (57%) considera que agora será Marie: é melhor que as desgraças estejam agrupadas, e não espalhadas no tempo.

A melhor fórmula, considerando essas experiências de psicologia prática, seria portanto concentrar as desgraças e espalhar as felicidades. Mas é raro que a vida nos dê a possibilidade de escolher...

É possível fazer a si mesmo(a) infeliz?

"Ela mesma se faz infeliz..." Assim como o masoquismo, o verdadeiro gosto pela infelicidade é por certo raro. Contudo, esse é um rótulo fácil que durante muito tempo puseram em certas pessoas, e que elas mesmas às vezes acabam por adotar. Contudo, assim como no masoquismo, a realidade não é como se acredita que seja. Nos casais ditos sadomasoquistas, podemos encontrar duas proposições: "Gosto dele(a) *porque* ele (ela) me faz sofrer." Ou então: "Gosto *que* ele (ela) me faça sofrer." Somente a primeira proposição, a menos freqüente na verdade, concerne ao verdadeiro masoquismo.

Tampouco devemos confundir "tenho dificuldades com a felicidade" com "gosto da infelicidade". Todo o mundo é capaz de se fazer transitoriamente infeliz, por despeito ou por impotência. Mas a apetência autêntica e duradoura pela infelicidade só é encontrada em alguns distúrbios da personalidade, e concerne então à psicoterapia[8].

A FELICIDADE É POSSÍVEL?

A concepção da infelicidade

Outrora denominava-se "neurose de destino" a propensão irresistível de certos pacientes a se considerarem vítimas de um destino adverso: condenados à infelicidade e com acesso vetado à felicidade. Crença esta que irá influenciar seriamente seus comportamentos em relação a esses dois estados: se lhes dermos ouvidos, essas pessoas parecem atrair as desgraças ("uma desgraça nunca vem só") e pôr em fuga a felicidade ("nunca tenho sorte").

A teoria das *atribuições*, que serve para compreender o funcionamento dos sujeitos deprimidos, lança uma luz interessante sobre os mecanismos dessas concepções de felicidade e de infelicidade.

Pode-se conceber a depressão como uma doença biológica (os psiquiatras falam de "transtorno do humor", ou de "transtorno emocional"), associada – causa ou conseqüência? – a uma visão muito negativa da existência. Mostrou-se[9] que os deprimidos *atribuíam* aos acontecimentos negativos do meio duas características fundamentais: estabilidade ("isso vai durar") e globalidade ("isso vale para tudo"). Assim, uma mãe de família deprimida, cujo filho tem dificuldades escolares, vai pensar que ele sempre fracassará nos estudos (estabilidade), e que toda a sua vida de mãe, de esposa, de mulher, é um fracasso (globalidade).

O mesmo parece acontecer com certos sujeitos não deprimidos, mas que se sentem duradouramente infelizes e convencidos de que a infelicidade é seu destino: percebem todas as experiências negativas de sua existência como fadadas a se eternizarem ("não há esperança de que isso melhore"), e provas de que a vida deles é um desastre ("fracassei em todos os campos"). Procedem de maneira inversa no que se refere aos acontecimentos positivos, percebendo-os como instáveis ("isso não vai durar") e não significativos ("de qualquer maneira, isso não resolve nada dos meus verdadeiros problemas"). Qualquer construção da felicidade fica, então, bem difícil...

ONDE VOCÊ SE SITUA ENTRE FELICIDADE E INFELICIDADE?

Eis um questionário bem simples: reserve alguns instantes para se perguntar qual das seguintes quatro proposições mais se aproxima do que você costuma sentir:
- "Geralmente sou feliz."
- "Não sou realmente infeliz."
- "Não sou realmente feliz."
- "Geralmente sou infeliz."

Cada uma dessas formulações reflete a concepção global que você tem da sua existência, nas suas relações com felicidade e infelicidade. Examinemos um pouco mais detalhadamente essas concepções...

"Geralmente sou feliz."

Escolher essa formulação demonstra uma visão positiva de suas capacidades para a felicidade. Reconhecer-se geralmente feliz supõe, mais que uma ausência completa de infelicidades, uma percepção globalmente satisfeita da existência, com a prevalência, em freqüência ou em importância, dos momentos de felicidade sobre os de infelicidade. Supõe também uma relativa confiança nas próprias capacidades de prolongar ou renovar as experiências de felicidade. O que logicamente implica o fato de que ousar afirmar a própria felicidade não provoca medo. Sabemos que ela sem dúvida desaparecerá num certo momento, mas também que retornará. Único projeto de felicidade desejável: continuar por esse caminho...

A FELICIDADE É POSSÍVEL?

"Não sou realmente infeliz."

Trata-se aqui de uma formulação que revela uma visão prudente das relações com a felicidade. Mais que a confiança, é a lucidez que tem valor privilegiado: não afirmar a própria felicidade, já que a infelicidade existe e nunca está muito longe. Mas há também prudência. Ante a pergunta: "Como vai?", pode-se responder: "Nada mal, poderia ser pior." Sabemos que esse pior existe, e estamos contentes de escapar dele: não estar infeliz já pode ser felicidade suficiente. O primeiro projeto em que se pode então pensar será ganhar mais confiança nas próprias capacidades para construir a felicidade.

"Não sou realmente feliz."

Essa formulação demonstra uma visão entristecida da felicidade. Não conseguimos alcançá-la, e essas expectativas frustradas fazem sofrer. Sabemos – ou supomos – que a felicidade é possível, ao menos para os outros, quando não para si mesmo. Mas a sensação que temos é de só alcançar migalhas dela de modo pobremente intermitente, ou então temos a impressão – às vezes equivocada – de que se trata apenas de felicidades de qualidade inferior. Contudo, sabemos que o que estamos vivendo não é infelicidade de fato. Um trabalho frutífero é possível e desejável nesse caso: aumentar a receptividade para as pequenas felicidades, aprender a lutar contra a própria tendência de fazer a si mesmo infeliz...

"Geralmente sou infeliz"

Essa formulação corresponde à concepção mais dolorosa. Mostra que renunciamos à felicidade, ao menos no imediato. Tem-se a pesada sensação de viver a infelicidade: grande, ela nos enche e nos esmaga, nos segue e não nos larga, mesmo muitos anos depois; pequena, nos sufoca, repetindo-se dia após dia. Pouca ou nenhuma esperança de felicidade: como todas as pessoas que sofrem, aspiramos a apenas uma coisa, que o sofrimento – a infelicidade – termine. O projeto de felicidade é vasto nesse caso, e tem de começar por não ficar sozinho(a), ou até solicitar a ajuda de um(a) terapeuta. Tudo está por fazer, mas tudo é possível...

ALGUMAS PERGUNTAS SOBRE A FELICIDADE E A INFELICIDADE

Um combate desigual?

Aurore
"Quando estou mal, tenho a impressão de me entregar a uma inclinação natural. Tenho a impressão de que o estado habitual do ser humano é a infelicidade. Quando estou bem, acho que é quase sempre em decorrência de esforços. Tenho a sensação de que o bem-estar nunca me é dado, que é sempre conquistado. E, às vezes, fico cansada de sempre fazer esforços. Gostaria de alcançar a felicidade de maneira fácil, natural, espontânea..."

Vimos que a felicidade repousa biologicamente numa única das grandes emoções fundamentais: a alegria. A infelicidade, por sua vez, pode se apoiar numa quantidade muito maior dessas emoções: tristeza, é claro, mas também raiva, medo, vergonha... Será por isso que ela ocorre com mais facilidade?
Felicidade e infelicidade não partem portanto em condições de igualdade. É raro, por exemplo, que felicidades muito grandes deixem uma marca ativa pela vida inteira. Em contrapartida, este pode ser o caso das infelicidades muito grandes.

> Uma de minhas pacientes tinha perdido a filha mais velha num acidente automobilístico, muitos anos atrás. A partir da-

quele momento, sua vida parara: o quarto da filha permanecera intacto, nada nele podia ser modificado, tinha de continuar como estava na última manhã em que ela o deixara. "Para mim, é o único jeito de a lembrança da minha filha não ser uma abstração, mas algo concreto. Sei que é doentio, mas essa doença é a única razão pela qual continuo viva. Assim fazendo, mantenho minha tristeza e minha infelicidade, mas essa infelicidade é a última coisa que me prende à vida." E, efetivamente, a infelicidade dessa paciente era como um mausoléu construído em memória da filha desaparecida. Renunciar a ela teria sido ofender sua memória. Minha paciente ficava voluntariamente na prisão de seu luto apesar de todas as portas e janelas abertas para a vida: outros filhos, netos, marido, amigos...

Mesmo na ausência de acontecimentos tão dramáticos, as marcas e o rastro deixados pela infelicidade são mais fáceis de manter que os da felicidade. É preciso menos energia e menos esforços para continuar infeliz depois de uma infelicidade que para continuar feliz depois de uma felicidade. É o que um de meus pacientes identificava em si mesmo como "a tentação da infelicidade".

A infelicidade é necessária para a felicidade?

> "Ah, que sabeis da felicidade do homem, vós, almas confortáveis e bondosas! Pois felicidade e infelicidade são duas irmãs gêmeas que, ou bem crescem juntas, ou então, como é o vosso caso, continuam pequenas juntas!"
>
> Friedrich NIETZSCHE

Segundo Nietzsche, a aptidão para sentir felicidade é portanto indissociável da capacidade de sentir infelicidade. E querer evitar a qualquer preço a infelicidade condenaria, infalivelmente, a felicidade à mediocridade. Os sofrimentos psicológicos de Nietzsche sem dúvida não são alheios à sua posição. Mas, embora ele certamente não seja o melhor professor da escola da felicidade, ainda assim seu gênio o leva a levantar uma questão fundamental: numa vida "normal", a maior ameaça à felicidade não vem mais do tédio e do mau humor que da infelicidade?

É verdade que às vezes o tédio pode vir se aninhar na felicidade. Somos capazes de nos acostumar a tudo, até à felicidade, se não fizermos um trabalho regular de tomada de consciência (dar-se conta de que se é feliz). E a infelicidade às vezes permite lembrar que a felicidade é uma sorte.

Então, a infelicidade é útil para a felicidade? Em parte, sem dúvida. Mas por experiência (*viver* uma infelicidade)? Ou por conhecimento (*saber* que ela existe e nos ameaça)? O conhecimento deveria bastar. Contudo... Essa é a sabedoria que às vezes tanta falta nos faz: não esperar que a infelicidade chegue para lamentar a felicidade passada.

Pode-se sentir felicidade na infelicidade?

Hélène
"Quando meu marido morreu, depois do enterro eu estava cercada de todos os meus filhos e amigos e por momentos me sentia quase feliz com esse afeto subitamente palpável. Dizia para mim mesma: ele deve estar feliz de ver todos nós aqui, demonstrando-lhe nosso amor, e de nos ver unidos. Sua vida foi um sucesso até o fim, deixou para trás filhos capazes de serem felizes. Mas dava muita culpa sentir-se quase feliz, ficar sorrindo, bebendo, comendo, sabendo que ele já não estava lá..."

Constata-se que alguns sentimentos de infelicidade são às vezes estados muito sutis, em que coexistem várias emoções, entre as quais alguns vestígios de felicidade. É o caso, por exemplo, de sofrimentos amorosos, sobre os quais dispomos de testemunhos famosos, como o de Juliette Drouet a respeito de Victor Hugo, seu amante volúvel: "Sou feliz demais para que ele se digne me fazer infeliz." Ou o de Mariana, jovem religiosa portuguesa seduzida e abandonada por um cavalheiro francês, em *Lettres de la religieuse portugaise*[10] [Cartas portuguesas]: "Prefiro ser infeliz amando-vos a jamais ter-vos conhecido."

O problema psicológico que esses sentimentos complexos podem gerar é o de suas possíveis alternâncias. Essas misturas emocionais ambíguas são a única maneira de experimentar a felicidade? Então, isso pressagia outros sofrimentos... Ou são elas apenas passageiras e específicas de certas provações da vida? O que pode ser simplesmente um sinal de que vivemos a experiência até o fim e sairemos dela mais enriquecidos...

E infelicidade na felicidade?

Damien

"Meus pais mortos não estão aqui para ver o que fiz da minha vida, para conhecer meus filhos, para compartilhar conosco esses instantes felizes. De tempos em tempos, sou brutalmente atravessado por esse pensamento, em geral nos momentos em que se misturam felicidade e relaxamento, no final do dia, nos períodos de calmaria depois das felicidades agitadas. De repente, tenho a impressão de que meu sentimento de felicidade tinge-se de saudade, de tristeza. Ele não desaparece, mas se turva, como uma bela paisagem ensolarada quando uma nuvem passa."

Damien descreve um fenômeno que interessa muito os estudiosos: a possibilidade de sentir ao mesmo tempo emoções *a priori* contraditórias. Teoricamente, o cérebro do ser humano não está preparado para isso, mas, na prática, a complexidade de nosso funcionamento cerebral permite todas as sutilezas. O relato de Damien mostra a irrupção de uma *emoção* de infelicidade numa felicidade global que é fruto de uma *construção*.

◆

> **Y aura-t-il de la neige à Noël?**
> **[Será que vai nevar no Natal?]**
> No fim do filme de Sandrine Veysset (1996), uma jovem mãe, que vive em condições materiais miseráveis, tenta suicidar-se com seus cinco filhos na noite de Natal, embora esteja no auge da felicidade possível para eles: apesar de um pai ausente e nocivo, eles têm um pouco de aquecimento, um pouco de dinheiro para pequenos presentes, estão reunidos e se amam. Mas ela tem consciência dos limites dessa felicidade, e do fato de que será cada vez mais difícil conservá-la... Depois de uma ceia muito alegre, ela espera todos os filhos adormecerem perto dela na sala comum que serve de quarto de dormir, o único cômodo aquecido da casa, e apaga o queimador do aquecedor a gás, fechando todas as portas e janelas... É despertada no meio da noite pelos gritos de alegria dos filhos, todos de pé diante da janela que acabaram de abrir: lá fora, está nevando. E ninguém morreu...

Anne-Laure

"As coisas que terminam ou são inacessíveis sempre me comoveram. Quando estudante, lembro-me das últimas noites entre amigas, no outono, antes dos exames finais de nosso último ano de faculdade. Em breve, todas iríamos nos separar, era ao mesmo tempo triste e delicioso..."

Anne-Laure fala da felicidade triste das épocas que terminam, dos grupos reunidos que vão se separar, do momento em que se misturam duas construções psicológicas, a felicidade retrospectiva da lembrança dos momentos felizes, e a infelicidade antecipada das separações.

Charlotte

"Tenho problemas com a felicidade: a partir de um certo patamar, é como se ela fosse insuportável, e então sou tomada por algum pensamento infeliz. Isso costuma acontecer quando olho meus filhos brincando e tudo está bem: de repente me atravessa a idéia de que eles vão sofrer, envelhecer, morrer..."

Em algumas pessoas doentiamente inquietas, como Charlotte, o sentimento de felicidade já não é suficiente para proteger da angústia de morte, contra a qual, contudo, ela é o remédio, o antídoto. Pior ainda, o surgimento do sentimento de felicidade é rapidamente seguido pelo de angústias ligadas ao temor de uma infelicidade iminente. O que fazer com essa infelicidade virtual? Não há outra solução senão encará-la de frente, refletir sobre ela. Depois, dar-lhe as costas, e fazer um esforço para se concentrar de novo na felicidade...

O sábio disse...

"A felicidade nasce da infelicidade. A infelicidade está escondida dentro da felicidade..."

As máximas de Lao Tsé, sábio chinês do século VI antes de nossa era e suposto fundador da doutrina taoísta, geralmente fascinam os ocidentais, acostumados a lidar com conceitos bem delimitados, a raciocinar em função de categorias claramente definidas e que muitas vezes opõem felicidade e infelicidade.

Ora, felicidade e infelicidade são estados emocionais e psicológicos complexos, cuja plena consciência às vezes revela que eles estão imbricados. Vimos que às vezes existia no sentimento de felicidade uma inquietação ligada à consciência de sua fragilidade. Pode-se também sentir em certos infortúnios a vaga intuição de felicidades futuras.

Mas, para avançar num primeiro momento, também se pode optar por raciocinar a partir de referências mais simples e bem delimitadas...

A felicidade pode proteger da infelicidade?

Édouard

"A felicidade não impede a infelicidade. Quando estou feliz, sei que isso não vai impedir a tristeza de dar as caras num momento ou noutro. Digo simplesmente para mim mesmo que isso já é alguma coisa e que mostra que há ciclos, como as estações: depois da tempestade, a bonança..."

Ter estado feliz não impede de se sentir infeliz mais tarde. Mas saber que se é capaz de ficar feliz torna os infortúnios mais suportáveis: sabe-se que eles terão fim... Contudo, esperar a volta da felicidade não é algo dado. Em psiquiatria sabemos, por exemplo, que o principal fator de risco em termos de suicídio é, mais que a intensidade do sofrimento psicológico, a perda da esperança. Uma das escalas de avaliação do risco de suicídio mais utilizada é a Hopelessness Scale (escala de desespero), que mede precisamente até que ponto o paciente está convencido de que mais nada de bom poderá ocorrer na sua vida dali em diante[11]. Pois a infelicidade absoluta é sem dúvida a amargura sem esperança descrita pelo poeta Audiberti[12]:

"Sob meu vestido de púrpura imunda,
meu véu dourado sinistro de ver,
sou a rainha deste mundo.
Sou a amargura sem esperança."*

É possível enfrentar a "verdadeira" infelicidade?

Seria pretensão minha querer dar lições ou algum ensinamento diante da infelicidade absoluta que a morte de um próximo, uma doença grave, o exílio ou a ruína representam. "O

---

* "Sous ma robe de pourpre immonde,/ mon voile d'or sinistre à voir,/ je suis la reine de ce monde./ Je suis la peine sans espoir."

A FELICIDADE É POSSÍVEL?

que você, como psiquiatra, pode dizer para alguém muito infeliz e que tem boas razões para isso?", perguntam-me às vezes meus amigos. Nesses casos, procuramos não tanto dizer, mas compreender como a pessoa reage diante da infelicidade. E tentar aproximar-se dela: pois a grande infelicidade coloca a pessoa incontestavelmente num outro mundo, desde o qual os outros, aqueles que foram poupados, parecem irremediavelmente desajeitados, inconscientes, egoístas... Tive algumas oportunidades de acompanhar, como psicoterapeuta, pessoas confrontadas com esse tipo de sofrimento.

Lembro-me particularmente de um homem, um pai que perdera o filho. Jovem médico, eu trabalhava na época como psiquiatra num setor de cirurgia. Ali eram realizadas muitas operações de câncer, e havia muito trabalho psicológico a fazer. Um dia, atendemos um jovem de uns vinte anos, atacado de um tumor pulmonar gravíssimo, que lhe dava pouca esperança de vida. Seu pai vinha quase todos os dias passar longos períodos com ele. Era um sujeito grande de olhar severo, que impressionava todo o mundo. Um dia, as enfermeiras vieram me chamar, claramente preocupadas. Depois de uma visita ao filho, tendo este decaído muito, o pai desmoronara na sala de descanso, totalmente mudo. Entrei na sala muito constrangido sem saber o que lhe dizer para confortá-lo. Ele não olhava para mim e não dizia nada. Nunca tinha me sentido tão pouco à vontade na vida. Pensei, então, que era inútil querer confortá-lo. Que era preciso apenas tentar falar com ele e fazê-lo falar. A duras penas, comecei: "Sou o psiquiatra do serviço... Sei que o senhor está vivendo o pior dos dramas... Não sei se posso ajudá-lo... Talvez o senhor não tenha vontade de conversar agora..." Cada uma das minhas frases era acolhida – se é que se pode dizer – por um silêncio pavoroso. Eu não agüentava mais e estava prestes a ir embora dizendo-lhe: "O senhor prefere ficar sozinho ou quer que eu fique?" Depois de um longo silêncio, ele respondeu: "Fique, por favor."

Ficamos juntos durante quase duas horas. Falou-me longamente de seu filho e de sua morte próxima, de seus outros filhos. Eu tentava conduzir a entrevista da melhor maneira possível, fazendo-o falar de seu próprio desespero (sabia que a esposa dele era depressiva e frágil, e que ele sem dúvida nunca falava disso com ela), e de sua importância ao lado do filho, que vivia seus últimos dias. Eu pisava em ovos, com a consciência aguda de que a qualquer momento ele poderia se levantar e me agredir verbalmente, com algo do tipo: "O senhor fala do meu filho como se ele já estivesse morto." Mas não via muito bem de que outra coisa podíamos de fato falar. Eu não estava ali para mudar suas idéias; para isso, ele tinha amigos.

No fim, perguntou minha idade. Tinha apenas alguns anos a mais que o filho dele, e nos olhamos em silêncio, os dois fazendo o mesmo cálculo mental. Podia ouvir ele pensando: "Você vai viver e meu filho vai morrer." Quando nos despedimos, ele me agradeceu sobriamente. Tendo chegado no fim do corredor daquela ala, voltei-me: ele estava olhando para mim sem dizer nada. Surpreso, esbocei um gesto desajeitado e um tanto ridículo com a mão, para lhe dizer adeus e coragem. Ele não reagiu. Dois dias depois, seu filho morreu.

Decorrido um mês recebi no meu consultório uma carta bastante curta, em que ele me dizia basicamente: "O senhor me ajudou, o senhor foi a única pessoa com quem falei do que estava acontecendo comigo, voltei a me ocupar de minha mulher e de meus outros dois filhos, estou profundamente infeliz, mas aceito hoje a idéia de que continuar a viver não é um insulto a Nicolas" (o filho morto). Voltei a cruzar com ele alguns meses depois numa rua de Toulouse, onde eu estava morando. Ambos nos detivemos. Tive a impressão de que ele me sorriu e que fez o mesmo sinal com a mão que eu esboçara no corredor. Depois, virou-se e foi embora. Daquela vez, fui eu que o vi partir...

André Comte-Sponville dizia a respeito da infelicidade: "Vivi bastante para saber o que ela é... Lembrar-se, nesses momentos, de que tudo é impermanente: essa infelicidade também passará. E de que sua realidade basta para provar, pelo menos por diferença, pelo menos para os outros, a possibilidade da felicidade. Não é um consolo? Nos piores momentos, pareceu-me que sim..."[13]

Como fazem as pessoas confrontadas com a infelicidade extrema e que conseguem sobreviver a ela? Geralmente, elas não ficam sozinhas, agem, cuidam de preservar o resto de sua existência para impedir que a infelicidade invada tudo, ousam falar da morte, da doença, da invalidez, do sofrimento. Acompanhá-las permite observar que elas passam por quatro etapas:

- num primeiro momento, a vida que continua e a felicidade dos outros aumentam sua sensação de infelicidade;
- em seguida, começam a aceitar a vida que continua e a possibilidade de felicidade possível para os outros;
- pouco a pouco, o cotidiano volta a lhes proporcionar pequenas felicidades;
- e, enfim, a felicidade volta a ser possível, por momentos, ainda que pareça ser, definitivamente, de outra natureza, mais grave e menos leve, mais próxima da paz que da alegria.

Pode haver felicidade depois da infelicidade?

Sair da prisão da infelicidade é tão difícil quanto sair de uma verdadeira prisão: depois de um longo período de encarceramento, os prisioneiros libertados não se sentem felizes no momento de sua libertação, sentem-se no melhor dos casos aliviados, e no pior, angustiados e desorientados[14]. Raramente há alguém esperando por eles lá fora...

E o mesmo acontece com as pessoas que suportaram uma grande infelicidade: aprender ou reaprender a felicidade nunca é fácil. Mas é possível. É o que nos ensina a noção de resiliência, a capacidade não só de sobreviver à infelicidade, mas também de reconstruir a felicidade. Boris Cyrulnik escreve: "A resiliência é mais que resistir, é também aprender a viver."[15]

O desenvolvimento recente dos trabalhos sobre esse tema é a culminação de uma pequena revolução no campo da psicologia: a maioria dos terapeutas entendia até então que sua tarefa consistia essencialmente na escuta, mais ou menos passiva, do sofrimento de seus pacientes. Estes, ou quase todos, descreviam sua terapia nos seguintes moldes: "Eu falava, o (a) terapeuta escutava." O problema é que, além de isso nem sempre funcionar, podia ademais ter conseqüências danosas para alguns pacientes: ao estimular os pacientes a falarem incansavelmente de seus infortúnios, corria-se o risco de fazê-los passar, de maneira despercebida, da infelicidade sofrida para a infelicidade construída, das emoções de infelicidade para a concepção de uma vida infeliz...

Os trabalhos sobre a resiliência enfatizam, o que é novo, os processos de reparação que as vítimas da vida põem em funcionamento. E mostram a possibilidade de uma reconstrução, de uma renascença, mesmo no caso de feridas profundas. As capacidades de resiliência ainda escondem um certo mistério: brotam dos recursos íntimos da pessoa, mas também de alguns pequenos detalhes insignificantes do mundo externo, porém que desempenham um papel vital no mundo interno. Uma palavra, um sorriso, uma mão estendida na hora certa podem mudar tudo e alimentar de forma duradoura a esperança e a confiança.

Uma de minhas pacientes fora uma criança espancada e maltratada por pais alcoólatras, sem que as pessoas à sua volta soubessem ou parecessem se preocupar. Contou-me que só pudera suportar tanto sofrimento graças a seus professores e professoras: um parabéns ou uma atenção permitiam-lhe "segurar as pontas", me dizia ela, suportar humilhações e violências, uma palavra gentil lhe devolvia a vontade de viver.

◆

A FELICIDADE É POSSÍVEL?

SAIR DAS TREVAS...

Quantas desgraças, às vezes, antes de alcançar a felicidade! Quantos sofrimentos têm de ser suportados e superados por algumas pessoas. Ainda assim, a felicidade é sempre possível. Minha profissão de psiquiatra me faz lembrar disso regularmente. Acompanhar pessoas que sofrem de doenças ansiosas ou depressivas graves durante meses ou anos, e vê-las um dia recuperar uma vida normal, ou seja, que oferece a possibilidade da felicidade: que felicidade para um terapeuta!

A depressão talvez não seja a infelicidade absoluta, mas não está longe de ser, nas suas formas mais graves, o pior dos sofrimentos psíquicos, o universo mental mais sombrio e mais desesperado que existe. É por isso que os depoimentos dos que escaparam da depressão são particularmente úteis para as pessoas que enfrentam a infelicidade. O relato mais impressionante e mais realista sobre os horrores da doença depressiva é o de William Styron, na sua obra autobiográfica *Perto das trevas*[16]. Mas seu livro é também uma poderosa mensagem de esperança: "Não é absolutamente necessário falsear o tom ou ser insincero para sublinhar a verdade de que a depressão não é o aniquilamento da alma; os homens e mulheres que se recuperaram da doença – e eles formam uma legião – são testemunhas daquilo que é provavelmente seu único aspecto redentor: é possível vencê-la."

Lembro-me da história contada por uma jovem paciente depressiva. Ela se deu conta de que estava se curando num momento de vida aparentemente insignificante, ocorrido no metrô parisiense. Enquanto ruminava sombrios pensamentos sobre sua vida sem futuro, um casal de namorados veio se sentar na sua frente e começou a se beijar. O agravamento foi instantâneo (estava se recuperando de um rompimento doloroso e estava solteira): começou a se sentir mais infeliz ainda. Na estação seguinte, levantou-se para descer. Um rapaz sentado perto da porta olhou para ela e lhe sorriu quando ela estava saindo do vagão. "Naquele instante, contou-me ela, me senti bem de repente. Alguns dias antes, aquele olhar e aquele sorriso teriam me parecido insignificantes ou obscenos, ou nem teria conseguido vê-los. Ali, eles me faziam bem. É claro que nunca voltei a ver o moço, não sei por que ele sorriu para mim, mas, curiosamente, aquilo me pareceu um bom motivo para ter esperanças e continuar vivendo apesar de tudo. E foi finalmente naquele momento que senti que sarar era possível..."

As pessoas que saem da depressão, esse "inferno subjetivo" como o descrevia um de meus pacientes, vêem-se muitas vezes psicologicamente mudadas. Mais frágeis, num primeiro momento, depois mais fortes no longo prazo. Em *O Demônio do meio-dia, uma anatomia da depressão*, o jornalista Andrew Solomon dá um testemunho realista de sua cura: "A cada dia, às vezes valentemente e às vezes contrariando a razão, escolho ficar vivo. Isso não é uma rara felicidade?"[17] No fim de seu livro, Styron conta como conseguiu escapar da doença depressiva, e cita o último verso do famosíssimo poema de Dante, *O inferno*, episódio mais chocante da *Divina comédia*.

Dante, acompanhado do poeta latino Virgílio, atravessou todos os círculos do inferno, onde deparou com tudo o que a humanidade produziu de pecados e de torpezas. Depois de um último encontro com o próprio Lúcifer ("o imperador do reino da dor", com sua cabeça de três rostos, suas asas de morcego, esmagando com os dentes os pecadores...), os dois companheiros acabam tomando um pequeno caminho secreto e escarpado para chegar ao fim de seu périplo, que Dante conclui com: *E quindi uscimmo a riveder le stelle.*

"E então saímos e voltamos a ver as estrelas"...

◆

Capítulo 3

A FELICIDADE: UMA HISTÓRIA ÍNTIMA

> "Senhor Lepic: 'Então, Poil de Carotte, meu amigo, renuncie à felicidade. Previno-o, você nunca mais será mais feliz que agora, nunca, nunca.'
> Poil de Carotte: 'Isso promete.'"
>
> Jules RENARD

Como explicar as grandes diferenças observáveis, de pessoa para pessoa, em termos de aptidão para a felicidade? Estarão relacionadas com o que aconteceu na infância? Ou então com disposições de origem inata? E como essas aptidões vão evoluir ao longo da existência, em função dos acontecimentos da vida?

Os psiquiatras se perguntam essas coisas, como todo o mundo, mas talvez um pouco mais que todo o mundo, pois os encontros com seus pacientes lhes fornecem histórias incríveis de relações íntimas com a felicidade, fracassadas ou bem-sucedidas. Lembro-me de ter tratado um dia, por causa de uma fobia invalidante, uma paciente que chamaremos de Françoise. Seu relato autobiográfico tinha me impressionado, pois nele havia ao mesmo tempo aptidões para a felicidade e sofrimentos superados. Eis a transcrição de suas palavras, de acordo com minhas anotações da época:

"Foi somente na idade adulta que me dei conta de que tinha sorte: tinha uma natureza feliz. De tanto escutar minha mãe repeti-lo durante minha infância, acabei por não prestar a mínima atenção a isso. Contudo, minha infância não fora particularmente feliz: meus pais se divorciaram quando eu tinha um ano, fiquei abrigada numa outra família até os três anos, minha mãe era violenta com meus irmãos e irmãs. Mas não comigo. Conseguia desarmá-la com meus sorrisos e meu olhar. Ela sempre me dizia: 'Para você, não dá para dizer nada.' Acho que meu constante bom humor, ao mesmo tempo que a desarmava, era-lhe indispensável.

Em todo caso, sempre me pareceu natural não se preocupar mais que o necessário, e tinha a impressão de que todo o mundo era como eu. Mas, à medida que fui entrando pouco a pouco na intimidade de meus amigos, e depois no exercício de minha profissão (sou enfermeira), percebi o quanto era difícil para muita gente se reerguer depois de adversidades, ou, simplesmente, aproveitar melhor o que a vida lhes oferecia.

Na minha vida, tive em seguida bastante sorte, mas acho também que minha maneira de ser atraía muita gente para perto de mim. Conheci uma grande felicidade ao encontrar meu marido, e depois um sofrimento muito grande com sua morte. Amávamo-nos muito. Foi tudo muito rápido, entre o momento em que ele adoeceu e aquele em que ele morreu, passaram-se apenas dois meses. Ainda hoje, a sensação física da infelicidade toma conta de mim quando falo daquele período. Mas posso pensar no meu marido sem chorar. Porque con-

A FELICIDADE É POSSÍVEL?

sigo pensar em todas as felicidades que vivemos juntos e não tanto nas nossas últimas semanas de grande infelicidade. Finalmente, porque acho – é só para você que tenho coragem de dizer isso, ficaria com medo de chocar as pessoas – que talvez hoje eu seja menos infeliz, viúva, que algumas das minhas amigas divorciadas, para as quais o resto da existência está comprometido pelos rancores e pelo ressentimento. Tive um grande amor, e a lembrança dele continuará sempre igual. Sinto tristeza, mas não amargura.

Eis por que eu tenho a impressão de ter apenas um mérito limitado, o de decidir continuar vivendo feliz para a nossa filha. O resto, é natural: se continuo viva, não é para me tornar infeliz. Se penso no meu marido, não é para me lembrar das coisas tristes, mas de nossos bons momentos juntos..."

EXISTE UMA PREDISPOSIÇÃO PARA A FELICIDADE?

Julie, de oito anos, lê um conto para seu irmão menor, Martin, de quatro anos:

"A primeira fada debruçou-se sobre o berço e disse: ofereço-te a beleza. Depois, a segunda se debruçou e disse: ofereço-te a inteligência. E chega a terceira... Ela lhe oferece o quê, essa terceira fada, Martin?"

Martin, um menino sorridente e feliz da vida, muitas vezes felicitado por isso por seus pais, responde então, depois de uma breve hesitação:

"Ela lhe oferece... oferece... Ela lhe oferece estar sempre de bom humor!"

O presente da última fada era, na minha opinião de psiquiatra, o mais extraordinário e o mais desejável dos três*...

---

* Na p. 267, vocês encontrarão um questionário que lhes permitirá refletir sobre suas predisposições para o bom humor.

Bom humor

"Ela está de bom humor hoje", "Ele recuperou a alegria de viver"...

Uma das manifestações mais tangíveis do temperamento é o que chamamos o humor (*mood*, em inglês), esse estado emocional básico que colore nossas percepções e reações ao ambiente cotidiano[1]. O humor é um fenômeno discreto, que muitas vezes tende a ser esquecido, ao menos pela pessoa interessada (em geral, nosso meio percebe nossos humores com mais facilidade que nós). É uma espécie de pano de fundo, de paisagem, de segundo plano de nossos estados mentais. Foi comparado a lentes de óculos escuros: a visão das coisas não se modifica, mas o clima de tudo o que vemos muda conforme estejamos usando lentes escuras ou claras, de cor quente ou de cor fria.

Contudo, a psicologia é mais complicada que a ótica e, diferentemente dos óculos de lentes transparentes, o humor nunca é neutro[2]: estamos sempre com um humor positivo ou negativo.

O humor muitas vezes parece surgir do nada (*out of blue*, dizem os americanos). Mas vai influenciar profundamente nosso olhar sobre o mundo e, portanto, nossos comportamentos. Quando você está de bom humor, vê "a vida cor-de-rosa", ao passo que seu mau humor vai torná-lo menos sensível para os pequenos detalhes da existência que alegram ou enternecem. Ali onde um humor leve deixa você indulgente para com os defeitos dos outros, de "ovo virado" você será sempre menos paciente e tolerante com eles. Mas, como, diferentemente das emoções, o humor raramente é extremo, esse seu caráter discreto faz com que esqueçamos dele: achamos que nossa forma de ver o mundo depende de nossos julgamentos, quando na verdade ela é profundamente influenciada por nossos humores.

◆

A FELICIDADE É POSSÍVEL?

O humor não é fixo, é como a temperatura ao longo de um dia, suscetível de grandes variações da manhã até a noite. Pode ser influenciado por pequenos fatos anódinos: estudos confirmaram que a previsão do tempo[3] ou os resultados de seu time de futebol[4] podem influenciar seu bem-estar do momento.

Mas essas variações constantes se dão em torno de um nível médio (o *set point*), bastante estável para cada pessoa[5]. Um dos estudos mais completos sobre essas oscilações do humor estudou 459 voluntários, num acompanhamento cotidiano de seus estados de ânimo durante 35 dias consecutivos no mínimo[6]. Durante esse período, os sujeitos avaliavam cotidiana e precisamente seus humores dominantes do dia: a estabilidade dos afetos, tanto positivos como negativos, foi notável na maioria dos participantes, apesar da grande quantidade de acontecimentos da vida que não deixavam de ocorrer. A partir do quarto ou quinto dia do estudo, era possível identificar o nível médio do humor, que ia se confirmando com o passar do tempo. É claro que alguns sujeitos eram mais instáveis emocionalmente que outros (os anglo-saxões qualificam-nos de *moody*), mas também eles tinham seu *set point*, um nível médio em meio a essas oscilações. Logo voltaremos a falar desses fenômenos ao abordar a questão do temperamento.

Outros trabalhos estudaram a influência da previsão do tempo sobre o humor, e os mais rigorosos mostraram, para grande surpresa dos pesquisadores, uma influência muito modesta da chuva e do bom tempo sobre o nível médio de nosso moral no longo prazo: nem a temperatura, nem a pressão atmosférica, nem o sol desempenham um papel significativo, se nos dermos ao trabalho de estudar seus efeitos numa duração suficientemente longa[7]. Isso parece contrariar as evidências? E contrariar as expressões populares que relacionam uma coisa com a outra: ter uma personalidade "lunática", um humor "radiante"? Certamente, mas o objetivo das investigações científicas não é confirmar evidências. Mesmo que um dia bonito de céu azul nos deixe um pouco mais felizes, ao longo do tempo esse efeito não nos protegerá de nossos demônios interiores. É possível estar deprimido e infeliz nos trópicos...

Por que temos a impressão contrária? A maioria de nós parece memorizar melhor as concordâncias lógicas entre as condições do tempo e o moral: costumamos lembrar melhor dos dias ensolarados em que nosso moral estava alto, ou, inversamente, dos dias chuvosos em que estávamos com a macaca. Também parece que tendemos a ignorar e recalcar as discordâncias: não memorizamos facilmente os dias de sol em que estamos deprimidos, ou os dias chuvosos em que nos sentimos felizes.

Sem algum esforço pessoal de mudança, nosso nível médio de humor tende, portanto, a ser bastante estável. Num acompanhamento de vários anos (alguns estudos estendem-se por nove anos), a percepção subjetiva média que um indivíduo tem de sua felicidade quase não varia[8], e isso, seja lá o que aconteça na vida (ambiente estável ou movediço). Necessitamos, pois, de explicações mais completas no tocante àquilo que se denomina temperamento...

Temperamento feliz

"É de uma natureza feliz", "Ela tem um temperamento alegre"... O temperamento designa a predisposição, diante dos acontecimentos da vida cotidiana, para sentir com maior ou menor facilidade certas emoções, certos humores[9]. Segundo os psicólogos, essa "afetividade básica" pode ser de tonalidade positiva ou negativa. Há temperamentos que parecem predispostos para a experiência da felicidade, e outros que parecem mais receptivos para a da infelicidade, ao menos no que concerne à "vida de todos os dias", ou seja, excetuando acontecimento excepcionais.

A FELICIDADE É POSSÍVEL?

O temperamento se traduz cotidianamente por meio de nossos humores, que são sua expressão. Ambos os fenômenos estão interligados, e pode-se propor uma comparação meteorológica: nossos humores correspondem aos movimentos, pontuais, do tempo (durante um ou vários dias, chove ou faz sol), ao passo que nosso temperamento corresponde ao clima habitual (temperado ou tropical, mediterrâneo ou continental...).

Nós, psiquiatras, interessamo-nos muito por certos temperamentos, que nos parecem ser fatores de risco para várias doenças psíquicas: o "neuroticismo" (ou "nervosismo") por exemplo, que expõe aos distúrbios ansiosos e às doenças depressivas[10]. Esse temperamento reúne um conjunto de traços, entre os quais uma reatividade excessiva ao estresse, uma presença importante de afetos negativos (inquietação, hostilidade, tristeza etc.), pouca estabilidade emocional (o moral conhece altos e baixos). As pessoas com neuroticismo elevado vão sentir muito fortemente humores negativos depois de acontecimentos menores da vida, passíveis de serem simulados em laboratório[11]: por exemplo, ficarão intensa e duradouramente tocadas por um filme triste (que pode desencadear nelas ruminações sobre os lados sinistros de sua própria vida). Inversamente, o moral delas não melhorará muito com um filme cômico ou otimista. O humor desses sujeitos "neuróticos" parece obedecer a ciclos ao longo do dia: constata-se neles, por exemplo, um aumento dos humores negativos no fim do dia[12].

Humor e temperamento: é possível mudar?

Se humor e temperamento repousam sobre bases estáveis, isso significa que a porta da felicidade está fechada para as pessoas que não receberam as boas cartas, genéticas ou ambientais?

◆

As evidências mostram que certos temperamentos vão precisar de esforços e acomodações mais freqüentes. Mas a experiência dos psicoterapeutas prova que muitas pessoas que num primeiro momento não eram "dotadas para a felicidade" pouco a pouco aprenderam a alcançar o bem-estar emocional e "tiraram o atraso" em termos de capacidade para a felicidade. Um trabalho consigo mesmo bem-sucedido (esforços pessoais, terapia) sempre é capaz de fazer evoluir o nível básico do humor.

Em todos os casos, portanto, sempre é possível agir, e a margem de manobra para tornar-se mais feliz é realmente ampla, sob quatro condições:
- compreender que se pode escapar ao próprio "destino" (ou melhor ainda: lembrar-se que esse destino não existe);
- ter consciência de que a felicidade é uma construção;
- saber como agir;
- e sobretudo... agir!

OS PAIS PODEM ENSINAR A FELICIDADE AOS FILHOS?

> "Você pode se esforçar para ser como seus filhos, mas não tente fazer com que sejam iguais a você."
>
> Khalil Gibran

Gabrielle
"Tento proporcionar bons momentos para os meus filhos. Na minha opinião, uma das minhas responsabilidades como mãe é oferecer a eles um estoque de boas lembranças e de instantes felizes. Tendo conhecido a felicidade quando crianças, sempre saberão como encontrá-la quando adultos. Saberão também como não se atolar na infelicidade. Serão capazes de

A FELICIDADE É POSSÍVEL?

> **Felicidade e neurônios**
>
> Existem, evidentemente, trabalhos sobre a neuropsicologia da felicidade e do bem-estar. Sabe-se, por exemplo, que é no córtex pré-frontal que os acontecimentos da vida adquirem um valor emocional, positivo ou negativo[13]. Sabe-se também que cada um de nossos hemisférios cerebrais provavelmente desempenha um papel diferente no surgimento de sentimentos ligados à felicidade: lesões do hemisfério cerebral direito muitas vezes acarretam um humor neutro ou positivo; em compensação, lesões situadas à esquerda provocam um humor negativo[14]. Nos sujeitos que ficam alegres, observa-se uma atividade do córtex cerebral mais intensa à esquerda que à direita; nos sujeitos que ficam tristes, é à direita que a atividade é mais intensa. Por ora, isso ainda não tem conseqüências práticas, exceto a apaixonante perspectiva de poder acompanhar, de maneira objetiva, graças às técnicas de registro de imagens cerebrais, os progressos dos pacientes submetidos a tratamento, seja este medicamentoso[15] ou psicoterapêutico[16]. Pois também a psicoterapia pode modificar a biologia do cérebro...

discernir entre verdadeiras e falsas felicidades. A meu ver, isso é mais importante que os diplomas ou a ambição..."

O que os pais podem fazer para a felicidade dos filhos?

Desde a noite dos tempos, as mães, e depois os pais, preocuparam-se com sua progênie. Mas essa preocupação evoluiu: primeiro, ela consistia em que os filhos não morressem (pré-história e até o século XIX), depois, em que fossem bem-sucedidos (a partir do século XX, pelo menos no Ocidente), e, enfim, em que sejam felizes (século XXI). Tudo sob a égide do: "Faça o que eu lhe digo, é para o seu bem."

◆

Existem sem dúvida três modos de abrir caminho para a felicidade dos filhos:
- já que o amor dos pais leva a tudo, é preciso, é claro, amá-los;
- como eles nos observam (sempre), também é preciso mostrar-lhes o caminho e dar-lhes alguns exemplos de felicidade;
- enfim, já que eles nos escutam (às vezes), é preciso levar a felicidade suficientemente a sério para lhes falar dela e responder às perguntas deles.

Vamos discorrer agora sobre esses diferentes pontos...

O amor que meus pais me deram me ajudou a ser feliz?

Barbara

"Invejo a tranqüila certeza das pessoas que foram amadas na infância, contava-me um dia uma de minhas pacientes, que tivera uma infância muito sofrida e carente. Identifico-as imediatamente: conseguem ter confiança na vida e nos outros, assim, *a priori*. Não duvidam de suas capacidades de serem aceitas e amadas. Quando uma felicidade se apresenta, elas a agarram e desfrutam dela. Comigo, e acho que com todos aqueles não foram amados o suficiente, é o contrário: enquanto eu não tiver provas formais de que gostam de mim, acho que não gostam. Se minha vida me oferece um pouco de felicidade, fico logo com medo de perdê-la. Minhas fundações não são sólidas, tenho a impressão de que tudo o que eu possa vir a construir está em perigo. Hoje, ainda tenho raiva de meus pais: acho que eles não eram realmente pais, apenas um casal que teve filhos, o que não é a mesma coisa. Eles nunca realmente se perguntaram sobre a nossa felicidade, a do meu irmão e a minha..."

Contudo, o transcurso de sua existência permitiu à minha paciente consolidar suas capacidades de conquistar felicida-

A FELICIDADE É POSSÍVEL?

des duradouras e seguras. Mas, para isso, precisou de todo um paciente trabalho de reconstrução de sua visão de mundo.

Ter sido amado na infância acaba por convencer que se é digno de ser feliz e que se tem o direito a isso. O amor dos pais é a grande base facilitadora da felicidade. As carências (amor insuficiente) e as faltas de jeito (provas de amor insuficientes) afetivas tornam vulnerável no tocante à felicidade: não se está acostumado a ela, donde a inquietação que ela pode inspirar, e pode-se até pensar que não se tem direito a ela, donde atitudes e hábitos afetivos às vezes autodestrutivos (como romper sem motivo com alguém que se ama).

O que meus pais me mostraram da relação deles com a felicidade?

> "À criança está dado saber mais que os pais por tê-los observado."
>
> Pierre Drieu la Rochelle

As crianças observam os pais debatendo-se com sua própria felicidade. Depois, tiram suas conclusões. Como a trama do cotidiano compõe-se mais de pequenos incidentes que de grandes acontecimentos, as lições de vida observadas por nossos filhos dirão em geral respeito mais ao nosso modo de enfrentar um acontecimento menor (engarrafamento na volta do fim de semana), durante o qual não vigiamos nossas reações espontâneas, do que um acontecimento de grandes proporções (morte da avó), ante o qual mobilizaremos nossa energia e nossa atenção, sabendo que "as crianças estão olhando"...

Na qualidade de pais, podemos nos fazer duas grandes perguntas: "O que fazemos e dizemos quando tudo vai bem?" e "O que fazemos e dizemos quando surgem problemas?"

"O que fazemos e dizemos quando tudo vai bem?"

Somos capazes de reconhecer, desfrutar, amplificar os instantes felizes, ou os deixamos passar em branco? Pior: chegamos a estragá-los, por negligência ou porque achamos que nossas preocupações são mais importantes e prioritárias?

Alguns pais exprimem abertamente seu prazer, por meio de palavras ou de comportamentos que os filhos logo aprendem a reconhecer (canções, piadas...) nos momentos em comum: fins de semana, férias, refeições ou momentos em família. Outros nunca manifestam claramente que estão contentes, tão absorvidos que estão em suas responsabilidades de pais e de adultos: o começo do fim de semana lembra que ele terá fim, a refeição no restaurante lembra que tudo isso custa caro etc. Nesse caso, o instante não é desfrutado. É claro que posteriormente serão lembrados como "bons momentos". Mas, na hora, é a irritação com a demora do garçom que predomina, e não o prazer de estarem juntos no restaurante...

"O que fazemos e dizemos quando surgem problemas?"

Como reagimos aos pequenos percalços diários? Fazemos deles contratempos, sobre os quais se pode até fazer piada? Ou dramas e injustiças, ante os quais todos devem adotar uma atitude grave e se afligir?

Isabelle
"Tenho uma lembrança de infância que guardei na memória, não sei por quê: uma pane seca na estrada na saída para as férias. Meu pai era distraído e nunca controlava o marcador de combustível. Aquilo poderia ter-se tornado um pesadelo, e talvez meus pais o viveram desse jeito, com filhos pequenos no banco de trás do carro, que ia esquentando em pleno sol, no meio dos engarrafamentos barulhentos e poluentes. Mas nossos pais mantiveram o sorriso (acho que ele era um pouco forçado na minha mãe, mais espontâneo no meu pai) e logo ten-

A FELICIDADE É POSSÍVEL?

Comportamentos dos pais e impacto sobre as aptidões dos filhos para a felicidade

Facilitando a felicidade: ver muitas vezes os pais...	Complicando a felicidade: ver muitas vezes os pais...
Se alegrarem, relaxarem, desfrutarem os instantes de lazer e de prazer	Abertamente inquietos e preocupados a ponto de não estarem mais disponíveis para o lazer e os prazeres
Exprimirem claramente que os instantes de felicidade são desfrutados	Exprimirem apenas emoções negativas, ou falas limitadoras, nos bons momentos ("isso não vai durar...")
Nos momentos estressantes, dar risada, relativizar ou fazer piada	Se concentrarem, sem tomar nenhuma distância, nos transtornos cotidianos, e só pensarem em aproveitar a vida quando não houver mais *nenhum* problema
Falar da felicidade com os filhos	Nunca abordar a questão da felicidade ou restringir-se a falas pessimistas ("aproveite, pois suas ilusões vão acabar logo...")

taram encontrar soluções, em vez de brigarem. A chegada do socorro, com seu galão de gasolina, foi vivida como um acontecimento feliz, e retomamos viagem cantando no carro: como dizia meu pai, tínhamos perdido apenas duas horas de férias. Acho que é a repetição de pequenas cenas como essa na minha infância que faz com que eu não sofra muito com os contratempos e problemas cotidianos."

O que meus pais me ensinaram sobre a felicidade?

Os pais podem ajudar os filhos a ter acesso às diferentes experiências de felicidade de que falamos no primeiro capítulo: situações, emoções, concepção, construção.
- Situações: oferecendo aos filhos bons momentos e, mais amplamente, uma segurança material mínima.

- Emoções: ensinando-lhes (principalmente pelo exemplo) a aproveitar esses bons momentos.
- Concepção: transmitindo-lhes suas convicções sobre a natureza e a busca da felicidade.
- Construção: ajudando-os a serem atores de sua felicidade, a suscitar e buscar os bons momentos e a viver em harmonia com o mundo que os rodeia.

Em todos esses campos, as atitudes diárias dos pais ilustram claramente quais as prioridades que estabeleceram, às vezes inconscientemente, para si mesmos: submeter-se às regras sociais e conformar-se? Vencer na vida material? Desenvolver-se e ser feliz?

Esses projetos de vida inconscientes também estão, é claro, ligados à época ou à classe social. Em várias de suas obras, a escritora Annie Ernaux descreveu uma infância triste e sem felicidade aparente. Em *La Place*[17], comovente relato dedicado a um pai que nunca conheceu a felicidade a não ser de longe, relata a vida de seus pais, pequenos comerciantes pobres numa cidade do interior depois da Segunda Guerra Mundial: como a de toda uma geração, a vida deles era sacrificial ("A justificação de sua existência: que eu pertencesse ao mundo que o desdenhara"), e procuravam evitar que sua filha passasse pela experiência da falta, preocupação daqueles que sabem o que é a pobreza ("Não faltava nada para a garota"). Annie Ernaux descreve a renúncia de seus pais a muita felicidade ("Não se pode ser mais feliz do que se é"), ou seja, em uma palavra, à felicidade. E suas tentativas de se contentarem com sua condição ("Havia pessoas mais desgraçadas que nós"). Procura compreender seu pai e a visão de mundo dele, falando do livro de leitura dele, "o único de que guardou lembrança", que era *Le Tour de France de deux enfants*, do qual relata uma das frases-chave: "Aprender a sempre ser feliz com a própria sorte." Conta o fim desse pai que, depois do diagnóstico de uma doença grave, decide tardiamente "aproveitar um pouco a vida", projeto não muito hedonista...

◆

A FELICIDADE É POSSÍVEL?

AS IDADES DA FELICIDADE

A felicidade não é exatamente igual de uma ponta à outra da existência. Como somos felizes nas diversas idades da vida? Como nossa felicidade evolui com o tempo? E como a vida vai pouco a pouco moldar nossa felicidade?

Infância: a felicidade em estado puro?

A infância é a idade da felicidade que não se esconde: pulos de alegria, exclamações, saltitar, cantarolar. Mas também a idade de uma inteligência inata para pequenas felicidades diárias, pois as crianças sabem alegrar-se com o que às vezes parece anódino para o adulto: a volta dos pais à noite, depois do trabalho, muitas vezes provoca uma verdadeira felicidade nos pequeninos (aptidão que às vezes o adulto perde: desde quando você não dá pulos de alegria quando seu cônjuge chega?).

A grande superioridade de muitas crianças em relação aos adultos certamente decorre da capacidade delas de viver para o momento presente: "As crianças não têm nem passado nem futuro, e, o que raramente nos acontece, desfrutam do presente", observava La Bruyère. Essa capacidade está fortemente vinculada à de experimentar a felicidade.

A observação ou a rememoração das felicidades infantis é uma das fontes de felicidade dos adultos (daí, talvez, a nostalgia daqueles que não foram pais). Donde esses versos do poeta chinês Li Po: "Você me pergunta qual é a felicidade suprema aqui na terra? É escutar a canção de uma menininha que se afasta depois de nos ter perguntado o caminho."

Com efeito, a infância pode ser, em muitos sentidos, um reservatório de felicidade. Não só sob a forma de um estoque de lembranças felizes, que poderá servir de âncora e de recurso diante de futuras adversidades. Mas também por desenvolver uma receptividade posterior para a felicidade e capacidades de discernimento entre verdadeiras e falsas felicidades.

Sandrine
"Tive uma infância bastante feliz, e acho que uma das conseqüências diretas é que isso aumentou minha lucidez. Como eu sabia o que era ser amada, percebia nas minhas diversas aventuras sentimentais com quem as coisas podiam dar certo e com quem seria tudo difícil. Isso não me impediu de cometer erros, de teimar mesmo sentindo intuitivamente que não era aquilo. Mas acabei me metendo em menos encrencas que algumas das minhas amigas, e, de qualquer forma, elas me abalaram menos..."

Contudo, existem também crianças tristes, deprimidas ou simplesmente crianças que têm dificuldades com a felicidade. Jules Renard nos dá um exemplo impressionante na sua obra-prima (que contém vários aspectos autobiográficos) *Poil de Carotte* [Foguinho], retrato de uma criança mal-amada e pouco apta à felicidade. Poil de Carotte, garoto ruivo, alvo das humilhações de uma mãe má, chega, aliás, à seguinte conclusão: "Nem todo o mundo tem a sorte de ser órfão."

A eterna tendência de "atribuir a felicidade àqueles que nos parecem mais próximos da origem, da simplicidade, da inocência, da ignorância"[18], de imaginar a infância como uma idade de felicidade sem nuvens é portanto abusiva. As crianças podem sofrer, conhecer angústias e infelicidades como os adultos... O que há, portanto, de verdadeiro e de falso nesse mito da infância, *modelo de felicidade*?

A infância é evidentemente objeto de uma idealização *a posteriori*, que se costuma chamar de um "desvio de reconstrução". Mas as felicidades da infância são várias vezes o único modelo de que muitos adultos dispõem. O que é enganoso, pois a felicidade da criança parece diferente por natureza da do adulto: a criança é feliz sem sabê-lo e sem querer;

com o adulto, geralmente ocorre o inverso. É certo que "a criança é o pai do homem" (Woodsworth), mas devemos ser prudentes na nossa tendência natural a tomar as crianças como modelos na compreensão e na busca da felicidade.

Quando termina a infância? E em que momento cessam, ou melhor, se modificam as felicidades da infância?

Fiquei perturbado todas as vezes que percebi em cada uma das minhas filhas esses instantes em que sua primeira infância desaparece, fazendo desabrochar crianças grandes. Um sinal concreto: o fim do trote que a criança feliz utiliza para se deslocar. A criança pequena trota não porque está com pressa, mas porque está feliz. A criança maior já não trota, ela anda ou corre, como um adulto. Há também o aparecimento da leitura, com que os pais se alegram, mas que marca o começo da morte lenta e programada do jogo. As crianças ainda guardam por anos seus brinquedos, mas já não brincam com eles de verdade. É triste e delicioso ao mesmo tempo captar os instantes que indicam tudo isso. Em seguida, há por certo o fim das crenças, o ratinho dos dentes de leite, o Papai Noel e, mais uma vez, os esforços das crianças para continuar a acreditar nelas ou fingir acreditar, como se sentissem intuitivamente que acabam de perder uma extraordinária capacidade de felicidade. A extinção dessas felicidades de infância é evidentemente uma fonte de inspiração nostálgica, feliz ou infeliz...

Num relato autobiográfico, em que fala longamente das felicidades de sua infância, o escritor Alain Rémond conta a seguinte anedota: "Lembro-me do dia em que um amigo da minha idade veio me visitar e me surpreendeu brincando com Madeleine e Bernard. O tom de desprezo, na sua voz, quando me disse: 'O quê? Na sua idade, você ainda brinca?' Sim, eu ainda brincava. E lamentava, sinceramente, que ele não soubesse mais brincar. Depois, quando a gente transpôs a barreira, cruzou a fronteira, acabou, já não dá para voltar atrás, nunca mais."[19]

♦

VIVER FELIZ

Adolescência: a felicidade, e eu com isso...

É Philippe Delerm que conta essa lembrança da classe de fim do segundo grau, em que o professor de filosofia faz a seguinte pergunta durante a aula: "Vocês são felizes?" Quase todos os alunos respondem "não", para grande desespero do professor desconcertado, que se lança então numa "laboriosa apologia de um equilíbrio pessoal que não nos tentava nem um pouco. [...] Havia, na palavra felicidade, algo de pesado e saciado".

Indagados a esse respeito, os adolescentes não se preocupam muito com a felicidade: "É um problema de velho..." Buscam muito mais o intenso, se não o absoluto e o definitivo. Mostram-se, acima de tudo, hipersensíveis às renúncias às vezes contidas em algumas felicidades.

Essa desconfiança é ilustrada pela belíssima figura adolescente de Antígona, na peça de Jean Anouilh[20]. Aqui, a jovem está discutindo com o tio, Creonte:

ANTÍGONA. – A felicidade...
CREONTE. – Que palavra pobre, hein?
ANTÍGONA. – Qual será a minha felicidade? Que mulher feliz se tornará a pequena Antígona? Que pobrezas terá ela também de fazer, dia após dia, para arrancar com os dentes seu pequeno naco de felicidade? Diga, a quem terá de mentir, a quem terá de sorrir, a quem terá de se vender? Quem terá de deixar morrer desviando o olhar?
CREONTE. – Você está louca, cale-se...
ANTÍGONA. – Não, não me calarei, quero saber como vou ter de me virar, eu também, para ser feliz...
[...]
ANTÍGONA. – Todos vocês me dão nojo com essa felicidade! Com essa vida que é preciso amar custe o que custar. Parecem cachorros que lambem tudo o que encontram. E essa

A FELICIDADE É POSSÍVEL?

oportunidadezinha todos os dias, se não formos exigentes demais. Eu quero tudo, já – e inteiro –, ou então não quero! Não quero ser modesta e me contentar com um pedacinho se tiver sido boazinha. Quero ter certeza de tudo hoje, e que isso seja tão bonito como quando eu era pequena – ou morrer.
CREONTE. – Vamos lá, começe, começe, como seu pai...

Lembremos que Antígona era a filha dos amores incestuosos de Édipo e Jocasta. Nem é preciso dizer que ela jamais encontrará a felicidade e que sua história terminará mal.

Portanto, a adolescência nada pode nos ensinar sobre a felicidade, que nem faz seu gênero nem é sua área de competência. Mas adverte-nos claramente contra a banalização da felicidade...

Quando termina a adolescência? E sua relação atormentada com a felicidade? Nunca, para alguns... Em outros casos, justamente no momento em que começamos a nos perguntar sobre a felicidade... Ou seja, a nos interessarmos menos interminavelmente pela questão do "Quem eu sou?", e mais pela de "O que fazer com o que sou?".

Idade adulta: maturidade ou mediocridade da felicidade?

Édith

"Em que momento me tornei adulta? Não sei, acho que isso nem acabou, que é um processo ainda em curso em mim! Deve ter deslanchado lá pelos trinta anos, quando pude respirar um pouco e tomar distância, quando terminei de construir as fundações de minha vida familiar e de minha vida profissional. Pouco a pouco, passei da necessidade de fazer para a necessidade de ser, dos prazeres da excitação para os desejos de tranqüilidade, dos gritos para os murmúrios. Em suma, do narcisismo para a lucidez..."

É na idade adulta que são feitas as grandes perguntas a respeito da felicidade: desprezá-la ou amá-la? Esperá-la ou construí-la? Então, tornamo-nos adultos quando começamos a nos colocar a questão da felicidade? E sobretudo quando começamos a entender que ela depende principalmente de nós? A partir da tomada de consciência que se segue aos primeiros fracassos sérios, às primeiras desilusões? Ou do preço a pagar pelos primeiros sucessos? Ou ainda quando começamos a construir o nosso quadro de vida familiar, social, profissional? Em todo caso, insidiosamente, assim, sem mais, a questão da felicidade um dia se coloca para nós...

E sobretudo a questão da *construção* da felicidade. Ficamos cansados de tanto correr atrás dela ou esperá-la, e gostaríamos de poder capturá-la e domesticá-la. Mas essa felicidade domada nos satisfará tanto quanto a felicidade selvagem? Esta é a questão... A grande dificuldade do adulto ante a felicidade é não confundi-la com o conforto. O desafio é não perder a capacidade de sentir felicidades selvagens ao mesmo tempo que se aprende a cultivar outras. É dessa diversidade que nascerá a felicidade de ser um adulto.

Ao nos tornarmos adultos, também entendemos que os projetos de vida feliz não devem ser nem valorizados nem desprezados. Eles correspondem às convicções de cada um, à consciência que se pode ter das próprias forças, mas sobretudo das próprias fraquezas.

Leila

"Ocupo-me de minha felicidade porque não fui feliz na minha infância, porque nunca me ensinaram a sê-lo e porque tenho a impressão de que é algo que não faz parte do meu caráter inato. Não tenho nenhuma espontaneidade em relação à alegria. Então, se eu não me preocupar com isso, sei no que vai dar: o estado em que fiquei entre os vinte e os quarenta anos, em que passava da depressão para a ansiedade, da ansiedade para a insatisfação, da insatisfação para o mau humor...

A FELICIDADE É POSSÍVEL?

Hoje, tenho quarenta anos, entendi o que podia fazer eu me sentir melhor, e espero trabalhar muito para desenvolvê-lo ainda mais..."

Envelhecer feliz?

Pela primeira vez na história da humanidade, uma sociedade (ocidental) vê crescer aos poucos a proporção de "velhos jovens", em geral em boa situação financeira e com boa saúde. Mas também, e sobretudo, eles reivindicam o direito à felicidade, quando outrora a velhice era a idade das renúncias. Às vezes, é até nesse período da existência que a necessidade de felicidade se faz sentir com mais intensidade. Com efeito, o que é que se pode lamentar no outono da vida, senão não ter feito o suficiente para a própria felicidade e a dos próximos? Melhor pensar nisso logo.

**Felicidade no monastério:
ser feliz permite viver mais tempo?**

Um belo estudo de psicologia foi realizado recentemente com 180 religiosas de uma ordem monástica americana: os pesquisadores analisaram detalhadamente as autobiografias que as freiras tinham escrito, a pedido da madre superiora, ao ingressarem na congregação quando tinham em média 22 anos. Relendo essas cartas sessenta anos depois, percebeu-se que aquelas cujos escritos refletiam uma visão positiva e feliz da existência (medida da quantidade de formulações e de palavras positivas, da quantidade de emoções positivas exprimidas) viveram claramente mais tempo que as outras[21].

As armadilhas ligadas à idade são bem conhecidas: entre nostalgia, amargura e renúncia, é estreita a margem para uma vida feliz. O discurso politicamente correto consiste em dizer que a idade não importa. Algumas celebridades levam inclusive a hipocrisia ao ponto de afirmar nas revistas que não vêem a hora de envelhecer, ao mesmo tempo que consumam regularmente, às escondidas, cirurgias plásticas.

 Contudo, envelhecer é um declínio. Comte-Sponville fala disso de maneira franca e lúcida, e, portanto, útil: "Não creio nem um pouco nas vantagens da velhice... Um ganho de experiência, de maturidade, de cultura? Devemo-lo menos à velhice do que à vida, que continua apesar dos pesares... A vida é uma riqueza. O tempo é uma riqueza. Ser velho não: é tão-somente o tempo que falta e a vida que se vai..."[22] Contudo, vários depoimentos individuais mostram que se pode continuar apto para a felicidade com a idade avançada. Numa entrevista dada a uma revista médica sobre sua doença de Parkinson, o escritor François Nourissier falava simplesmente da "felicidade carnal, física, de ter durado"[23].

 Como explicar que se possa continuar feliz com o avançar dos anos, e até mais feliz que antes? É porque nossas emoções tendem, em média, a melhorar e porque nossa experiência de vida aumenta nossa inteligência da felicidade...

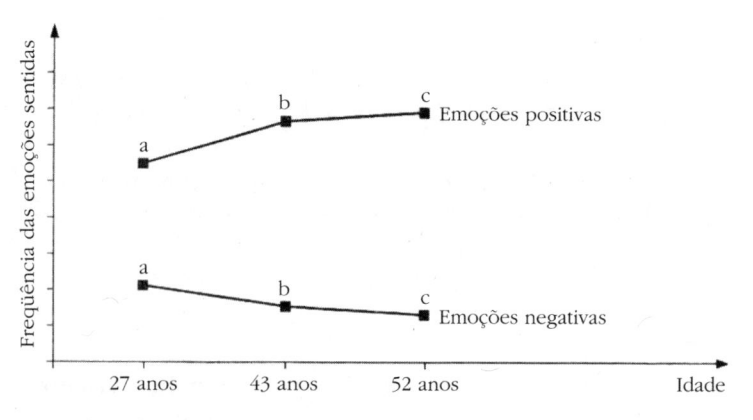

*O **nível médio das emoções positivas e negativas evolui favoravelmente com a idade** (segundo um estudo longitudinal com 80 mulheres[24]).*

A FELICIDADE É POSSÍVEL?

Muitos estudos mostram que a idade traz uma estabilização das emoções (menos montanhas-russas, altos e baixos), bem como um aumento das emoções positivas.

Por outro lado, a experiência pode servir à felicidade, possibilitando não repetir os erros e confusões passados. Por fim, algumas escolhas de vida das pessoas mais velhas, que não hesitam em lançar-se em várias e novas atividades, proporcionam-lhes uma segunda juventude psicológica: "Ser jovem é ter, num ou noutro campo, mais futuro que passado, pelo menos em princípio."[25] O que o professor de medicina Jean Bernard formulava de outra forma: "É preciso adicionar vida aos dias quando já não se pode adicionar dias à vida."

Essa forma de juventude, a ser cultivada em todas as idades, é certamente uma importante chave para a felicidade...

Segunda Parte

COMPREENDER E DEFENDER A FELICIDADE

Este não é o livro de um autor que encontrou a felicidade (e que lhes explicaria como encontrá-la). Lamento... É apenas o de um terapeuta cuja profissão consiste em ajudar seus pacientes a buscá-la de maneira mais eficaz.

Esta segunda parte é, portanto, um esforço para responder a novas perguntas:

Em que direções é preciso buscar a felicidade? Ciência, filosofia e religião podem nos ajudar concretamente nessa busca?

E, como a felicidade é um tema importante para cada um de nós, todo o mundo tem uma opinião a esse respeito. Por isso, às vezes a felicidade é um assunto que cria atritos. Entre "os que acreditam nela" e "os que não acreditam nela", as discussões são intermináveis.

O que é preciso saber da história e da sociologia da felicidade para melhor falar da própria felicidade? E para saber defendê-la?

Capítulo 4

ONDE BUSCAR A FELICIDADE?

> "Todos buscamos a felicidade, mas sem saber onde, como bêbados que procuram sua casa, sabendo confusamente que isso existe..."
>
> VOLTAIRE

Ah, as receitas da felicidade...
Há as pragmáticas, como a do poeta romano Marcial: "Uma pequena herança, um campo fértil, um lar sem grandes problemas, um corpo vigoroso, um sono tranqüilo..." Outras são predominantemente alimentares, por exemplo em Jean-Jacques Rousseau: "A felicidade é uma boa conta no banco, uma boa cozinheira e uma boa digestão." Existem também as metódicas, vide o filósofo Arthur Schopenhauer: "Em primeiro lugar: um caráter alegre, *eukolia*, um temperamento feliz...

Acompanham-no, primeiro e acima de tudo, a saúde do corpo... Em terceiro lugar, repouso do espírito... Em quarto lugar, vantagens exteriores: uma quantidade bem pequena..."[1] Temos também as convicções de alguns desalentados como Bossuet: "A felicidade humana está composta de tantas peças que sempre falta alguma." Outras receitas, enfim, são muito suspeitas quanto à imparcialidade de seu autor, como a famosa definição de Flaubert: "Ser bobo, egoísta e ter uma boa saúde: eis as três condições exigidas para ser feliz."

Mas, hoje, o que sabemos precisamente sobre a composição da felicidade? As reflexões dos filósofos e as pesquisas dos cientistas chegaram a algumas certezas? Apresento a seguir um panorama geral dos conhecimentos e convicções atuais sobre um tema eterno...

PROMESSAS E ARTIFÍCIOS: A FELICIDADE POR ENCOMENDA

A felicidade rápido e em bom estado... Se não sabemos onde buscar a felicidade, então nossa sociedade mercantil se encarregará de nos propor – ou melhor, de nos vender – soluções. Contudo, serão elas satisfatórias? O que podem o dinheiro, os bens materiais e as diversas drogas no que se refere a nossas aspirações à felicidade? A resposta politicamente correta é: "Nada! A felicidade não se compra nem se convoca." Será verdade?

O dinheiro traz felicidade?

"O dinheiro não traz felicidade", diz o provérbio. "Mas ajuda", costuma-se acrescentar. Os cientistas estudaram a questão: parece que, de fato, o dinheiro aumenta a felicidade dos mais pobres, até um certo patamar, de acordo com o que se denomina um efeito "platô" (ver a curva abaixo). A miséria material cria vários obstáculos para a felicidade e pareceria haver o equivalente a um LMIF (Limiar Mínimo de Indução da Felicidade), abaixo do qual as coisas são bem complicadas. Atingir esse limiar não traz a felicidade, mas achar-se abaixo dele costuma impedi-la. Em contrapartida, acima desse limiar, o aumento dos recursos financeiros tem apenas um impacto limitado sobre o sentimento subjetivo de bem-estar.

Interessantes estudos mostraram que o aumento nítido da renda média dos americanos entre 1960 e 1990 não veio acompanhado de nenhum aumento da porcentagem de pessoas que se declaravam felizes[2]. O acompanhamento individual de uma coorte de pessoas, durante dez anos, mostra que as flutuações financeiras, tanto na alta como na baixa, não modificam o nível médio do bem-estar[3]. Foi o que constatou com humor o escritor Jean d'Ormesson: "Ao contrário do que os pobres acreditam, o dinheiro não faz a felicidade dos ricos. Mas, ao contrário do que os ricos acreditam, faria a dos pobres."

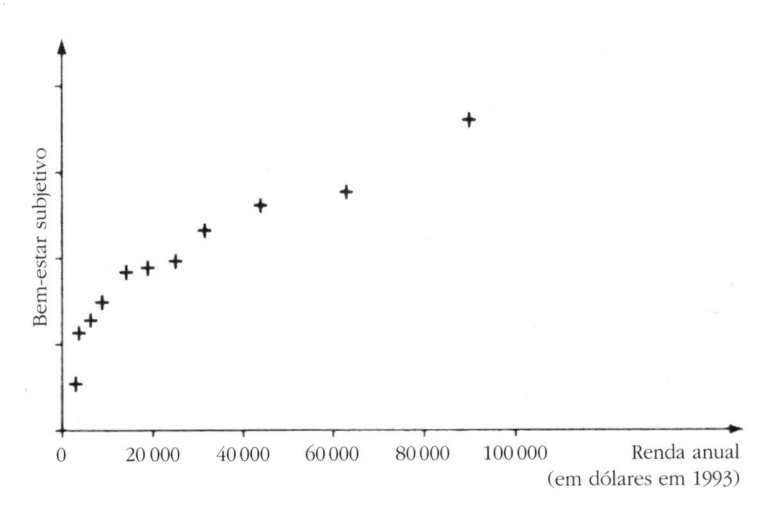

As relações entre rendimentos financeiros e bem-estar se estabilizam a partir de um limiar mínimo[4].

Outra questão costuma ser colocada com freqüência: dinheiro demais não causa infelicidade? Se a resposta fosse afirmativa, a curva das relações dinheiro/bem-estar que apresentamos deveria voltar a descer na sua extremidade direita. Mas vejam bem: não é o que acontece (é uma pena?). Conforme alguns estudos, os muito ricos teriam inclusive acesso a algumas felicidades suplementares... O que nos faria dar razão a Jules Renard, desconfiado em relação ao discurso dos ricos: "Se o dinheiro não traz felicidade, devolvam-no!" No entanto, esses resultados devem ser considerados com grande precaução, pois concernem a um número muito pequeno de pessoas.

Por outro lado, mais que a posse do dinheiro ele mesmo, é evidentemente a satisfação que esse dinheiro traz que tem influência sobre a sensação de felicidade[5]. Como dizia o editor Bernard Grasset: "Não é à posse de bens que a felicidade está ligada, mas à faculdade de desfrutar deles." Sabemos que existem duas maneiras de ser rico: ter muito dinheiro ou ter poucas necessidades.

Os ganhadores da Loto

Foram realizados muitos estudos com ganhadores das mais diversas loterias. Bastante unânimes, esses trabalhos mostram que, passada a explosão de alegria com o anúncio da vitória ("Amorzinho, você tirou a sorte grande!"), a felicidade e o bem-estar desses "felizes ganhadores" são na verdade do mesmo nível que o de pessoas que não ganharam. Um ano depois, estão no mesmo ponto de bem-estar que antes de ter ganhado[6]. Muitos se referem às várias amolações que a súbita fortuna provocou[7]: conflitos com a família, com os colegas e vizinhos caso não se mude de ambiente; dificuldades de adaptação ao novo meio social caso se mude de ambiente... E para alguns, pior ainda: arruinados, agora lamentam o que perderam. Pois há uma injustiça a mais em matéria de dinheiro: ser rico é algo que se aprende desde a infância!

Embora sua notoriedade fosse cada vez maior no meio literário dos anos 1930, o escritor Joseph Delteil abandonou Paris, recolhendo-se numa pequena casa perdida na aridez das cercanias de Montpellier. Vivia ali com a esposa, num despojamento quase ascético: mas era o mais feliz dos homens, e o trabalho fotográfico dedicado à sua existência retirada é iluminado pela felicidade de Delteil, posando no seu velho casaco de veludo remendado ou na sua mesa de trabalho abarrotada de objetos totalmente heteróclitos feitos de sucata e de lembranças, que compunham uma alegre miscelânea. Uma casa, amor, comida e o espetáculo da natureza: Joseph Delteil, escritor genial, não precisava de mais que isso para viver plenamente feliz[8].

Concluindo: os muito pobres correm maiores riscos de serem infelizes por causa de sua pobreza, os muito ricos têm alguma chance, se lidarem bem com isso, de serem um pouco mais felizes. E entre ambos não há muito o que esperar do dinheiro em termos de felicidade...

Mentiras e miragens mercantis

Em setembro de 2002, o fabricante de automóveis Mercedes anunciava seu "Classe A", pequeno automóvel urbano, com o slogan: "As dimensões ideais da felicidade." Não era o primeiro a utilizar a felicidade como vetor publicitário: já tínhamos ouvido: "A felicidade é tão simples quanto uma ligação" (France Télécom), "A felicidade está no preço" (Hertz), "A felicidade, se eu quiser" (Club Med), e, num tom mais ameaçador, "É uma loucura como a gente se acostuma com a felicidade", destinado a promover seguros do banco Crédit Agricole...

A publicidade faz muito alarde e um grande uso da felicidade e nos bombardeia com imagens que supostamente a evocam: casais bebendo café tranqüilamente e se olhando com amor, crianças radiantes em belos automóveis... Evidentemente, ela entendeu que se tratava de uma aspiração universal e de uma motivação poderosa. A proposição subjacente a essas imagens e mensagens tem ao menos a vantagem da simplicidade: você pode alcançar fácil e rapidamente a felicidade pela compra, posse e gozo de bens materiais.

> Uma de minhas pacientes contou-me um dia que, remexendo nos armários da mãe depois da morte desta, ela e o irmão descobriram grandes quantidades de livros, roupas, aparelhos eletrodomésticos e outros produtos de beleza, cuidadosamente arrumados e intactos em suas embalagens nunca abertas. A velha senhora, isolada, grudada na sua televisão, cedia regularmente ao canto da sereia da telecompra, oferecendo-se todas essas promessas de pequenas felicidades anunciadas por apresentadores tão gentis...

Contudo, é inútil desenvolver um puritanismo absoluto em relação aos bens materiais: comprar alguma coisa para si ou para outros não impede a felicidade, e às vezes proporciona alguma, mesmo que as promessas nem sempre se cumpram. Mas cuidado para não se tornar uma vítima fácil demais: a publicidade pesa muito mais sobre nós do que imaginamos. Woody Allen dizia: "Os maus sem dúvida entenderam algo que os bons ignoram..." Permitamo-nos um pouco de maniqueísmo: troquemos mau por publicitário, e bonzinho por consumidor. Depois olhemos mais atentamente para os comerciais na TV, perguntando-nos o que aqueles que os conceberam pretendiam provocar...

> Um paciente deprimido (e portanto muito sensível ao lado sombrio de certas situações, anódinas aos olhos das pessoas apressadas) relatou-me um dia a onda de tristeza que o assaltou num aeroporto:

> **99 francos de felicidade**
> "Meu nome é Octave... Sou publicitário: é isso mesmo, poluo o universo. Sou o cara que lhe vende merda. Que faz você sonhar com aquelas coisas que você nunca terá... na minha profissão, ninguém deseja a sua felicidade, porque as pessoas felizes não consomem. Seu sofrimento estimula o comércio... O hedonismo não é um humanismo: é fluxo de caixa..."
> Essas linhas de Frédéric Beigbeder, extraídas de seu best-seller *99 francs*, dispensam comentários: o autor conhece perfeitamente os bastidores do mundo da publicidade, já que exerceu seus talentos ali durante muitos anos[9]. Seu depoimento lembra que fazer uso da felicidade para vender não é exatamente a mesma coisa que vender felicidade...

"Era uma sexta-feira à noite, meu avião estava atrasado e eu tinha uma hora para gastar. Perambulava pelos corredores de lojas e fui parar na frente de uma loja de brinquedos. De pé, na frente da vitrine, observava dois executivos bem vestidos, um homem e uma mulher, escolherem nervosamente presentes, cada um em seu canto, provavelmente para os filhos. Tinham sem dúvida acabado de fornecer à vendedora a idade de seus filhos para obter o último presente da moda, que estes certamente ainda não tinham. Pareciam apressados e de mau humor. De repente, aquela cena me deixou aflito. Tinha a impressão de que eles compravam presentes para compensar sua ausência, eu já imaginava toda a história: nunca estavam em casa por causa do trabalho, então se sentiam culpados e se redimiam mimando os filhos, sufocando as eventuais queixas deles com montanhas de presentes. Imaginava a criança recebendo o presente com uma vaga excitação, e depois virando as costas para o pai culpado de não estar presente o suficiente... De repente, aquela loja ficou sinistra para mim, apesar dos sorrisos dos ursinhos e dos enfeites brilhantes da vitrine."

Como manter uma relação sadia com os bens materiais?

◆

Eis a opinião de Bossuet, padre famoso por seus *Sermões* e suas *Orações fúnebres*, que pregava na corte de Luís XIV: "Ninguém se torna senhor das coisas possuindo-as todas; é preciso tornar-se senhor delas desprezando-as todas."

Contudo, se, ainda assim, quisermos viver a vida de verdade (aquela em que somos alvo constante de publicidades eficientes), há três perguntas que deveremos nos fazer antes de uma compra não indispensável, isto é, não alimentar (embora, além do pão e da água...):

- "Preciso realmente disto? O que é que eu estou comprando de fato? Um objeto ou uma promessa de bem-estar, de *status*, de felicidade?"
- "Que vazio estou disfarçando?"
- "Esta compra pode ser substituída por outra coisa? Por exemplo, este presente por tempo passado com meus filhos ou meu cônjuge?"

Mas, afinal, por que tantas perguntas? Pois existem duas maneiras de não dar importância aos bens materiais: a antiga, que consiste em não procurar possuí-los, e a moderna, que consiste em acumulá-los tanto que eles perdem todo o valor.

Dessa forma, a relação das crianças com seus brinquedos mudou completamente com a sociedade de consumo: se, antigamente, os brinquedos eram raros e preciosos para a criança, que cuidava deles com muito carinho, hoje perderam todo o valor, são esquecidos e descartados muito rápido depois de terem sido recebidos. De certo modo, as crianças de hoje são cada vez mais indiferentes a seus brinquedos, bem mais que as crianças de outrora.

É de temer, contudo, que essas compras repetidas e banalizadas de "promessas de felicidade" criem maus hábitos e façam com que felicidades mais naturais ou imateriais e, por conseguinte – ao menos assim se espera –, mais satisfatórias e duradouras percam sentido. Por exemplo, o acúmulo de brinquedos parece "produzir" crianças que já não sabem

> **Epicuro e a felicidade**
>
> Entre os filósofos da Antiguidade, Epicuro é um desses cujo nome chegou até nós: qualifica-se de "epicurista" um indivíduo que procura desfrutar dos prazeres da vida por meio dos bens materiais que ela nos oferece (conforto, gastronomia etc.). Contudo, a doutrina de Epicuro advertia fortemente contra a dependência dos bens deste mundo. Na nossa infelicidade, costumamos ser "como o homem doente que ignora a causa de sua doença"[10]. E corremos então o risco de buscar a felicidade na direção errada, "porque objetos caros podem parecer capazes de satisfazer necessidades que conhecemos mal". Por isso, Epicuro cuidou de estabelecer a lista do que era ou não essencial à felicidade:
> – Natural e necessário: amigos, liberdade, alimento, moradia, vestimenta, reflexão.
> – Natural, mas não necessário: casa bonita, empregados, banquetes e iguarias refinadas.
> – Nem natural nem necessário: glória, poder.
>
> Longe de ser uma frenética busca de prazeres, o epicurismo era, portanto, um "hedonismo *a minima*". Mas a publicidade ainda não existia nos tempos de Epicuro...

brincar e criar os universos necessários para o prazer do jogo. Oferecer um presente realmente substitui o tempo passado com o filho?

Podemos também nos perguntar se os parques de diversões, cujos representantes mais bem-sucedidos são a Disneyland e Eurodisney, não ilustram claramente a exploração comercial máxima (e inteligente) das expectativas de felicidade. Neles, tudo é pletórico em sentido positivo: música alegre, espetáculos sorridentes, jogos e brinquedos em profusão. Às vezes para o bem: o espanto alegre das crianças descobrindo os personagens de desenhos animados "de verdade" na forma de pelúcias gigantes e amistosas (embora um tanto apressadas). Geralmente para o mal: essa pletora é agressiva, sobretudo para os muito pequenos. O parque oferece aqui e ali o espetáculo de crianças atordoadas pela sobreestimulação, de pais que cedem sobretudo para não frustrar seus rebentos e estragar o dia.

No fim da tarde, vemos ataques de caprichos, explosões de cólera, e ninguém mais dá risada... E as desigualdades da felicidade aprofundam-se ainda mais, as diferenças entre famílias se fazem notar, o parque de diversões age como um revelador: se as relações entre pais e filhos eram medíocres, baseadas na culpa de uns e na tirania dos outros, o fim do dia em geral traz conflitos e recriminações ("a gente vem aqui, passa um dia inteiro e você ainda nos aporrinha..."), e os pais sentem a amargura de um fracasso na tentativa de dar felicidade aos filhos. Se essas relações eram boas, dá-se risada e se relembra os bons momentos do dia.

Não estou dando nenhuma lição de moral: como pai, eu mesmo freqüentei a Eurodisney... Confesso até ter me divertido com minhas filhas. Mas nunca tanto como tínhamos sonhado ao imaginarmos antecipadamente o dia. E continuo perplexo. Todos os anos, passo um dia inteiro com cada uma das minhas filhas no aniversário delas. Lembro-me de ter passado, com uma semana de intervalo, dois dias muito diferentes com a segunda das minhas filhas: um na Eurodisney; o outro no bosque de Vincennes, empinando um papagaio. Um, saturado de barulhos e de imagens, alegre mas indigesto, cheio de acontecimentos. O outro, lento e ensolarado, cheio de conversas e de silêncios, cheio de impressões. Qual terá mais importância para ela nas suas lembranças de felicidades de infância?

Substâncias da felicidade?

Não saberia explicar por quê, mas muitos dos pacientes alcoólatras de quem tratei eram em geral simpáticos. Alguns eram gravemente dependentes da bebida e muito difíceis de ajudar: profundamente infelizes, ansiosos ou deprimidos, buscavam no álcool um meio de aliviar sua dificuldade de viver, e às vezes até de desfrutar de pequenos momentos de felicidade. Outros, só tinham flertado com o álcool e conseguido se livrar dele sozinhos.

Florent
"Todas as noites, depois de chegar em casa, bebia alguns copos para ficar nas nuvens, para me sentir bem. O que me angustiou foi que, afinal, aquilo até funcionava. Sentia-me vagamente feliz. Não era só a diminuição do estresse do dia, mas um outro olhar sobre o mundo. O problema é que eu tomava meu primeiro copo cada vez mais cedo. No começo, era antes de comer, depois, pouco a pouco, mal tinha passado pela porta, eu já me servia de uma dose. Entendi que as coisas estavam indo por um mau caminho quando comecei a pensar no que ia beber antes mesmo de chegar em casa. Então, decidi parar. Bem a tempo, a meu ver. Desde então, proíbo-me de beber sozinho, reservo o álcool para o convívio."

Outrora, falava-se dos "paraísos artificiais" (título de uma obra famosa de Charles Baudelaire) em relação ao uso de drogas de todo tipo. Mas as felicidades sintetizadas – álcool, medicamentos, drogas – realmente conduzem ao paraíso? Em geral são uns tapa-sofrimento, tapa-miséria: "Não existe drogado feliz", afirmava um *best-seller* dos anos 1970[11], durante os quais o consumo de drogas estava envolvido numa aura incrível. Mais contemporâneas, as "pílulas da felicidade" raramente são o que se acredita que sejam. Portanto, pode haver um "bom uso" das drogas socialmente aceitas para aumentar o bem-estar?

Muitos dos arautos da divina garrafa louvaram a fraternidade encontrada em torno de um bom porre. Esses "coitos de simpatia", segundo a expressão de Jules Renard, não devem ser desconsiderados. Vários trabalhos mostraram que o álcool diminuía a preocupação consigo mesmo: a quantidade de vezes que se utiliza o "eu" ou comentários autocentrados diminui significativamente depois da absorção de álcool por voluntários "saudáveis", isto é, não dependentes do álcool de maneira crônica[12]. A embriaguez às vezes permite modificar o olhar sobre a vida; com a condição absoluta de tirar disso lições e poder prescindir dela para ter acesso à felicidade de outras formas.

> Foi o que me contou um de meus pacientes, de quem tratava por algo totalmente diferente: "Sou reconhecido ao álcool. Ele me permitiu ver que o mundo depende do olhar que lanço sobre ele. O tempo está encoberto e tudo está triste, em seguida, alguns copos depois, descobrimos um encanto no cinza, ele já não tem importância, as preocupações voltaram ao seu devido lugar. Parece uma coisinha de nada, mas foi muito bom para mim perceber isso. Todo o problema está em ter, apesar disso, outras fontes de bem-estar além do álcool, senão corre-se perigo. Eu tinha meus amigos, minha família, meu trabalho... Mas para mim, no fim, a imagem da felicidade é uma tarde de verão, à sombra fresca de uma grande árvore, depois de uma boa refeição entre amigos. Bebemos um *rosé*, reconstruímos o mundo, sentimo-nos generosos em relação a tudo o que nos rodeia. Sabemos que isso não vai durar mais que aquela tarde, mas não faz mal. Também sabemos que um desses domingos recomeçaremos..."

Contudo, estamos apenas falando aqui dos efeitos do álcool sobre o indivíduo não dependente: todos os trabalhos científicos sublinham que as conseqüências são totalmente outras nos grandes bebedores. Um recente estudo de campo sobre os comportamentos dos alcoólatras no balcão dos bares[13] mostrou, por exemplo, o considerável empobrecimento dos intercâmbios entre bebedores crônicos, tanto no nível dos olhares como das palavras: dificuldades de relacionamento, falas estereotipadas...

A regra – que é paradoxal apenas aparentemente – deveria ser a de consumir álcool apenas quando se está mais ou menos bem, caso contrário, nosso controle sobre a quantidade absorvida será deficiente. Mostrou-se, por exemplo, que, depois de um fracasso, as pessoas que já duvidavam de si mesmas tendem a consumir mais álcool (num pseudoteste de degustação organizado em laboratório de psicologia) que pessoas, também elas submetidas a um fracasso em testes precedentes, que dispõem de uma boa auto-estima[14].

As pílulas da felicidade existem?

Em 1981, chegava ao mercado o famoso Prozac. Foi de fato uma revolução no mundo dos psicotrópicos (os remédios para o psiquismo). Até então, os medicamentos antidepressivos eram eficazes, mas à custa de efeitos secundários incômodos (tremores, boca seca, distúrbios de visão etc.). O Prozac não propunha uma eficácia superior sobre a depressão, mas revelava-se infinitamente mais bem tolerado, o que muito contribuiu para o seu sucesso: em poucos meses, tornou-se o antidepressivo mais prescrito no mundo pelos médicos. Como todos os outros medicamentos de sua classe química (os "serotoninérgicos", que agem sobre a serotonina, neurotransmissor cerebral), o Prozac não tinha apenas efeitos antidepressivos: era também muito eficaz para a maioria das doenças ansiosas, como as fobias sociais, o pânico, os transtornos obsessivo-compulsivos (TOC). Mas outro aspecto da molécula começou a chamar a atenção: uma vez curados, alguns pacientes deprimidos sentiam-se melhor com Prozac que antes do começo de sua depressão. Como se o remédio tivesse um efeito sobre alguns de seus traços de personalidade. Daí um best-seller mundial sobre esse assunto, habilmente traduzido para o francês com o título *Le bonheur sur ordonnance*[15]*. De fato, esse remédio, bem como os outros serotoninérgicos em geral, também pode exercer, em algumas pessoas, um efeito sobre traços de personalidade, regulando sobretudo suas emoções negativas e seu humor, havendo distúrbio psíquico[16] ou não[17]. Mas isso justificaria, como fizeram os jornalistas, recorrer à expressão "pílulas da felicidade"? Seria mais correto dizer que se trata às vezes de "pílulas antitendência-a-se-sentir-infeliz". Aliás, os pacientes que se beneficiam desse efeito (que está longe de se verificar em todo o mundo) nem sempre se sentem muito animados em prolongá-lo, ao contrário do que se temeu por um momento: parece que os serotoninérgicos também podem embotar, em alguns, as sensações agradáveis. É algo tolerável num tratamento de curta duração, mas menos em caso de administração prolongada. Quem sabe, amanhã, se novas moléculas destituídas desses inconvenientes chegarem às mãos dos médicos, o debate seja retomado. Deve-se conduzi-lo num nível filosófico: renunciar ou não à visão nietzschiana do homem engrandecido por seu sofrimento? Ou num nível científico: quais as vantagens e quais os inconvenientes de modificar pela química os temperamentos humanos? O futuro dirá...

AS APARÊNCIAS DA FELICIDADE

> "A felicidade é estar feliz; não é fazer de conta que se está feliz."
>
> Jules Renard

Denis

"Alguns anos atrás, cheguei ao fundo do poço. Tinha perdido meu trabalho, minha mulher me largara, bebia demais, fu-

---

* Literalmente: A felicidade com receita médica. Ed. bras.: *Ouvindo o Prozac*, Record, Rio de Janeiro, 1993. (N. da T.)

mava como um doente. Certa manhã, estava num bar debaixo da minha casa, no 5º distrito em Paris, percorrendo os anúncios classificados. Depois de um ou dois cafés, estava por atacar meu primeiro copo de cerveja do dia às onze horas quando um grupo de jovens entrou e veio sentar-se na mesa ao lado. Deviam estar no curso preparatório para as grandes faculdades de um liceu chique das redondezas, bonitos, bem vestidos, limpos, alegres, com aspecto de crianças ricas e saudáveis. 'O contrário de mim', pensei então. Já me sentia lamentável naquele período da minha vida, mesmo sem ter de me comparar com ninguém. Mas ali, em comparação com eles, achei-me velho, feio, um fracassado social, pouco inteligente, não sexy... Já não ousava nem levantar a cabeça e olhar para eles, de medo de ver um olhar de desprezo lançado sobre o pobre tipo que eu sentia ser.

Passado um momento, fui ao banheiro para me esconder e me acalmar. Demorei-me um pouco, esperando que eles fossem embora (afinal, deviam ter aula!). Observei meu rosto no espelho, era um espetáculo horrível: rugas, cabelos brancos, calvície incipiente, a cor esverdeada do cara que bebe, fuma, não faz esportes. Tive a impressão de ser, definitivamente, um sub-homem. Quando voltei, eles não estavam mais lá.

Estou melhor agora, mas aquele momento ficou gravado na minha memória: foi aquele em que me senti mais infeliz e mais desamparado na vida."

As aparências decerto enganam, mas são visíveis... e às vezes dolorosas. Como escrevia Proust a esse respeito: "O admirável na felicidade dos outros é que acreditamos nela..."

O status *e os diplomas*

Não acumule diplomas com o objetivo de ser feliz: não servem para nada! Quanto a pertencer a uma classe social, isso influi na felicidade da mesma maneira que o dinheiro: tendo saído da miséria, subir na escala social não confere mais felicidade (mas tampouco tira!).

Felizes os simples de espírito? A inteligência tampouco tem efeitos notáveis sobre o bem-estar e a felicidade[18]. Os trabalhos sobre a inteligência emocional já o mostraram[19]: pode-se ser muito inteligente e muito infeliz. Como notava Alexis Carrel, prêmio Nobel que não era inteligente em todos os campos de sua existência (sobretudo por suas posições sobre a eugenia): "A inteligência é quase inútil para quem não possui outra coisa senão ela."

Por isso, as crianças superdotadas nem sempre o são para a felicidade, pois seus "superdons" por vezes tornam difícil sua adaptação ao meio, sobretudo no plano dos relacionamentos[20]. Lembro-me de Anne, uma menininha de sete anos, não superdotada, mas simplesmente muito dotada, a quem o professor propunha pular um ano, pois ela estava manifestamente acima do nível. Recusou durante várias semanas a proposta, argumentando com verdadeira sabedoria: "Não quero pular de ano, pois vou perder todas as minhas amigas e ficarei infeliz sem elas..."

A juventude

Oscar Wilde, que defendia o prazer contra a felicidade, escreveu: "O prazer é a única coisa pela qual vale a pena viver. Nada envelhece tanto quanto a felicidade." E se fosse exatamente o contrário? Pode-se notar, aliás, que, invertendo as duas palavras, a máxima ainda se sustenta...

Por algum tempo, pensou-se que a capacidade de sentir felicidade diminuía com a idade. Mas era um erro, devido simplesmente aos questionários utilizados para medir o bem-estar: estes últimos privilegiavam os instantes de alegria e exploravam pouco a felicidade ligada à calma e ao retraimento.

Com efeito, alguns estudos mostram até mesmo o contrário[21]: a felicidade pode aumentar com a idade, como falamos no capítulo anterior. Mas, em geral, a idade não tem uma influência direta sobre a possibilidade de ser feliz. No máximo, vai interferir no tipo de felicidade que se tenderá a procurar e a apreciar, as felicidades calmas ganhando progressivamente preferência sobre as felicidades agitadas.

A saúde

Em língua inglesa, existem três palavras para falar do que o francês [e o português] designa por um único termo, a doença:
- *disease*, a doença diagnosticada pelos médicos ("este paciente tem a doença de...");
- *illness*, a doença observada pela sociedade e pelo meio ("minha irmã está doente");
- e *sickness*, a doença sentida pelo paciente ("sinto-me doente").

A felicidade e o bem-estar estão ligados mais à saúde percebida que à saúde física em sentido estrito, e evidentemente dependem do terceiro significado. Por isso, os hipocondríacos, convencidos de estarem sofrendo de doenças tão fatais quanto impossíveis de descobrir, são profundamente infelizes, embora desfrutem de boa saúde objetiva. E pacientes que sofrem de doenças crônicas penosas nem por isso deixam de se sentir felizes com a vida. Alguns deles mostram-se capazes de perceber as limitações ligadas à doença como um problema a ser enfrentado e depois esquecido, e não como uma injustiça ou um drama que os atinge e que merece toda a sua atenção.

A beleza

O que a beleza tem a ver com a felicidade? Teoricamente, nada, mas, na prática, dois fenômenos importantes vão entrar em jogo. Primeiro, a satisfação subjetiva com a própria aparência física é um fator de bem-estar, de intensidade moderada, mas cuja influência se exerce regularmente, e que vai influenciar, entre outras coisas, a auto-estima (outro fator que age sobre o bem-estar). Em seguida, uma aparência física considerada agradável pelo meio pode proporcionar um certo número de atenções e de vantagens, injustas, mas cuja realidade é comprovada por vários trabalhos[22]: tende-se a supor que os indivíduos fisicamente agradáveis são mais simpáticos, inteligentes, competentes que os outros, e portanto se atribui freqüentemente a eles um *a priori* favorável (que cabe a eles confirmar em seguida...). Serão eles mais felizes por isso?

Não necessariamente, pois, como sublinhava Stendhal: "A beleza é apenas promessa da felicidade." E a vida às vezes nos ensina que muitas promessas não se cumprem... A beleza objetiva, embora possa ajudar para a felicidade, nunca é uma garantia. O costume de se apoiar na própria beleza e nas próprias capacidades de sedução para obter reconhecimento, estima ou amor pode tornar dolorosas as marcas do tempo que passa... e que faz a beleza passar.

> "Lembro-me perfeitamente da primeira foto em que me vi velha. Estava ao lado de algumas jovens fresquinhas, e a comparação com elas foi atroz: eu parecia sua avó. Mas o pior é que eu estava vestida como elas, sorria como elas, tudo era parecido, menos as rugas, a pele sem brilho, a aparência gasta, as formas menos firmes, um monte de pequenos detalhes que me martirizavam...
>
> Naquele dia entendi que a juventude tinha terminado definitivamente. Aos quarenta anos, já era hora... Mas com todas as promessas da moda e da publicidade dos anti-rugas e coisa e tal, acabamos acreditando. Rasguei a foto, joguei o negativo fora às escondidas. E levei meses para me recuperar."

Esse relato de uma paciente, que sofria do que ela chamava de sua "depressão dos quarenta", ilustra bem os limites

> **Toda a infelicidade da beleza...**
>
> No seu romance *O retrato de Dorian Gray*, Oscar Wilde conta a história de um jovem de grande beleza, mas obcecado pelo temor de envelhecer: "Quando se perde a beleza, perde-se tudo... A única coisa que vale a pena possuir é a juventude. Quando eu descobrir que estou envelhecendo, me mato."[*]
> Um dia, um pintor amigo pinta o seu retrato, de intenso realismo e beleza: "Como é triste!, murmurou Dorian Gray, os olhos fixos no retrato. Como é triste! Eu vou ficar velho, horrível, pavoroso. E este quadro permanecerá jovem para sempre. Não envelhecerá um dia além desse dia específico de junho. Ah, se fosse o contrário! Se fosse eu a permanecer jovem para sempre, se fosse o quadro a envelhecer! Eu daria... eu daria tudo por isto!"[**]
>
> A partir daquele instante, é seu retrato que envelhece no seu lugar, conservando ele mesmo uma eterna juventude. Essa narrativa trágica (pois a história acaba evidentemente mal) permite a Wilde desenvolver seu ponto de vista sobre a beleza e as infelicidades que, paradoxalmente, a ela podem se vincular: "Há uma fatalidade em toda distinção física e intelectual... Iremos sofrer por tudo que os deuses nos legaram, sofrer terrivelmente."[***]

da beleza naquilo que ela pode conferir à felicidade. Ao menos do tipo de beleza que nos é imposta hoje: a "beleza jovem". Essa beleza sem dúvida pode contribuir (um pouco) com a felicidade, mas a obsessão por ela pode tirar-lhe (muito)...

---

[*] *O retrato de Dorian Gray*, Francisco Alves, 1981, trad. de José Eduardo Ribeiro Moretzsohn, pp. 22-3. (N. da T.)
[**] *Idem*, p. 22. (N. da T.)
[***] *Idem*, p. 5. (N. da T.)

A FELICIDADE ESTÁ NO VÍNCULO

> "A felicidade é ter alguém para perder."
> Philippe DELERM

Lembro-me de um dia ter falado longamente da felicidade com uma mulher que estava atravessando um período muito difícil. Ela sem dúvida teria sucumbido psicologicamente se não estivesse rodeada de amigos e de familiares, que se ofereceram para apoiá-la. Ela, que era bastante dura e fechada, dera-se conta de repente de quantas pessoas havia à sua volta que gostavam dela: "Nos primeiros tempos, nada me consolava. Depois, a tomada de consciência de que muita gente gostava de mim ajudou-me a enfrentar. Não tinha a suficiente consciência dessa enorme felicidade. A provação, em vez de me endurecer, me enterneceu. E era disso que eu estava precisando, eu já era bastante dura sem aquilo. Agora, sinto-me mais frágil, mas também mais capaz de ser feliz..."

Existem dados científicos bastante sólidos sobre a importância dos vínculos sociais na felicidade. O que não surpreende nesse animal social que o ser humano é. Parece, por exemplo, que o fato de dispor de boas "competências sociais", de capacidades para se comunicar de maneira eficaz e agradável com os outros, está associado a um estado mais importante de bem-estar[23].

Contudo, as relações entre felicidade e vínculos sociais são complexas, pois são de mão dupla: ser feliz torna as relações sociais mais fáceis, mas relações sociais agradáveis também tornam mais feliz. Do outro lado, infelizmente, o círculo se torna vicioso: ser infeliz torna-me menos sociável, e essa falta de alimentos relacionais me deixa mais infeliz etc.

O casal

Uma "montanha de dados", segundo a expressão de um pesquisador americano[24], parece indicar que a vida de casal tem uma forte correlação com o sentimento de felicidade. Também aí duas hipóteses podem prevalecer: as pessoas felizes são mais atraentes para os outros e têm mais facilidade para encontrar parceiros; ou então a vida a dois aumenta as aptidões para a felicidade. Esta segunda opção é considerada a mais freqüente pela maioria dos especialistas.

A vida de casal é portanto boa para a felicidade, sob duas condições:
- igualdade (uma real reciprocidade e respeito mútuo na preocupação com a felicidade do cônjuge);
- e intimidade (baseada em trocas gratificantes: sexualidade, discussões, projetos e atividades comuns de lazer etc.).

Essas duas condições são indispensáveis para que o casal acrescente algo à felicidade que cada um dos cônjuges é capaz de alcançar sozinho.

No entanto, o barco do casal moderno não está carregado demais? Outrora, as pessoas se casavam para evitar os infortúnios da vida (pobreza, solidão, juízos sociais negativos sobre o celibato etc.), ao passo que hoje vai-se buscar a felicidade no casamento. É claro que isso nem sempre funciona, donde o número crescente de divórcios. Não porque os cônjuges sejam mais insuportáveis hoje que outrora, provavelmente é o contrário que acontece: a evolução das sociedades ocidentais tornou os homens menos autoritários, as mulheres estão menos frustradas por uma vida reclusa no lar.

Foram as expectativas dos cônjuges que mudaram: os casos de divórcio por certo evoluem em paralelo com a aspiração dos indivíduos a serem felizes, e sobretudo a esperar que essa felicidade lhes seja proporcionada pelo casamento ou pela vida a dois. Existem evidentemente outros fatores para explicar a onda de divórcios (maior tolerância social ao adultério, "tentações" em maior número, individualismo galopante...), mas as expectativas de felicidade no casal, em geral mais frustradas que satisfeitas, são uma queixa freqüentemente escutada pelos terapeutas. O que serve de consolo para os solteiros e para os adeptos da vida de casal à distância ou em tempo parcial...

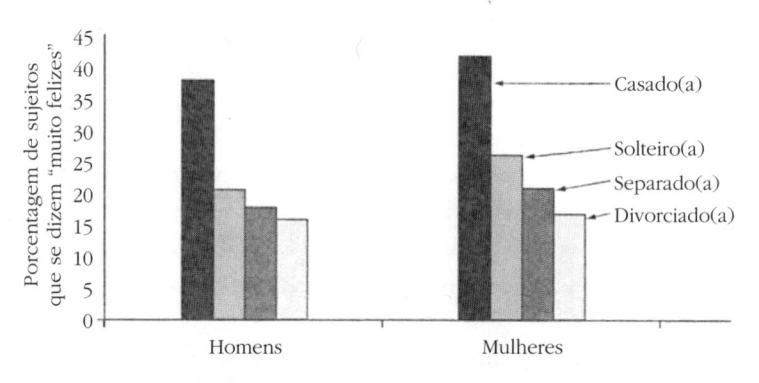

A vida de casal pode ser benéfica para a felicidade[25].

E o amor nisso tudo?

Para a maioria das pessoas, apaixonar-se encabeça a lista dos acontecimentos que podem trazer felicidade. Isso sem dúvida é verdade para a felicidade-emoção, mas mais problemático para a felicidade-construção. *Love is Never Enough** era o título de um livro sobre casal publicado há alguns anos por um famoso psiquiatra americano[26]. Para ele, outros fenômenos têm de ocorrer para que o casal seja feliz de forma duradoura e não só durante o período da paixão: renúncias, preocupação com o outro, gestão eficaz dos conflitos... Os terapeutas conjugais vêem suas salas de espera lotadas de pessoas que se amam, mas que se dilaceram e já não conseguem viver juntas. Além disso, se você é incapaz de ser moderadamente feliz solteiro, por que seria mais feliz a dois, dadas todas as limitações que isso acarreta?

---

* Literalmente, "O amor nunca é suficiente". Ed. bras.: *Para além do amor*, Rio de Janeiro, Rosa dos Tempos, 1995. (N. do E.)

> **As diferenças entre homens e mulheres no caminho da felicidade**
>
> A maioria dos trabalhos mostra que as mulheres se declaram em média ligeiramente mais felizes que os homens, e por motivos ligeiramente diferentes: as mulheres são mais atentas aos filhos e à saúde da família, os homens, ao trabalho e à segurança material[27].
>
> A felicidade das mulheres seria, portanto, de natureza mais altruísta e a dos homens, mais egoísta? Esta era, em todo caso, a opinião de Choderlos de Laclos, que em suas *Relações perigosas* escreveu: "O homem goza da felicidade que sente, e a mulher, daquela que proporciona."
>
> Atenção, contudo: o marido que, de boa-fé, aplicar esse princípio não deveria depois se espantar se sua esposa for buscar em outro lugar um tipo diferente de felicidade, menos altruísta...

Os filhos

Natacha

"O cúmulo da felicidade para mim? É quando vou dar uma olhada nos meus filhos dormindo, antes de ir deitar. Não perderia isso por nada no mundo. Mesmo quando estou esgotada ou deprimida, isso é até necessário e me deixa feliz. Sinto como que um frêmito animal, um ataque físico de felicidade. E, às vezes, fico profundamente comovida. Um dia, encontrei minha caçula adormecida na sua cama, com sua fantasia de princesa enfiada sobre o pijama, uma coroa de plástico no cabelo. Todos os seus bichinhos de pelúcia e bonecas estavam arrumados direitinho ao pé da cama, como se fosse para melhor vê-la e ouvi-la. Ela devia ter se levantado de novo depois do beijo de boa-noite e brincado por um bom tempo de escola de princesas ou algo assim. Não sei por quê, mas chorei de emoção. Não era só bonitinho. Era pungente. Era um turbilhão de emoções. Aquele pequeno momento de felicidade clandestina que ela se oferecera sozinha, aquela fragilidade da infância, o fato de saber que um dia toda essa magia iria desaparecer. Quando fui me deitar, estava em lágrimas. Lágrimas de felicidade..."

A presença dos filhos sem dúvida representa uma fantástica amplificação de todas as emoções cotidianas, positivas ou negativas, estressantes e fontes de felicidade. Mas, como o amor, os filhos só trazem uma felicidade duradoura para os pais já capazes de serem felizes por si mesmos. Na falta disso, a criança "encarregada de missões"[28] terá muita dificuldade para cumprir a mais difícil de todas, a de tornar os pais felizes. Contudo, um número grande demais de casais fazem um filho na esperança de restaurar a felicidade de viver juntos. Este, aliás, é o problema dos filhos ideais e das felicidades parentais sem nuvens vendidos pela publicidade ou pelo cinema. Essa grande trapaça consiste em mostrar apenas filhos perfeitos, perto dos quais os nossos vão, por contraste, parecer horrorosos, quando na verdade são como nós: simplesmente normais.

No filme de Manuel Poirier *Les Femmes et les enfants d'abord* [Mulheres e crianças primeiro] (2002), que põe em cena um pai de família quarentão às voltas com uma crise no seu meio social, vemos uma cena raríssima no cinema, mas que todos os pais conhecem de cor e salteado: o ataque de nervos de aniversário. Sufocada pela pressão do que deveria ser um momento de felicidade, a criança aniversariante fica nervosa, faz caprichos absurdos, rola no chão e acaba se fazendo maltratar pelos pais, primeiro furiosos ("esforçamo-nos para fazer você feliz, e veja só") e depois culpados ("coitadinho, dar bronca nele no dia do aniversário...").

Os estudos que avaliam o bem-estar parental em função dos ciclos de vida familiar confirmam que as coisas não são totalmente cor-de-rosa. Eles chegam várias vezes a curvas em forma de W: o bem-estar cotidiano é alterado primeiro pelo fato de ter de se ocupar de crianças pequenas, melhora um

COMPREENDER E DEFENDER A FELICIDADE

pouco quando estas crescem, desaba de novo na adolescência, e por fim volta a aumentar quando os pais se vêem novamente sós... Contudo, os pais se declaram em média mais felizes que as pessoas que não têm filhos. Os filhos sem dúvida proporcionam uma sensação de felicidade aos pais (nos momentos em que não os estressam...), dando-lhes a sensação de que sua vida tem um sentido[29].

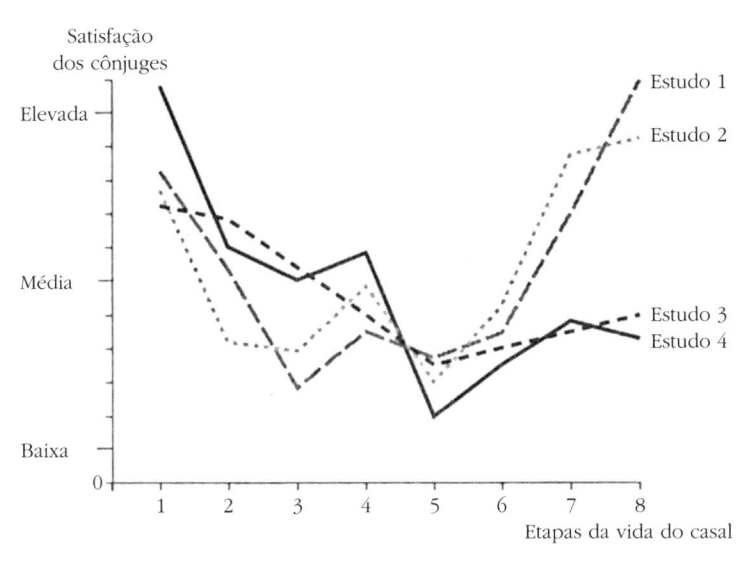

A satisfação conjugal oscila em função dos ciclos de vida e da idade dos filhos[30].
1: lua-de-mel, sem filhos
3: presença de um ou mais filhos de menos de cinco anos
5: presença de um ou vários adolescentes
8: não mais filhos em casa

Os pais

Atendo muitas vezes pessoas que sofreram por ter os chamados "pais tóxicos"[31]. A capacidade de se sentir feliz pode resistir a eles e sobreviver a uma infância estragada por eles?

◆

Marianne

"Meus pais passaram a maior parte da vida deles estragando a minha. E continuam. Quando eu era criança, talvez o fizessem por falta de jeito, e sem dúvida porque eles mesmos tinham sido infelizes. Mas hoje eles continuam, por azedume, e porque adquiriram esse hábito e não sabem lidar de outra forma comigo a não ser me criticando, me desvalorizando, me agredindo.

Eles me fizeram muito mal. Quando criança, tinha a impressão de ser má. Depois da adolescência, comecei a ter raiva deles, a detestá-los, mas esse ódio também era um sofrimento e uma dependência deles. Em ambos os casos, era impossível para mim ser feliz, acho que nem me colocava essa questão.

Hoje, depois de anos perdidos e muitas psicoterapias, aprendi a não detestá-los mais. Cheguei até a perdoá-los. Mas não esqueci nada do que me fizeram. E portanto me mantenho a uma boa distância. Caso contrário, tudo poderia recomeçar."

Nossos pais estão cada vez mais presentes nas nossas vidas, sua longevidade cresceu, sua disponibilidade também. As felicidades e infelicidades ligadas a eles vão portanto continuar atuais... O perdão aos pais tóxicos é um dos clássicos da psicoterapia[32], e muitas vezes requer anos de trabalho. Contudo, ele é fundamental e desempenha um papel muito importante na felicidade do adulto que teve a infância prejudicada: "Perdoar não é nem esquecer nem apagar; é renunciar, conforme os casos, a punir ou a odiar, e até, às vezes, a julgar."[33] O ressentimento é uma prisão, o perdão, uma libertação. E o perdão não implica o esquecimento: "Perdôo sempre, mas não esqueço nunca", confessava François Mauriac.

Os amigos

"Amigos em toda estação, sem os quais não posso viver", escreveu Guillaume Apollinaire em uma de suas coletâneas de poesias (*O bestiário*). Mais prosaicos, os pesquisadores mostram com belas curvas (ver abaixo) que as relações de

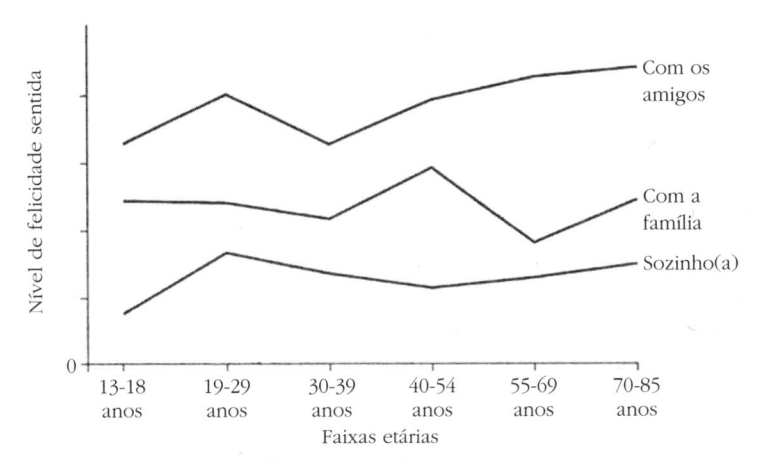

Os amigos são benéficos para a felicidade (cf. R. W. Larson[34]).

amizade são a principal fonte cotidiana de emoções positivas, antes mesmo que a vida familiar.

Os mecanismos de ação da amizade sobre a felicidade são múltiplos, mas baseiam-se essencialmente no fato de que em geral encontramos os amigos para praticar com eles atividades agradáveis, sem as restrições da coabitação duradoura ou de concessões excessivas aos egos de uns e outros.

Participei um dia de um programa radiofônico para um grande público sobre o tema das férias, algo como "Viajar com a família ou com os amigos?". Os telefonemas e depoimentos dos ouvintes permitiram compreender claramente por que as férias com amigos são geralmente mais agradáveis e felizes que aquelas com a família: aceita-se fazer concessões e esforços, considera-se que nada é devido nem preestabelecido, não há cadáveres no armário nem relações de dominação disfarçadas, não-ditos que se arrastam há anos...

Diferenças, quase caricaturais, existem entre homens e mulheres quanto ao que lhes proporciona felicidade na amizade[35]: para os homens, trata-se de fazer esportes ou beber álcool, e é agradável ter uma turma de amigos; para as mulheres, importa sobretudo ter algumas amigas muito próximas com quem falar, falar, falar...

As felicidades da amizade dependem às vezes de pequenos detalhes. Um de meus amigos estrangeiros convidou-me um dia para ir dar cursos na sua universidade, mas tivemos muita dificuldade para encontrar datas que conviessem a todos. Passado certo tempo, constrangido de recusar todas as suas propostas, desculpei-me enviando-lhe um e-mail em que lhe expressava meu constrangimento por lhe complicar a vida. Respondeu-me imediatamente, dando-me esta amigável absolvição: "Não é você, querido amigo, que me complica a vida. É a vida que é complicada." E o curso acabou acontecendo...

A FELICIDADE ESTÁ NA AÇÃO

> "A atividade é indispensável para a felicidade."
> Arthur Schopenhauer

A felicidade às vezes deixa inquietos os hiperativos, pois percebem-na como um estado estático e tedioso, à imagem de um sorriso vazio e cristalizado. Jules Renard contava em seu *Journal* [Diário] a seguinte anedota: disseram a Alfred Capus (escritor francês relegado ao esquecimento): "Fulanos são felizes. – Não, retificou ele, não são felizes, são imóveis."

Que relações há, portanto, entre felicidade e movimento?

O trabalho

Étienne

"Quando criança, gostava muito de história, e principalmente dos indivíduos que a faziam. Lembro-me de um personagem que me impressionava particularmente: Colbert, o ministro de Luís XIV. É claro que, como todos os outros meninos da minha idade, eu adorava Du Guesclin, Bayard, Bonaparte e um monte de heróis guerreiros. Mas Colbert me fascinava por causa de um detalhe: o professor nos contara que ele adorava o trabalho e que esfregava as mãos de prazer ao entrar em seu escritório todas as manhãs... Eu mesmo já era um pouco assim.

Um dia, tivemos de fazer uma redação em francês sobre o tema 'Seu cômodo preferido em casa'. Uns falaram da cozinha, onde toda a família se reunia para as refeições, outros, do seu quarto, que representava seu cantinho. O diabinho da classe celebrara o banheiro onde lia seus gibis... E eu falei do escritório do meu pai: adorava demorar-me por lá na sua ausência, impregnar-me do ambiente de estudos que ali reinava, móveis com gavetas, biblioteca, máquina de escrever... Não foi um grande mérito meu ter um bom desempenho na escola, eu gostava de estudar, sentia-me feliz estudando.

Na idade adulta, contudo, as coisas foram se deteriorando lentamente, tornei-me o que chamam de um 'trabalhador compulsivo', um *workaholic*, como dizem os americanos. O trabalho era sempre uma prioridade sobre todo o resto. E, como eu ocupava cargos de responsabilidade, não tinha fim... O que me salvou foi ter-me casado e tido filhos: isso me ensinou – a muito custo – outros modos de me sentir feliz. Entre as recriminações da minha mulher ("Você nunca está aqui!"), as pequenas frases dos meus filhos ("Vai sair de novo, papai?") e minha culpa galopante, tive de mudar. E estou mil vezes melhor. Não devemos nunca ficar com uma única felicidade, a monocultura não é boa para a saúde..."

Existe uma relação bastante clara entre o nível de satisfação no trabalho e a satisfação global da existência*. Mas, na verdade, é o segundo elemento que influencia o primeiro: estar globalmente satisfeito com a vida leva a sentir-se bem no trabalho[36]. As fontes de satisfação ligadas ao trabalho são múltiplas: salário, possibilidades de evolução na carreira, na-

---

* Na p. 271, vocês encontrarão um questionário para ajudar a refletir sobre felicidade, bem-estar e vida profissional.

tureza do trabalho, qualidade do quadro de direção etc. O interesse pelo trabalho e a sensação de que este último contribui para o nosso desenvolvimento também são essenciais[37].

Mas o fator que mais pesa em todos os estudos concerne às boas relações com os colegas: mantidas constantes as outras condições, é o bom ambiente de relacionamentos que permite se desenvolver num determinado trabalho[38].

O lazer

Existe uma relação entre felicidade e lazer, mas não no caso de um tempo livre não desejado ou não organizado: para os desempregados, os aposentados, as pessoas sem profissão, o fato de dispor de muito tempo evidentemente não é uma fonte automática de um maior bem-estar (como tenderiam a crer as pessoas sobrecarregadas que aspiram a um respiro).

Entre os vários estudos disponíveis, citemos apenas aqueles que procuraram estudar o impacto da TV – prestes a se tornar a forma de lazer mais disseminada – sobre o bem-estar global de seus espectadores. Em termos gerais, é negativa a relação entre *TV-watching* e felicidade[39]. Entre outros malefícios, parece que a televisão invade claramente o tempo dedicado aos encontros com amigos![40]

Por que todas as sociedades, tradicionais ou modernas, preservaram, ao lado do tempo consagrado ao trabalho, bastante tempo dedicado ao lazer? Certamente para preservar os laços sociais de que falamos. Mas também porque parece mais fácil aumentar os afetos positivos agindo do que pensando![41] Daí decorrem as virtudes "antidepressivas" (relativas) do esporte, do trabalho, da bricolagem... O efeito, real mas limitado, do dinheiro sobre a felicidade provém sem dúvida mais das atividades que ele permite realizar (viajar, oferecer um presente), ou da segurança que proporciona (estar protegido dos infortúnios ligados à falta), que da satisfação ligada à sua posse pura e simples (qual pode ser a felicidade ligada à posse de uma gorda conta bancária?).

Ação e felicidade: um pouco de teoria

Vocês conhecem Mihaly Csikszentmihaly? (E, caso conheçam, conseguem pronunciar seu nome?) Esse professor de psicologia da Universidade de Chicago ficou conhecido entre seus pares por sua teoria do *flow*[42].

O *flow* (em português: "fluxo", "corrente") é aquele estado de concentração e de júbilo pelo domínio de uma atividade que nos apaixona, na qual se fica profundamente absorto a ponto de esquecer o tempo que passa, e que nos alimenta e nos satisfaz totalmente[43]. Pode estar no atleta que se entrega ao seu esporte, na criança absorta na sua brincadeira, no pesquisador mergulhado em seus trabalhos... Mas também, de

As relações entre felicidade e ação, e o estado de *flow*

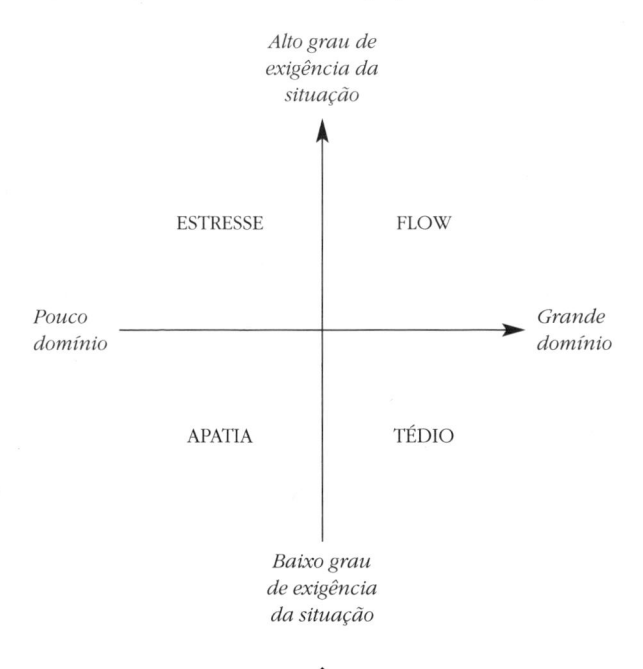

	Alto grau de exigência da situação	
ESTRESSE		FLOW
Pouco domínio	——————→	*Grande domínio*
APATIA		TÉDIO
	Baixo grau de exigência da situação	

forma mais simples, em qualquer atividade agradável que se domine e na qual imergimos com felicidade: a pessoa na sua bricolagem, o cozinheiro na sua receita.

Pois para falar de *flow*, essa felicidade da ação, dois fatores têm de estar reunidos: uma atividade rica, absorvente, gratificante, e um grau elevado de domínio dessa atividade. A ausência de um dos dois modifica nitidamente o quadro: uma atividade com alto grau de exigência, mas da qual temos apenas um domínio limitado, vai provocar mais estresse que prazer (por exemplo, um esporte complexo praticado por um debutante). Um domínio elevado de uma atividade fácil demais provoca tédio (é o caso dos alunos superdotados). Pouco domínio de uma atividade pouco estimulante (um trabalho que lhe desagrada e do qual você não entende nada) logo provocará apatia e passividade, bem como um desinvestimento completo.

E o descanso?

Tranqüilizemos os alérgicos à hiperatividade: houve quem definisse a felicidade como um "alegre descanso"[44]. Ufa! Em *Devaneios do caminhante solitário*, Jean-Jacques Rousseau foi um de seus apóstolos mais sinceros: "Que felicidade era aquela e em que consistia sua fruição? O precioso *far niente* foi a primeira e a principal dessas fruições, que quis saborear em toda a sua doçura..."

Como psiquiatra, observei muitas vezes o quanto a hiperatividade era um entrave para a felicidade, esteja ela ligada à ansiedade (medo da falta ou do vazio), ao perfeccionismo (só parar quando tudo está perfeito, ou seja, nunca), ao hipercontrole ou à busca de sensações fortes. Parece que a alternância entre ação e descanso é o ideal, e isso, afinal, é bastante lógico.

A FELICIDADE ESTÁ NO CAMPO

> "Todo o meu corpo é poroso ao vento fresco da primavera. Em todo lugar me infinitizo e em todo lugar estou contente... – sinto-me feliz por Ontem, por Hoje, por Amanhã, crendo-me deus e sem começo nem fim."
>
> Paul FORT

Sequi naturam: para todos os filósofos da Antiguidade, a primeira causa da infelicidade dos homens é o afastamento da natureza. O apego visceral da maioria dos humanos à natureza é outra expressão dessa constatação. Disso decorre, sem dúvida, o desejo que grande parte dos urbanos tem de se aproximar dela, ainda que modestamente, pela cultura de plantas na floreira de janelas ou pela posse de um animal doméstico, ou até penosamente, enfrentando os engarrafamentos de saída ou de volta para passar um fim de semana no campo.

Em todas as mitologias, os lugares paradisíacos são representados ou descritos como um jardim maravilhoso (o Éden da Bíblia), um campo idílico (a Arcádia da Grécia antiga) ou terras serenas (as ilhas Afortunadas da Idade Média). Isso sem dúvida está ligado a uma certa consciência animal de nossa parte: nosso lugar e nossas origens estão na natureza e portanto também nossa felicidade (para os movimentos ecológicos, aliás, é mais que a nossa felicidade que está em jogo, é nossa sobrevivência).

Todo ser humano passou, em sua vida, pela experiência dessa forma de plenitude e de evidência que geralmente só se sente diante da natureza. Ela é descrita por Cioran – que, no entanto, era um grande pessimista – em várias passagens de sua obra:

"Passeando tarde do dia por essa aléia bordejada de árvores, uma castanha caiu aos meus pés. O barulho que fez ao estourar, o eco que suscitou em mim e uma emoção desproporcional a esse incidente ínfimo mergulharam-me no milagre, na ebriedade do definitivo, como se já não houvesse perguntas, apenas respostas. Estava embriagado de mil evidências inesperadas, com as quais não sabia o que fazer... Foi assim que quase toquei o supremo. Mas achei preferível continuar meu passeio."[45]

Ou ainda: "Andar por uma floresta entre duas sebes de fetos transfigurados pelo outono, é isso o *triunfo*. Que são, perto disso, sufrágios e ovações?"

Rousseau, por sua vez, mostra como a natureza permite o duplo movimento do esquecimento e da consciência de si, necessário para a felicidade: "E enquanto ainda estavam à mesa, esquivava-me e ia me jogar num barco que conduzia para o meio do lago quando a água estava calma, e ali, deitado de comprido no barco com os olhos voltados para o céu, deixava-me ir e derivar lentamente ao sabor da água, às vezes durante horas, mergulhado em mil devaneios confusos mas deliciosos..."[46]

Eis por que, como sugere o poema de Paul Fort, "a felicidade está no campo". Mas pode também estar perto dos jardineiros... Em seu romance *Portrait d'un homme heureux* [O jardineiro do Rei-Sol], Erik Orsenna conta a vida de André Le Nôtre, jardineiro de Luís XIV e arquiteto dos suntuosos jardins do castelo de Versailles[47]. No círculo do Rei-Sol, ele foi um dos únicos a nunca cair em desgraça (diferentemente, por exemplo, do dramaturgo Jean Racine). Luís XIV amava seus jardins acima de qualquer outra coisa, e entretinha-se amigavelmente com Le Nôtre de maneira quase cotidiana, concedendo-lhe favores excepcionais. "Sois um homem feliz, Le Nôtre", teria-lhe dito um dia o soberano...

A felicidade está nos bosques...

"Quando escrevi as páginas que se seguem, ao menos a maior parte delas, vivia sozinho em pleno bosque, sem nenhum vizinho num raio de uma milha, numa casa que eu mesmo construí na margem do lago Walden em Concord, no estado de Massachusetts, ganhando meu pão apenas com o trabalho de minhas mãos. Vivi ali dois anos e dois meses. Hoje, estou de volta à vida civilizada."[48]

Assim começa *Walden ou a vida nos bosques*, publicado nos Estados Unidos em 1854. Seu autor é conhecido sobretudo por ter escrito um *Ensaio sobre a desobediência civil*, que foi um dos livros de cabeceira de Gandhi e dos revolucionários russos. *Walden* é uma obra fundamental no imaginário coletivo americano. Mas seu alcance é universal, e foi celebrado em seu tempo por Proust e Gide em particular. Trata-se de um relato autobiográfico, de ritmo muito lento, que descreve as atividades de um homem que foi viver o mais perto possível da natureza. Nascido de uma família puritana da Nova Inglaterra, Thoreau gostava do devaneio, mas não da preguiça. Em meio a todos os dias passados em Walden construindo, semeando, colhendo, andando, observando, escutando..., delineia-se a idéia da busca de uma felicidade simples e natural.

AS COISAS DA VIDA...

Mais um paradoxo para a felicidade: ainda que imaterial, é um sentimento que não existe de forma desencarnada, e só pode ser alcançado através de "alguma coisa". Alguma coisa que é apenas seu primeiro degrau, sua promessa, e que a felicidade logo ultrapassa por todos os lados. Contudo, sem todas essas "coisas da vida", não há felicidade possível...

Capítulo 5

O QUE SABEMOS SOBRE A FELICIDADE?

"Só temos a felicidade que conseguimos entender."
Maurice MAETERLINCK

"A felicidade: não ficar fazendo muitas perguntas, não encucar", declaravam-me divertidos alguns dos primos jovens a quem indagara sobre o tema. A despreocupação seria uma das chaves da felicidade? E para ser feliz, seria o caso de não refletir muito? É uma tradição antiga, já que na Bíblia o Eclesiastes afirma taxativamente: "Onde há muita ciência, há muita dor." É verdade que um certo número de pessoas não precisa de teorias para ser feliz. Mas, para outras, entender como a felicidade "funciona" é uma necessidade profunda.

Quando era estudante, um de meus professores, que, como muitos psiquiatras da época, gostava dos termos cultos, falou-nos um dia de "pulsão epistemofílica", para se referir ao desejo que os seres humanos têm de compreender "como funciona" (é a pulsão epistemofílica que leva a sua sobrinha de quatro anos a desmontar o DVD comprado pelos pais dela). Em filosofia, a epistemologia designa o conjunto das teorias do conhecimento humano. Não se preocupem, este capítulo não tratará da epistemologia da felicidade (eu seria incapaz de escrevê-la). Mas descobrirão nele algumas convicções dos cientistas a esse respeito. Verão até que ponto a felicidade está indissociavelmente ligada à nossa visão de mundo, nossos valores, nossas crenças. E por que ela é uma necessidade fundamental do ser humano.

UMA CIÊNCIA DA FELICIDADE?

Nos anos 1970-1980, o psicanalista americano Thomas Szasz era uma das figuras de proa da antipsiquiatria, o movimento que considerava que as doenças mentais não existiam, mas eram um mero produto dos problemas da sociedade. Szasz afirmava que a felicidade tampouco existia, e que era "um estado imaginário, que outrora os seres vivos atribuíam aos mortos, e que geralmente, nos dias atuais, os adultos atribuem às crianças, e as crianças, aos adultos"[1]. Desde então, a antipsiquiatria perdeu muito de sua influência, ao mesmo tempo que psiquiatras e psicólogos percorriam um caminho que os levou a abordar a felicidade sob um ângulo menos passional e mais científico...

A medida da felicidade

Felicidade? Quanto? Três metros ou dois quilos? Embora se costume falar de "pequenas" e "grandes" felicidades, não existe até hoje nenhuma unidade de medida da felicidade. E é sensato pensar que a situação não se alterará... Um autor americano espirituoso[2] propôs uma unidade de medida da felicidade: o HAP (abreviação de *Happiness*, "felicidade" em inglês), e sugeria avaliar assim cada uma de nossas atividades e cada um de nossos instantes: quantos HAPs para esse passeio na floresta, quantos para essa diversão com meus filhos, para essa refeição entre amigos, esse trabalho terminado etc. A idéia tem o mérito de nos levar a refletir sobre o que é a intensidade da felicidade, mas evidentemente não é cientificamente viável. Uma mesma atividade vai proporcionar muitos HAPs para Pedro e quase nenhum para Paulo (é o mesmo problema do estresse). Com a felicidade ocorre o mesmo que com a beleza da luz: a do meio-dia é mais agradável que a do crepúsculo ou da aurora? Existem felicidades discretas assim como luzes suaves, outras intensas como um sol de verão. Mas continuam sendo felicidades.

Na prática, os cientistas contornaram o problema desistindo (felizmente?) de medir a felicidade e dedicando-se apenas ao estudo de seus componentes e manifestações associadas, de que falaremos.

As pesquisas sobre a felicidade

Na maioria das pesquisas sobre a felicidade, a maior parte das pessoas se diz "de forma geral, feliz com a vida": nos Estados Unidos, 66% se declaram felizes ou muito felizes[3]. Contudo, muitos psicólogos ficam perplexos ante esses números, que lhes parecem singularmente otimistas! Há várias possibilidades para entendê-los:

- Ou esses números devem ser considerados pouco confiáveis, já que submetidos ao que os sociólogos chamam de "desvio de desejabilidade": tende-se a dar uma resposta que pareça socialmente desejável (assim, a crer nas enquetes, pouquíssimas pessoas cometem

fraudes ao preencher seus formulários de imposto de renda ou enganam o cônjuge; mas...). E dizer-se feliz é mais valorizador ante um pesquisador anônimo que confessar-se infeliz.
- Ou influências culturais afetam as respostas. É o que explicaria, por exemplo, que nos estudos internacionais, os americanos sejam em média mais felizes que os europeus, e que os europeus do Norte sejam mais que os do Sul. Diferenças psicológicas entre os povos talvez expliquem esses fenômenos[4], mas também é possível que haja culturas em que resmungar e queixar-se seja desvalorizador, e outras em que isso é quase uma identidade e um estilo de vida[5]. Dizem que seria o caso dos franceses, que pintam a si mesmos como gauleses reclamões, embora sua qualidade de vida seja quase universalmente invejada. Uma expressão alemã evoca isso: "Feliz como Deus na França." Vá entender...
- Ou esses números traduzem mais uma visão psicológica global da existência que uma experiência emocional diária. No cotidiano, queixamo-nos para os próximos, mas de modo pontual; ao refletir sobre a vida perante desconhecidos que nos perguntam sobre a felicidade, pensamos que as coisas até que não andam tão mal... E, de fato, o que a maioria das grandes investigações e pesquisas de opinião sobre a felicidade mede é mais a satisfação com a existência (dimensão psicológica) que o bem-estar no cotidiano (experiência emocional).

Então, a que conclusão chegamos? Pois bem, que as pessoas certamente são um pouco menos felizes do que declaram nas pesquisas. Mas que provavelmente são um pouco mais do que declaram aos seus próximos (sobretudo nos dias de mau humor)...

COMPREENDER E DEFENDER A FELICIDADE

> **Felicidade no zoológico...**
>
> De muitos pontos de vista, os chimpanzés, nossos primos próximos, se parecem muito conosco (a menos que seja o contrário): como nós, são dotados de habilidades de linguagem, de uma consciência moral e do que se chama de "teoria da mente", isto é, são capazes de representar mentalmente o que outra pessoa está pensando[6]. Não espanta, portanto, que pesquisadores tenham tentado avaliar suas aptidões para o bem-estar psicológico (não ousaria falar de felicidade). Em todo caso, os cientistas logo perceberam que existiam, assim como nos humanos, importantes diferenças entre chimpanzés: alguns parecem dotados de uma alegria de viver importante, outros são resmungões. Como até hoje não se elaboraram protocolos de entrevistas com chimpanzés, é aos empregados dos zoológicos e das reservas onde eles residem que se pede para avaliar a felicidade de seus habitantes. Eis as quatro perguntas a que devem responder, num dos questionários mais utilizados pelos pesquisadores[7]:
>
> "Durante uma dia típico,
> – Por quanto tempo o animal lhe parece feliz, contente, alegre ou com um humor positivo?
> – A quantas trocas e interações agradáveis ele se entrega?
> – Quantas vezes ele consegue obter o que queria (espaços, alimento, objetos, comunicação com os outros etc.)?
> – Se você fosse um de seus chimpanzés, qual preferiria ser? Dê uma nota, de 1 a 7, para cada um deles, avaliando o estilo de vida que lhe parece mais invejável."
>
> O que mostra que a ciência não exclui o humor...

Duas dimensões mensuráveis da felicidade

Voltemos às duas dimensões cuja existência os estudos revelam. Cada uma delas é útil para a percepção subjetiva de nossa felicidade no dia-a-dia[8]. E é a mistura harmoniosa das duas que importa:

◆

- uma é puramente *psicológica*, é a sensação subjetiva de satisfação com a própria existência* ("minha vida é boa");
- a outra é de natureza *emocional*, e depende da freqüência dos humores positivos ("em geral me sinto bem").

Essas duas dimensões podem ser espontâneas e existir independentemente de qualquer atitude voluntária. Também podem ser fruto de esforços conscientes: pode-se melhorar a dimensão psicológica da felicidade empenhando-se, por exemplo, em tomar distância de *pensamentos* de insatisfação, ou progredir no plano emocional cuidando para não se deixar invadir por *humores* negativos. Veremos nos dois últimos capítulos deste livro que construir a própria felicidade supõe ao mesmo tempo uma atitude psicológica relativa à nossa visão de mundo e um conjunto de estratégias relativas à regulação de nosso "moral".

FELICIDADE DE CIMA OU FELICIDADE DE BAIXO?

1980, sou residente de psiquiatria e faço meus primeiros plantões de urgência. Logo vou descobrir que a maioria dos atendimentos são tentativas de suicídio, "TS", como as chamamos no jargão profissional. E que a cena é quase sempre a mesma, como um roteiro escrito de antemão: pouco depois do suicida, chegam a família e os amigos próximos. E a cada vez, a mesma pergunta: por quê? Depois a mesma constatação surrealista: "Ele (ela) tinha tudo para ser feliz." Ele ou ela tinha tudo, ao menos aos olhos dos que o(a) cercam. No entanto, a felicidade não estava presente.

---

* Na p. 273, vocês encontrarão um questionário para avaliar essa satisfação global com a vida.

Vimos que a satisfação de nossas necessidades não era necessariamente a felicidade. Vimos também que tudo o que pode facilitar a felicidade e o bem-estar pode também facilitar o estresse: dinheiro, vida de casal, filhos, trabalho... É porque, na verdade, todas essas "fontes" de felicidade são apenas *condições* prévias para a felicidade, muitas vezes necessárias mas nunca suficientes. São *proposições*, podem facilitar o acesso à felicidade, estabelecer-lhe certas bases, mas não a criam nem a garantem. O que falta, então?

O elevador da felicidade

Há dois olhares possíveis sobre as relações da felicidade com suas condições exteriores[9].

- O primeiro, dito *bottom-up* (da base para o topo, de baixo para cima), sugere que a felicidade "vem de baixo" e decorre do acúmulo das condições que facilitam seu surgimento: dinheiro, saúde, amigos etc. aumentam as chances de se sentir feliz. Sem essas bases concretas, não há felicidade possível*...

- O segundo, dito *top-down* (de cima para baixo) supõe que a felicidade "deslancha de cima", e só existe se nossas disposições mentais permitirem apreciar o que acontece conosco ou o que temos. Sem essas disposições psicológicas, não há felicidade possível...

Tratamos amplamente, no capítulo anterior, das condições exteriores da felicidade, dessas "coisas da vida" que são seu primeiro degrau. Evocamos também seus limites: embora o dinheiro dê uma mãozinha para a felicidade, 37% dos americanos mais ricos figuram abaixo da média nacional em ma-

---

* Na p. 275, vocês encontrarão um questionário sobre as condições materiais cotidianas que podem facilitar a felicidade.

téria de bem-estar psicológico[10]. Embora a vida de casal possa aumentar a felicidade, quase um casamento em cada dois acaba em divórcio na maioria dos países ocidentais. E poderíamos continuar longamente com essa lista...

Falaremos agora mais detalhadamente das condições psicológicas, portanto subjetivas, da felicidade: o modelo *top-down*.

Algumas condições psicológicas para a felicidade

Stendhal escreveu: "Chamo caráter de um homem seu modo habitual de sair à caça da felicidade."[11] É certo que existem centenas de trabalhos dedicados às dimensões psicológicas práticas da felicidade. Seus principais ensinamentos podem ser encontrados nos dois últimos capítulos deste livro. Mas, de um ponto de vista teórico, quais as suas conclusões?

Principalmente que a felicidade pode ser decomposta[12] numa série de aptidões psicológicas e comportamentais.

A auto-aceitação e a auto-estima

"Ninguém pode ser feliz se não gozar da própria estima", escreveu Rousseau. Algumas pessoas vivem em guerra consigo mesmas e não param de se criticar, de se desvalorizar, muitas vezes com o pretexto de se tornarem melhores e não serem *medíocres*. Sem um mínimo de auto-estima é no entanto difícil aspirar à felicidade[13]. Mas, como lembrava uma de nossas obras precedentes[14], uma boa auto-estima não tem nada a ver com o lema: "defeito zero". Repousa, por certo, na consciência das próprias qualidades, mas também na aceitação dos próprios limites e defeitos (o que não significa aprová-los e o que não exclui a vontade de fazê-los evoluir). O programa para conseguir uma boa auto-estima é aparentemente simples: trata-se de viver em paz consigo mesmo, ou seja, aceitar ser imperfeito, empenhar-se para aprender (pois desistir não resolve nada), não se punir pelos próprios erros, mas simplesmente tirar lições deles, dar-se o direito de fracassar...

Uma boa auto-estima supõe calar o "crítico interior", essa voz tóxica que às vezes carregamos dentro de nós. O que você diz para um amigo que fracassou ou que está diante de dificuldades? Que ele não serve para nada, que nunca conseguirá, que faria melhor em desistir, em nunca tentar? É claro que não: pois isso seria injusto e ineficaz. Contudo, é muitas vezes assim que pessoas em dificuldades falam consigo mesmas.

Para sentir felicidade com freqüência, é preciso esforçar-se para *viver em amizade consigo mesmo*. Mais que gostar de si, é preciso conseguir tornar-se seu melhor amigo: respeitar-se e estimular-se, dar provas ao mesmo tempo de tolerância e de exigência para consigo mesmo.

Relações positivas com os outros

Já falamos bastante, sobretudo no capítulo anterior, da importância do "apoio social" na felicidade e no bem-estar. Lembremos simplesmente aqui a importância de construir e manter a rede de vínculos, familiares e de amizade, que alimentam esse apoio social. Muitas pessoas se contentam em esperar (ou até exigir) que venham até elas, ficam à espreita de provas de simpatia ou de interesse, contabilizam os detalhes que a seu ver comprovam o afeto ou desafeto dos outros... Não há nada mais ineficaz para a felicidade relacional.

Parece igualmente importante aceitar a diversidade das formas de apoio social: é inútil supervalorizar a "verdadeira" amizade e desconsiderar as outras formas de vínculos sociais. Todas são necessárias, do mais superficial falar do tempo com vizinhos ou comerciantes às mais profundas: reconstruir o mundo com nosso(a) melhor amigo(a). Todas essas trocas podem trazer (e oferecer) felicidades, pequenas e grandes. É inútil querer hierarquizar os bem-estares cotidianos decorrentes dos laços sociais...

A autonomia

A felicidade combina mal com a dependência. Talvez seja por isso que preferimos imaginá-la sob a forma de um gato e não de um cão. Fazer a própria felicidade depender demais de outras pessoas, de um *status*, de bens materiais, expõe ao sofrimento e à decepção. Descreveu-se, por exemplo, a síndrome do "ninho vazio" (ou nostalgia materna patológica) nas mães de família que construíram toda a sua existência em torno dos filhos e que às vezes se deprimem gravemente quando estes últimos saem de casa[15]. Ou ainda as dificuldades psicológicas dos hiperativos nas férias ou quando soa a hora da aposentadoria. Podem, quem sabe, substituir suas atividades profissionais por hobbies intensivamente praticados. Mas estes últimos jamais compensarão a perda de *status*, se era do poder e não da atividade que eles dependiam...

Cultivar a própria autonomia, continuando ao mesmo tempo profundamente sociável, é portanto útil para a felicidade. Veremos, aliás, que também é preciso esforçar-se para não ser dependente demais... da própria felicidade!

Uma sensação de controle sobre o meio

Vimos que a ação com domínio (o *flow*) era uma forma de felicidade. Mais amplamente, existe todo um conjunto de trabalhos sobre a psicologia do controle[16], isto é, a sensação, que varia muito de pessoa para pessoa, de controlar ou não o desenrolar da própria existência, dos detalhes cotidianos às grandes escolhas existenciais. Quanto maior a sensação de controle (quanto mais a pessoa pensa que o que acontece com ela depende dela e de seus atos), maior é a resistência ao estresse, maior a estabilidade emocional e maior o bem-estar[17].

Estudos de psicologia aplicada permitiram comprovar concretamente essas hipóteses. Assim, aumentando por meio de diversas pequenas medidas a sensação de controle no cotidiano de pessoas idosas ou inválidas (escolha de cardápio, de horários, facilidades de deslocamento etc.), aumenta-se consideravelmente seu bem-estar[18].

Esse fenômeno também pode estar ligado a condições sociais mais amplas, por exemplo ao fato de viver sob um regime político opressor: há vários anos, foi realizada uma pesquisa sobre a "linguagem corporal" de trabalhadores alemães, na época em que Berlim era uma cidade cortada em dois, em uma parte oeste, que se beneficiava da democracia, e em uma parte leste, submetida a um regime comunista dos mais rigorosos. Mostrava que os trabalhadores de Berlim Oriental sorriam bem menos, mantinham-se freqüentemente encurvados etc., o que permitia legitimamente suspeitar que tinham uma qualidade inferior de bem-estar em comparação com seus colegas do oeste[19]. Que eu saiba, o estudo não foi repetido desde a reunificação da Alemanha...

Contudo, o demais é inimigo do bom: essa sensação de controle pode ser alterada pela multiplicidade das escolhas e das opções possíveis. Com efeito, recentes trabalhos mostraram que, para certos indivíduos, o bem-estar diminui quando estão diante de um excesso de possibilidades de decisão[20]. As pessoas que, diante de qualquer opção, buscam a "melhor escolha possível" sofrem mais que aquelas cujo objetivo é uma "escolha aceitável": hesitações, comparações, estresse da tomada de decisão e arrependimentos posteriores são na verdade o quinhão das primeiras. O filósofo Kierkegaard garantia que "a angústia é a vertigem da liberdade"[21]. Uma observação trivial de nosso cotidiano permite confirmar essa concepção...

Esther

"Não saio mais para fazer compras com meu marido, temos comportamentos totalmente opostos e acabamos nos irritando mutuamente. Ele fica totalmente angustiado com a idéia de ter de fazer uma escolha, e sobretudo com o risco de não fazer a escolha certa. De repente, ele é capaz de passar horas observando, ponderando, comparando, hesitando, escolhendo, devolvendo o produto e pegando outro. Muito tempo depois, continua se perguntando se o que ele comprou era a melhor escolha possível. Qualquer forma de compra o angustia, ele diz que é um 'comprofóbico'. Eu sou o contrário: escolho por instinto, pela intuição, porque acho que é tudo mais ou menos a mesma coisa, que basta evitar o que é totalmente inadequado ou de má qualidade. E tenho a impressão de não me enganar com mais freqüência que ele..."

A pletora de produtos oferecidos por nossa sociedade de consumo seria prejudicial para a felicidade de alguns de nós? É bem conhecida a parábola do asno de Buridan, filósofo da Idade Média: colocado a igual distância de um balde de água e de uma ração de feno, o asno acabou morrendo de fome (e talvez de estresse) por não conseguir decidir por onde começar... Mais uma boa razão para desconfiar da pletora das felicidades mercantis?

Metas na vida

Falaremos um pouco mais adiante neste capítulo do papel dos objetivos e dos ideais de vida (materiais, espirituais, psicológicos) que cada um fixa para si e de seu impacto comprovado sobre nosso sentimento de felicidade[22].

Os ideais podem ser motivações ou pesos: muitos trabalhos debruçaram-se sobre a noção de perfeccionismo aplicada aos objetivos existenciais[23], para confirmar que exigências altas demais em termos de metas perseguidas mostravam-se sistematicamente deletérias para o bem-estar das pessoas em questão (e presentes em patologias psíquicas como anorexia e bulimia).

♦

A maioria dos trabalhos também mostra que existem modos mais ou menos eficazes de gerenciar esses projetos de vida: um estudo prospectivo recente, realizado com várias centenas de estudantes alemães e americanos, avaliou quais os possíveis benefícios de expectativas e de pensamentos positivos mas concretos (vamos chamá-los de "pensamentos otimistas"), em comparação com imagens e fantasias de sucesso (vamos chamá-las "devaneios"), no bom desempenho em exames dos dois anos seguintes. Os estudantes que recorriam sobretudo a pensamentos otimistas tinham um desempenho muito melhor que aqueles que se entregavam a fantasias, ainda que positivas, e que apresentavam um índice de fracasso significativamente maior[24]. Por mais virtuais que sejam, é interessante que nossos projetos sejam realistas e voltados para a ação. Sonhar com o sucesso não facilita em nada sua ocorrência e parece até diminuir as chances de isso acontecer. É muito provável que o mesmo se dê com a felicidade: é inútil sonhar com ela se não se faz nada de concreto para facilitar sua ocorrência...

O desenvolvimento pessoal

Por fim, nossa felicidade está ligada à sensação que eventualmente tenhamos de nos enriquecer psicológica e emocionalmente com nossas experiências de vida. O tempo que passa pode nos trazer a convicção de que pouco a pouco ficamos mais ricos em termos humanos, em vez de nos deixar mais amargos, mais desencantados. Desenvolvimento pessoal é isso: "Sempre aprender com a vida", dizia uma de minhas pacientes.

Depois da aspiração ao bem-estar físico (possível pelos progressos da medicina e do saneamento), aspiramos agora a um nível comparável de bem-estar psíquico (o que se comprova pela proliferação de artigos e programas de psicologia nos meios de comunicação). As estratégias de desenvolvimento pessoal estão portanto muito em voga em nossa cultura ocidental[25]. Designa-se por essa expressão o conjunto de procedimentos destinados, por um lado, a aumentar as capacidades psicológicas e comportamentais de uma pessoa (o *empowerment* dos anglo-saxões, literalmente: "aumento de poder"), por outro, a ampliar seu olhar e suas capacidades de compreensão e de aceitação, tanto de si como do mundo (*mindfullness*, "plena consciência").

Os métodos de desenvolvimento pessoal foram por muito tempo considerados os parentes pobres das psicoterapias. Contudo, não compartilham os mesmos objetivos.

As terapias pertencem ao campo da saúde mental e são ferramentas de atendimento à pessoa que sofre. Os métodos de desenvolvimento pessoal concernem à pessoa "normal" (ou que se percebe como tal), mas que almeja enriquecer ou aprofundar diferentes aspectos de sua personalidade. A fronteira é sobretudo teórica: na prática, estratégias de desenvolvimento pessoal podem ajudar na prevenção das recaídas nos ex-pacientes deprimidos, assim como técnicas oriundas da terapia – tais como a auto-afirmação – podem ser utilizadas no desenvolvimento pessoal.

Os principais inconvenientes que afetam atualmente as estratégias de desenvolvimento pessoal são a falta de pesqui-

Algumas diferenças entre terapia e desenvolvimento pessoal

Terapia	Desenvolvimento pessoal
Visa a *restabelecer* um equilíbrio pessoal	Visa a *incrementar* um equilíbrio pessoal
Conserta o que "funciona mal"	Ensina novos modos de proceder
Centrada sobretudo em sintomas precisos	Voltado sobretudo para a pessoa como um todo

◆

sas científicas validadas sobre a sua eficácia e sua recente utilização pelas seitas para atrair novos adeptos.

Contudo, um número cada vez maior de trabalhos dedica-se a esse campo promissor[26]. Parece desejável integrar à definição do bem-estar a noção de desenvolvimento pessoal (melhor utilização dos próprios recursos psicológicos e autoaceitação). Passar de um bem-estar estático (conforto) a um bem-estar dinâmico (crescimento) permite incrementar o sentimento de felicidade percebida[27].

As condições da felicidade

Condições psicológicas
↓
Felicidade
↑
Condições materiais

E então, top-down *ou* bottom-up?

Afinal, qual dessas duas concepções, material ou psicológica, deve-se levar mais a sério?

A resposta politicamente correta é que a felicidade não deve depender das condições materiais. A convicção científica é que, apesar disso, ela depende parcialmente delas, excetuando-se casos de talentos excepcionais da pessoa para ignorar sua condição material, física e social. E a conclusão lógica é, portanto, que os dois modelos geralmente estão em jogo na busca e obtenção da felicidade: sua base é material, mas essa base é inútil sem receptividade psicológica.

Para construir a famosa "morada da felicidade", tão cara aos cantores, romancistas ou poetas com falta de imaginação, é preciso tijolos sólidos (os três porquinhos demonstraram isso numa famosa experiência) e aberturas generosas (para evitar uma felicidade confinada). Cuidado, contudo, com um ponto de vista exclusivamente psicologizante sobre o tema da felicidade: a maioria dos estudos e das observações sobre as quais nos apoiamos concerne a países privilegiados no plano material (as democracias da Europa e da América). Talvez seja esta uma das razões pelas quais os fatores psicológicos parecem tão importantes para os ocidentais no que se refere à felicidade: temos a enorme sorte de ter resolvido, para a grande maioria, a questão de nossa sobrevivência e podemos portanto nos colocar a de nossa qualidade de vida. Os fatores psicológicos e subjetivos da felicidade têm certamente um peso menor nos países muito pobres, onde ademais reinam a ditadura e a opressão.

QUATRO CAMINHOS PARA A FELICIDADE

Mathilde
"Cada um de meus três filhos tem uma relação muito diferente com a felicidade. Meu filho mais velho é um extrovertido, de aparência em geral alegre, mas as coisas são mais complicadas do que parecem. É um líder materialista: deseja ser o primeiro a ter acesso às coisas boas e não se contenta com palavras ou sentimentos, quer provas de tudo. Não quer ser *amado*, quer ser *preferido*. Gosta de possuir, ganhar, mostrar e dividir sua felicidade. Tornou-se diretor de marketing de uma grande multinacional. A felicidade dele é ter, possuir, construir...

Meu segundo filho é mais reservado, mais estável emocionalmente, sem dúvida mais forte psicologicamente, mas também mais contido, é ele quem menos revela as coisas. Quando criança, seus irmãos chamavam-no de 'construtor maluco': passava horas com seus jogos de construção, suas maquetes, seus aparelhos eletrônicos. Deve ter desmontado quase todos os aparelhos domésticos da casa. Hoje, é engenheiro. A felicidade dele é fazer.

Meu terceiro é o mais complicado. Teve muita dificuldade para se encontrar, talvez por ser homossexual, e porque, de repente, a construção de sua vida afetiva acabou sendo um pouco mais complicada. Mas também porque suas exigências são muito altas. É o intelectual da família. Quando seus irmãos gozam de suas 'encucações', ele costuma repetir: 'Preciso de essência e de sentido.' Evidentemente, ele estuda psicologia. A felicidade dele é se construir, ser.

Ter, fazer e ser: cada um segue o seu caminho..."

Não existe felicidade "tamanho único"

Existem evidentemente estilos diferentes de felicidade: mais facilmente sentida na ação ou no retraimento, ligada a acontecimentos exteriores ou a estados interiores, experimentada no vínculo ou na solidão etc. Aliás, o que as pessoas contam quando lhes perguntamos sobre a felicidade? Algumas vão descrever grandes alegrias, outras vão falar de um sentimento de realização e de satisfação, outras ainda, do esquecimento de si na prática de certas atividades, outras, por fim, de retraimento, de desligamento...

Pode-se, portanto, descrever quatro estilos de felicidade[28]: de ação, de satisfação, de domínio, de serenidade*.

As quatro caras da felicidade

A felicidade de ação

Lionel

"Uma das minhas grandes lembranças de felicidade foi quando era estudante e trabalhávamos na vindima com vários colegas de faculdade; essa mistura de trabalho duro durante o dia, fraternidade nas refeições feitas em comum e divertimento nas noites passadas em claro tinha algo de felicidade perfeita."

---

* Na p. 285, vocês encontrarão um questionário que lhes permitirá situar-se em relação a esses quatro perfis de felicidade.

	Felicidade ligada sobretudo a causas externas, felicidade do vínculo com o mundo	Felicidade ligada sobretudo a causas internas, felicidade da interiorização
Felicidade sentida sobretudo no movimento	Felicidade de ação	Felicidade de domínio
Felicidade sentida sobretudo no retraimento	Felicidade de satisfação	Felicidade de serenidade

Esse primeiro tipo de felicidade está ligado à plenitude sentida ao participar de acontecimentos exteriores. É aquela que se pode sentir numa festa, ao prepará-la ou divertindo-se nela, ou por ocasião de tarefas realizadas em comum, como reformar uma velha casa comprada por um amigo ou ajudá-lo em seguida a se mudar. É uma felicidade de ação, mas também de vínculo e de compartilhamento. É também uma felicidade de pertencimento, geralmente sentida durante uma ação comum. Quando se pergunta a quem aparecer pela frente sobre os momentos de felicidade, como fiz ao preparar este livro, uma das respostas mais comuns é "um bom momento passado entre amigos", seja esse momento de lazer ou de trabalho.

A felicidade de satisfação e de realização

Sylvie

"A felicidade? É acabar o que comecei. E acabar bem. E, em termos mais amplos, ver realizar-se o que empreendi. Um trabalho, estudos, a educação de meus filhos... Só fico feliz depois de terminar, encerrar... Nesse momento, permito-me saborear, tomar distância. E então, às vezes, sinto-me feliz."

Esse segundo tipo de felicidade está ligado ao retraimento e à satisfação sentida graças à realização de certos objetivos, ligados, por exemplo, à posse (bens materiais) ou ao *status* (profissional, social). É aquela que se pode sentir ao fazer o balanço de um ano cheio, com alguns sucessos. Não é apenas uma felicidade materialista, pode provir também da sensação de ter ajudado alguém a ser feliz: é, por exemplo, a felicidade que se sente olhando os filhos se divertirem, ou observando amigos desfrutando de uma reunião que organizamos. É uma felicidade de vínculo com o mundo, como a precedente, mas mais mentalizada, sentida no retraimento e não na ação.

A felicidade de domínio

Loïc

"Para mim, a felicidade é navegar num veleiro. É algo indescritível. Há, por certo, o espetáculo do mar, o barulho do vento, a beleza das costas ou do horizonte. Mas é sobretudo a sensação de compor uma unidade com o barco, de ter regulado as velas com precisão e estar o mais perto possível da trajetória ideal. Então, escuto o roncar do vento que enche as velas, os ruídos surdos da roda de proa batendo nas ondas, e tenho a impressão de não poder haver bem-estar maior. É a felicidade."

Esse terceiro tipo de felicidade não é outro senão o estado de *flow*, de que falamos no capítulo anterior. É uma felicidade de ação, mas sobretudo de interiorização, uma felicidade centrada em si mesma e nas suas próprias sensações: tocar música, praticar um esporte, construir coisas e até trabalhar... todas as atividades em que nos destacamos podem dar acesso a essa felicidade palpável.

A felicidade de serenidade

Dominique

"Sinto mais facilmente a felicidade quando não faço nada, quando não me pedem nada, quando nada acontece. Então, às vezes, de repente, me sinto feliz. Pode ser ao ver um pôr-do-sol ou o sol nascendo, quando todos ainda dormem. Pode ser ao escutar música, não necessariamente música de peso, até uma cançãozinha de nada pode me fazer entrar num estado de ausência de gravidade... É uma questão de receptividade, de repouso, de distância em relação ao andamento do mundo. Sinto-me então feliz de estar ali, ao lado do mundo, mas não absorvido por ele."

Esse quarto tipo de felicidade está ligado ao retraimento e a uma certa distância em relação ao mundo que nos rodeia. Supõe um relativo desligamento do meio, que não é indiferença. Um paciente descreveu-a um dia dizendo-me: "É a felicidade do cara que se sente vivo, que está contente por estar vivo, mas que não tem medo da morte..." Também nesse caso trata-se de uma felicidade de interiorização mais que de vínculo, pelo menos no instante em que é sentida.

Descontroles e derivas

Jamais se deve abusar das boas coisas nem fazer uma monocultura... Levados para além de certos limites, e sobretudo praticados intensiva e isoladamente, esses quatro perfis de felicidade contêm em si mesmos suas possíveis derivas.
- Uma felicidade que repousa principalmente na ação sem dúvida levaria a uma certa superficialidade, a uma dependência acentuada dos prazeres e estimulações da extroversão, a uma dependência do outro para se sentir vivo.
- A felicidade de satisfação, baseada na realização de objetivos investidos, pode induzir materialismo (se forem atingidos) ou insatisfação (se não o forem).
- A felicidade de domínio, centrada nos benefícios pessoais de uma atividade intensa, pode desembocar, no melhor dos casos, no ativismo, numa dependência do trabalho ou da ação e, no pior dos casos, no egoísmo.

- Enfim, a felicidade de serenidade pode induzir uma certa forma de passividade, de fatalismo, de descompromisso em relação aos combates necessários da vida...

Quatro felicidades ou nada

Ao longo de toda a nossa existência, nossos sentimentos de felicidade serão tanto mais profundos quanto mais estiverem compostos da mistura ou da alternância desses quatro tipos de felicidades. Saber identificá-las, praticá-las e desfrutar delas permite reforçar nossas capacidades de nos sentirmos felizes.

Montesquieu, que achava que a felicidade residia numa relativa instabilidade e num movimento constante, escreveu: "Sucedemos continuamente a nós mesmos." Fazer com que se alternem e sucedam as diferentes vias de acesso à felicidade aumenta provavelmente sua freqüência. Da mesma forma que na alimentação, variedade e dosagem são portanto necessárias em matéria de felicidade.

FELICIDADE E SENTIDO DA VIDA

Numa grande pesquisa sobre a felicidade, psicossociólogos americanos perceberam que era muito difícil fazer as pessoas falarem sobre a felicidade: quando interrogadas em grupo sobre esse tema, tendiam a brincar, a enunciar trivialidades ou a banalizar suas emoções. Questionadas frente a frente, mostravam-se então mais sérias, mas igualmente pouco produtivas. Decepcionados com os magros resultados, os pesquisadores concluíram que era bem mais fácil entrevistar as pessoas sobre a sua sexualidade[29]...

Essa dificuldade de fazer falar sobre a felicidade decorre do fato de que se trata de um assunto bem mais íntimo do que parece à primeira vista. A felicidade está sempre ligada a uma história pessoal, e falar disso é se expor, assumir o risco do juízo crítico ou até do ridículo. A felicidade também está ligada a um sistema de valores muito pessoal e complexo, e implica uma reflexão sobre questões tão importantes como o sentido da existência, a realização ou não de seus ideais, suas competências e aptidões íntimas etc. Talvez seja esse o motivo pelo qual o tema da felicidade deixa tantas pessoas pouco à vontade...

Biologia, psicologia e sociedade: três bases para a felicidade

A tendência atual em psiquiatria é utilizar bastante o chamado "modelo biopsicossocial", para estudar as manifestações da psique humana: assim, para explicar o aparecimento de um distúrbio psicológico como a depressão, recorre-se a dados biológicos (predisposições hereditárias e perturbações dos neurotransmissores), a dados psicológicos (trajetória pessoal do sujeito deprimido) e a dados sociológicos (pressões sociais da cultura e da época em que ele vive).

Também a felicidade passou pelo crivo universal do "biopsicossocial" e, assim, propuseram conceituá-la como um conjunto complexo e hierarquizado, que repousa sobre três dimensões[30].

- *A dimensão básica é biológica* e se apóia na satisfação dos desejos fundamentais. A felicidade repousa, antes de mais nada, na satisfação de necessidades mais ou menos indispensáveis (alimento, calor, apego, segurança, sexualidade...). Uma vez satisfeitas essas necessidades fundamentais, o sujeito que continuasse a buscar a felicidade apenas nessa dimensão poderia ser qualificado de *hedonista*.
- *A segunda dimensão é psicológica* e obedece à necessidade de auto-realização. Difícil sentir-se feliz sem um mí-

nimo de auto-estima, e os psicoterapeutas estão em boa posição para comprovar que essa dimensão da personalidade é central no acesso à felicidade[31]. Contudo, um sujeito que busca a felicidade apenas através dessa dimensão seria, com razão, qualificado de *individualista*.

- *A terceira dimensão é social* e corresponde – *grosso modo* – à preocupação com o outro e à prática das virtudes. Em *Discours sur le bonheur*[32] [Discurso sobre a felicidade], Madame du Châtelet, amante de Voltaire, definia assim a virtude: "O que contribui para a felicidade da sociedade." Veremos que as relações entre felicidade e altruísmo deram lugar a posições muito diversas. O sujeito marcado principalmente por essa dimensão poderia ser qualificado de *cidadão*, tendo por modelos o santo ou o patriota.

A plenitude da felicidade necessita da ativação dessas três dimensões e, se possível, no seu nível máximo: satisfação biológica, psicológica, sociológica. A preeminência de uma única dessas dimensões em detrimento das outras pode proporcionar gozo (o hedonista que satisfaz seus desejos), sucesso (o individualista que atinge seus objetivos), grandeza (o cidadão que age segundo suas convicções), mas nem sempre felicidade.

Exagerar demais em uma dessas dimensões deixa as duas outras na sombra. O caso da grandeza é o mais interessante para os teóricos da felicidade, pois coloca o temível problema da incompatibilidade entre certos ideais de vida e a busca da felicidade. Madame de Staël, detestada e exilada por Napoleão, escreveu que "a glória é o luto estrondoso da felicidade". Sem buscar a glória, muitos militantes políticos, pessoas engajadas numa grande causa, patriotas em luta contra uma opressão escolheram dar um sentido à sua vida, tomando um caminho que não cruza necessariamente com o da felicidade e que pode até afastá-los dela... Donde a frase de

Saint-Exupéry: "O homem busca sua própria densidade e não sua felicidade" (também poderia ter escrito "sua própria verdade"...).

Dar um sentido à vida não basta para alcançar a felicidade, mas não lhe dar sentido impede, ao contrário, aspirar a ela. Dar prioridade a uma "boa vida" e não a uma vida feliz era prova, para os gregos da Antiguidade, de seu empenho para que o bem privado fosse compatível com o bem público. Era por isso que ninguém podia se considerar feliz em vida; esse julgamento estava reservado para a posteridade: "Ninguém pode ser qualificado de feliz antes de morrer", afirmava Sólon, que os atenienses da Antiguidade consideravam seu maior sábio. Naquele tempo, a dimensão social da felicidade era considerada predominante.

Sentido da vida e vida bem-sucedida

"Para viver plenamente, é preciso..."	Porcentagem de respostas (havia duas respostas possíveis)
Dar felicidade a outros	44%
Satisfazer-se com o que a vida lhe oferece	38%
Ter um ideal e permanecer fiel a ele	23%
Estar em harmonia com a natureza	18%
Aprender a se conhecer	18%
Dar menos importância aos bens materiais	15%
Acreditar no seu destino	11%
Ter superado o medo da morte	7%

(Segundo uma pesquisa realizada em 2002 pela Sofres para a revista *Psychologies*, com uma amostra de 1.000 indivíduos representativos[33].)

COMPREENDER E DEFENDER A FELICIDADE

Sísifo e a felicidade

E se descobríssemos que o sentido que nos empenhamos em dar à vida é uma ilusão? Se a vida não tivesse sentido e fosse absurda? Deveríamos renunciar à idéia de felicidade? Não necessariamente. É essa a posição de Albert Camus. Em sua obra *Le Mythe de Sisyphe*[34] [O mito de Sísifo], aquele que recebeu o prêmio Nobel de Literatura em 1957 propõe uma reflexão sobre o absurdo e a esperança. Sísifo foi condenado pelos deuses a empurrar eternamente uma enorme pedra até o alto de uma montanha, de onde ela volta a descer sem parar, arrastada por seu peso. "Sísifo, então, vê a pedra despencar em poucos segundos para esse mundo inferior de onde será preciso voltar a subi-la até as alturas. E ele desce novamente para a planície."

É durante esse retorno, essa pausa, que Sísifo nos interessa... Para Camus, o aparente horror do destino de Sísifo pode ser contornado. "Vejo esse homem voltar a descer com passos pesados mas regulares para o tormento cujo fim jamais conhecerá. Essa hora que é como um respiro e que retorna com tanta certeza quanto sua infelicidade, essa hora é a de sua consciência."

Pois, se esse mito é trágico, é porque seu herói está consciente, mas essa consciência é também o que pode mudar o sentido do mito e o da vida condenada de Sísifo. "Também ele julga que tudo está bem. Esse universo agora sem amo não lhe parece nem estéril nem fútil... A própria luta para chegar às alturas basta para preencher o coração de um homem. É preciso imaginar Sísifo feliz."

Aos olhos de Camus, o homem absurdo, aquele que tomou consciência da falta de sentido de tudo, talvez esteja em melhor situação que outro para viver intensamente e para conhecer a felicidade[35]: "A felicidade e o absurdo são dois filhos da mesma terra. São inseparáveis. O erro seria dizer que a felicidade nasce obrigatoriamente da descoberta absurda. Também pode acontecer que o sentimento do absurdo nasça da felicidade..." Uma aspirina?

Uma visão montês da felicidade

O pensador católico Teilhard de Chardin não gostava nem um pouco do consenso pouco sólido que caracteriza nossa época no tocante à felicidade e que consiste em dizer que é inútil procurar a felicidade, seja porque é uma questão insolúvel (não existe verdadeira felicidade neste mundo), seja porque ela tem uma infinidade de soluções particulares (cada um com seu jeitinho).

Teilhard de Chardin identificava três formas de felicidade: de tranqüilidade, de prazer, de desenvolvimento[36]. Numa famosa metáfora, comparava os humanos com pessoas que partem em excursão para a montanha e que, depois de algumas horas, descobrem que, para chegar no alto, o caminho é íngreme e cansativo. Uns preferirão então voltar para o abrigo e ficar ali para descansar ou fazer uma boa refeição (felicidade de tranqüilidade). Outros avaliarão que já subiram bastante, que a vista é suficientemente bonita e que ficarão bem melhor deitados na grama ao sol (felicidade de prazer). Os últimos, por fim, que visivelmente gozam de toda a simpatia do autor, vão continuar a suar sangue e água para atingir o topo, convencidos de que o lugar deles é lá em cima (felicidade de desenvolvimento).

Para Teilhard de Chardin, essa felicidade de desenvolvimento e de crescimento interior é aquela a que devemos aspirar com mais freqüência. Ela, por sua vez, obedece a três etapas, três movimentos: primeiro, saber se respeitar e se encontrar: unificação e "centração". Em seguida, saber sair de si e se abrir para os outros: união e "descentração". Por fim, saber subordinar nossa vida a uma força maior que a nossa: subordinação e "sobrecentração".

Embora hoje nos pareçam moralmente muito aceitáveis, as concepções de Teilhard de Chardin foram pouco apreciadas pelas autoridades eclesiásticas de seu tempo, as quais lançaram, em 1962, um apelo para que os professores católicos afastassem os jovens de sua obra... Nem por isso elas deixam de estar profundamente marcadas pelo que o próprio autor chamava de "humanismo cristão". Isso porque os caminhos da felicidade muitas vezes cruzam com os da fé...

FÉ E FELICIDADE

"Amar algo e acreditar que esse algo existe."[37] Essa definição da fé revela-se muito pertinente para nossos propósitos. Uma amiga, a quem um dia fiz essa pergunta, me respondeu: "A felicidade? Não acredito nem um pouco nisso..." Portanto, para ela e para muitos outros, a felicidade seria apenas uma questão de crença e, nesse caso, seria melhor falar de bem-estar, que seria sua versão laica.

Para encontrar a felicidade, é preciso acreditar nela...

Pensando bem, o mistério da felicidade é na verdade bastante próximo do da fé. Por exemplo, tomemos as "pequenas felicidades", de que voltaremos a falar com mais vagar no último capítulo: esses instantes em que a felicidade parece surpreender a pessoa não dependem às vezes do que os cristãos denominam graça, esse "dom sem razão, sem condição, sem mérito"[38], que às vezes surpreende o crente?

Outro paralelo: se "a fé é mais bela que Deus", como garante Claude Nougaro em sua canção *Plume d'ange*, a espera, a preparação, a busca da felicidade não podem, elas também, proporcionar felicidade? E portanto facilitar seu aparecimento? Muitos estão convencidos disso...

◆

Religião e felicidade

Mas o que dizer da "verdadeira" fé nas suas relações com a felicidade? Os laços entre religião e felicidade foram bastante estudados: a fé parece aumentar o grau de felicidade experimentada pelos crentes. Esse efeito favorável depende, ademais, de circunstâncias sociais: parece mais forte nos Estados Unidos que na Europa, mais acentuado nas pessoas idosas, nas mulheres, nos protestantes[39]...

Três mecanismos foram evocados para explicar essa ligação: o apoio social, a relação com Deus, as crenças e convicções.

- O *apoio social* designa o conjunto de benefícios ligados ao pertencimento a um grupo ou rede de pessoas benevolentes: família, amigos, conhecidos, colegas de trabalho, vizinhos etc. O fato de pertencer a uma comunidade religiosa representa, em geral, um forte apoio social: junto de seus membros será possível encontrar apoio emocional (afeto, simpatia, conivência), material (donativos, empréstimos, auxílios), informativo (conselhos, explicações)... É sem dúvida por isso que, entre as pessoas que crêem, aquelas que assistem aos ofícios religiosos, ocasião de encontro com seus companheiros de fé, se dizem ainda mais felizes e satisfeitas que as outras[40].
- *A relação direta com Deus* é outra das explicações. Está na base da maioria das preces:

"Ó Senhor, dai ouvidos às minhas palavras,
Atendei ao meu gemido.
Ouvi o grito de minha súplica,
Rei meu e Deus meu." (Salmo V)

A convicção de que Deus está atento à nossa existência, a certeza de uma presença vigilante, poderosa e bondosa, mesmo que nem sempre previsível, parecem ser um importante mecanismo na felicidade dos crentes. E, também nesse caso, a ação é um acréscimo em relação à mera crença: a freqüência das preces está relacionada com o sentimento de bem-estar[41]. Não dispomos de trabalhos que permitam saber se certos tipos de preces são mais benéficos que outros. Ou responder à pergunta: é o crente feliz que reza mais, ou a prece que torna o crente feliz? Cioran tinha uma opinião, cética, como sempre: "A prece do homem triste não tem força para subir até Deus." Em outras palavras: apenas as preces das pessoas felizes seriam escutadas. É verdade, lembram-nos as religiões, que rezar não é apenas pedir, mas também agradecer...

- Por fim, *as crenças inerentes à fé religiosa* estão implicadas no sentimento de felicidade[42]. A religião oferece algumas certezas existenciais. Possibilita, sobretudo, que os crentes pensem que a vida tem um sentido, mesmo por meio dos sofrimentos e provações que possa impor. Um estudo com 406 pacientes padecendo de dificuldades psicológicas destacou os benefícios da prece e da atividade religiosa para o bem-estar deles[43]. As pessoas que crêem parecem dispor de uma sensação de controle mais intenso sobre seu cotidiano, de maior otimismo (na linguagem oral, dizemos "ter fé" para dizer que alguém é confiante), de maior confiança em si mesmas[44]...

Notemos também que a fé pode ser uma ajuda eficaz para lutar contra o medo da morte, sobretudo com a convicção da existência de um mais além que obedece a regras de amor e de justiça: "As almas dos justos estão nas mãos de Deus, e não os toca tormento algum" (Sabedoria, 3, 1).

Fé e felicidade: usar apenas a dose prescrita?

Cuidado, tampouco nas relações entre fé e felicidade tudo é cor-de-rosa. A história nos dá muitos exemplos de que a religião não é uma panacéia e pode levar a sofrimentos coletivos (integrismo, intolerância e guerras religiosas) ou individuais (culpa, rigidez, credulidade, violência e ódio).

Existe provavelmente uma questão de dose ótima no recurso à religião. Um estudo sobre os riscos depressivos, realizado com pessoas idosas nos Países Baixos, mostrou, por exemplo, que a relação entre fé e bem-estar psicológico parece inscrever-se numa curva em forma de sino[45]: os crentes demais não têm benefícios maiores que os não-crentes, o bem-estar ótimo podendo ser observado nos "moderadamente crentes".

Terminemos essa pequena visão panorâmica do mundo da religião com duas observações. Primeiro, não se crê em Deus como medida de higiene, com o intuito de aumentar a felicidade: a fé não pode ser uma receita de bem-estar. Em seguida, ter fé não significa esperar ou exigir tudo de Deus: da mesma forma, crer na felicidade não deve incitar a ver o mundo apenas através de sua busca.

Mas resta-nos mais uma pergunta – fundamental – a abordar: por que a felicidade existe?

PARA QUE SERVE A FELICIDADE?

Em *O tempo redescoberto*, Marcel Proust conta que, tendo tropeçado na rua em duas pedras irregulares, sentiu-se profundamente perturbado, como no famoso episódio da madalena: "De novo a visão deslumbrante e indistinta me roçava, como se me dissesse: Toma-me ao passar se para isso tens força e tenta resolver o enigma de felicidade que te proponho." Proust compreende então que a irregularidade do piso evoca-lhe, como ressurgida do passado, uma lembrança, os azulejos desiguais do batistério de São Marcos, em Veneza: "Tal como o gosto da pequena madalena me lembrava Combray. Mas por que as imagens de Combray e de Veneza deram-me, nos dois momentos, *uma alegria semelhante a uma certeza e suficiente para, sem mais provas, tornar-me indiferente à idéia da morte?*"

"Tornar-me indiferente à idéia da morte..."

O homem é o único animal que sabe que vai morrer um dia. Daí a vertiginosa e constante angústia de alguns de nós: desde o instante em que nascemos, e até de nossa concepção, cada segundo que passa nos aproxima da morte. Nossa vida é apenas uma vasta contagem regressiva... Para evocar o irreversível escoamento das horas, os romanos da Antiguidade, familiarizados com a morte, tinham o costume de gravar nos seus quadrantes solares *Vulnerant omnes, ultima necat*, "Todas ferem, a última mata"... Num estilo diferente, Woody Allen notava que: "Desde que o homem soube que é mortal, tem certa dificuldade para ficar totalmente relaxado..."

Eis por que temos *necessidade* da felicidade: porque a infelicidade e a morte existem. Sobretudo, porque temos todos consciência disso, pela reflexão ou pela experiência. Diante desses monstros ameaçadores, o mero bem-estar não tem muito peso. Mas nossa consciência, que nos impõe a angústia de nos sabermos mortais, nos oferece também a possibilidade de transformar nosso bem-estar em felicidade.

A felicidade, como demonstra Proust, é simplesmente o meio – a contrapartida? – que nos foi oferecido para esquecer a morte ou para suportar viver sabendo que ela virá. Donde, sem dúvida, a frase de Paul Claudel: "A felicidade não é a meta, mas o meio de vida."

◆

Cécile

"Os momentos de felicidade são sempre na minha vida momentos de surpresa, *divinas surpresas*, como se diz. São sempre acontecimentos, situações, sucessos que não previ, ou que não imaginei que me deixariam tão feliz. Esses momentos às vezes me deixam saciada – é minha *dose de felicidade* –, cheia de esperança e de motivação, mas também perplexa. A chegada da felicidade é o alegre mistério da existência, é o que faz com que eu sempre diga para mim mesma quando tenho idéias suicidas: seja curiosa, viva mais, algo de feliz pode sempre acontecer, você sabe, você tem de acreditar nisso..."

"Vivamos felizes esperando a morte"

Essa famosa frase do humorista Pierre Desproges[46] não é apenas uma tirada espirituosa (dizem, aliás, que seu autor

---

Viver feliz apesar da morte?

"Vivi sem pensamento,
Entregando-me docemente
À boa lei natural,
Espanta-me pois que
A morte se dignasse pensar em mim,
Que não me dignei pensar nela."*

Mathurin Régnier

"A morte é tão obrigatória que é quase uma formalidade."

Marcel Pagnol

"O lado positivo da morte é que se pode morrer permanecendo deitado."

Woody Allen

---

* J'ai vécu sans nul pensement,/ Me laissant aller doucement/ À la bonne loy naturelle,/ Et si m'étonne fort pourquoy/ La mort daigna songer à moy,/ Qui n'ay daigné penser à elle.

◆

sabia estar com câncer quando escreveu a obra que leva esse título). A única grande questão que merece preocupar-nos é esta: como ser felizes se vamos morrer um dia?

Embora a felicidade seja um tema universal de reflexão, a morte é sem dúvida outro... A morte é certamente uma obsessão de todos os seres humanos, e o medo da morte a principal dificuldade a enfrentar para desfrutar da vida. Podemos observar à nossa volta diferentes estratégias psicológicas.

Alguns escolhem pensar o menos possível nisso e expulsar tudo o que faz pensar na morte: é a chamada *recusa da realidade*... Nossas sociedades modernas, aliás, vão nessa direção: a morte já não deve fazer parte da vida e quase sempre se morre no hospital. Por outro lado, todo o mundo dá um jeito de "permanecer jovem", como se o avanço da idade fosse um insulto ao outro ou a si mesmo e fosse uma ameaça insuportável. É o chamado "juvenismo", que faz com que nas fotos de revistas dedicadas aos aposentados estes últimos mal pareçam quarentões.

Outros pensam nela o tempo todo: é o caso dos grandes ansiosos e dos hipocondríacos, obcecados com a morte e convencidos de que não perder de vista o inimigo nem sair do seu encalço o fará recuar. Por isso, esses pacientes empregam muita energia sondando suas entranhas e consultando regularmente os médicos. E estes últimos sabem que o que os hipocondríacos querem é não tanto sarar (isso os afastaria demais dos médicos e eles se sentiriam em perigo), mas permanecer sob constante vigilância.

Outros, enfim, refletem sobre o problema e usam-no como motivação para melhor aproveitar a vida: é inútil desperdiçar nossa breve passagem pela terra. Para os mais sábios dentre nós, há até a possibilidade de sentir as felicidades com tanto mais intensidade quanto mais se sabe que a morte e a infelicidade existem.

Esta última via é a dos filósofos. Mas suas vozes são por vezes discordantes, ao menos aparentemente. Montaigne escreveu: "Filosofar é aprender a morrer", ali onde Espinosa professava: "A sabedoria é uma meditação não sobre a morte, mas sobre a vida." Contudo, pensando bem, ambas as visões não estão tão distantes uma da outra.

"Nunca é cedo demais nem tarde demais para filosofar, pois nunca é cedo demais ou tarde demais para ser feliz", afirmava o filósofo Epicuro. Então, é preciso sabedoria para ser feliz? Provavelmente, pois a sabedoria talvez seja o único meio que o adulto tem de encontrar a felicidade, depois de ter perdido a espontaneidade da infância. Gide falava do ideal do "homem que se diz feliz e que pensa". Ambos não são incompatíveis, ao contrário: a sabedoria não foi definida como o "máximo de felicidade, no máximo de lucidez"?[47]

É sempre preciso reler Proust...

No começo deste parágrafo, deixamos Marcel Proust paralisado na rua movimentada e indiferente, procurando teimosamente juntar suas migalhas de lembranças. Voltemos a ele:

"Um azul intenso embriagava-me os olhos, impressões de frescor, de luz ofuscante rodopiavam perto de mim e, em meu desejo de captá-las, sem ousar mover-me como quando sentia o sabor da madalena tentando fazer chegar a mim o que ela me recordava, com o risco de provocar o riso da multidão inumerável dos *wattmen*, de titubear como fizera havia pouco, com um pé na pedra mais alta, o outro na mais baixa."

Proust não fica *esperando* a felicidade. Busca, luta para que ela brote nele. Pouco lhe importa parecer ridículo ou estranho aos olhos dos passantes: não renunciará à sua busca sob nenhum pretexto, nenhuma desculpa.

Defender seu direito à felicidade, não se deixar desviar de sua busca, saber construí-la: vamos falar de tudo isso agora...

Capítulo 6

A FELICIDADE, UM TEMA QUE ABORRECE

> "Ao contrário de todos os outros bens que buscamos tendo em vista outra coisa, a felicidade é buscada por ela mesma: é o soberano bem. Naquilo em que não há acordo é sobre a sua natureza e a definição do que ela é."
>
> ARISTÓTELES

Desde que Aristóteles lançou o debate, há quase 2500 anos, o discurso sobre a felicidade avançou bastante. Sem que nada fosse resolvido, é claro. As opiniões continuam divididas entre aqueles que, como o poeta Paul Éluard, consideram que ela é uma realidade – uma necessidade até – e que é acessível: "Para fazer um mundo, não é preciso ter tudo, é preciso felicidade e nada mais." E aqueles que não estão convencidos, como o filósofo Emmanuel Kant, para quem a felicidade seria "um ideal, não da razão, mas da imaginação".

Sobre nenhum outro tema, exceto talvez sobre amor, há uma quantidade tão grande de livros. E, bem mais que o amor, a felicidade desencadeia acirradas polêmicas e opiniões categóricas...

UMA BREVE HISTÓRIA DA FELICIDADE NO OCIDENTE

A felicidade foi sem dúvida o primeiro objeto da filosofia[1]. E, para a maioria dos filósofos da Grécia e da Roma antigas, a felicidade era certamente o *summum bonum*, o "bem supremo". Existia até uma palavra, hoje em desuso, para nomear a filosofia da felicidade: o eudemonismo. Contudo, essa longa tradição filosófica, forte por vários séculos, cairá no esquecimento...

Felicidade e cristianismo

No ano de 386 da nossa era, o futuro santo Agostinho, que acaba de se converter, redige uma de suas primeiras obras, *De beata vita* [A vida feliz[2]]. Em 391, o cristianismo torna-se a religião de estado do Império Romano...

Para o cristianismo original, a felicidade podia provir única e exclusivamente de Deus. E os humanos não deviam tentar ser felizes, apenas merecer sê-lo no além: "Conquistar não a felicidade, mas o direito à felicidade, é esse o sentido da vida."[3] O cristianismo queria substituir a noção de felicidade pela de salvação. O único paraíso imaginável não podia, portanto, ser encontrado durante a existência humana: estava necessariamente (regra dos "3 A") antes, após ou alhures...

◆

Antes: é o mito da idade de ouro e do Jardim do Éden, habilmente retomado por santo Agostinho em várias de suas reflexões sobre a felicidade: "De onde tiramos essa noção de felicidade? Se ela está em nossa memória é porque já fomos felizes outrora."

Após: é a promessa do Paraíso, pelo menos para aqueles que souberam ganhá-lo por sua conduta e suas preces. Notemos que os utopistas e os filósofos positivistas do século XIX ("A idade de ouro está à nossa frente", afirmava então Saint-Simon), e depois o próprio Karl Marx, nada mais fizeram senão retomar essas bases dos amanhãs que cantam: "A antiga sociedade burguesa dará lugar a uma associação em que o livre desenvolvimento de cada um será a condição do livre desenvolvimento de todos."[4]

Alhures: em sua monumental e apaixonante *Histoire du paradis* [História do paraíso], Jean Delumeau[5] mostra como a Idade Média esteve por muito tempo convencida de que o paraíso terrestre não tinha desaparecido, mas continuava existindo, em algum lugar do Oriente. A cristandade acreditou até o século XVI na existência do lendário "Reino do Preste João", situado nas proximidades da Índia ou da China. Muitos escritos afirmavam a existência dessa terra maravilhosa e da felicidade que ali reinava: "Nossa mansuetude acolhe todos os hóspedes e peregrinos estrangeiros. Não há pobres entre nós. Não conhecemos nem o roubo, nem a adulação, nem a cupidez, nem as divisões... Nenhum vício reina em nossa terra."[6] Mas, pouco a pouco, devido aos progressos decorrentes das grandes descobertas, foi preciso perder as ilusões e se resignar: o paraíso não estava em algum lugar nesta terra. Ou, em todo caso, não era indispensável viajar para encontrá-lo...

Começou-se então a redescobrir que a felicidade era uma busca individual. Mais ou menos inútil, conforme a visão de mundo e do homem que se proponha.

◆

Sombria em Pascal: "Desejamos a verdade e só encontramos em nós incerteza. Buscamos a felicidade e só encontramos miséria e morte. Somos incapazes de não desejar a verdade e a felicidade e somos incapazes tanto de certeza como de felicidade."[7]

Feliz, em Montaigne: "Eu que não tenho outro fim senão viver e me alegrar."

Seja como for, até o século XVI, caso o problema da felicidade existisse, ele era, aos olhos dos moralistas, inferior em dignidade a muitos outros, como os da busca da glória ou da salvação da alma[8].

A revolução da felicidade

O século XVIII foi para a felicidade um período de extraordinária efervescência. Em sua notável obra de referência sobre esse tema, *L'Idée de bonheur dans la littérature et la pensée françaises au XVIIIe siècle* [A idéia de felicidade na literatura e no pensamento franceses do século XVIII], Robert Mauzi, que foi amigo de Michel Foucault e Roland Barthes, mostra que "na escala de valores morais, a felicidade ocupou o lugar da *grandeza* como justificação última" e que, então, ela se tornou um "valor quase obsessivo".

Foram propostas várias explicações desse fortalecimento da felicidade: enfraquecimento das restrições morais e religiosas, grande vitalidade econômica, mas também o papel da Reforma[9], que valorizou o livre-arbítrio e as responsabilidades individuais de cada um.

Aquele século foi, sobretudo, o das grandes revoluções de alcance universal, a americana e a francesa, e veremos que ambas se interessaram pela felicidade.

Enfim, o século XVIII foi o século das Luzes, atravessado por uma incrível atividade filosófica e intelectual, parte da qual foi posta a serviço da reflexão sobre a felicidade. Todas as grandes cabeças da época expressaram seu ponto de vista, como Voltaire ("A grande questão e a única que se deve ter é viver feliz"), Rousseau ("A natureza fez o homem feliz e bom, mas a sociedade o corrompe e o torna miserável"), Diderot ("Há um único dever, ser feliz")... Os autores célebres foram acompanhados de uma multidão de pensadores menos conhecidos, e os tratados sobre a felicidade proliferaram então mais do que nunca.

"O paraíso terrestre está onde estou", escreve Voltaire, no último verso de seu longo poema *Le Mondain*, em 1736. A obra deixou de ser lida, mas a citação ganhou o mundo.

A revolução americana não deixará de evocá-la, já que inscreverá na sua Declaração de Independência: *"All men are created equal. They are endowed by their creator with certain inalienable rights. That among there are life, liberty and the pursuit of happiness"* ("Todos os homens nascem iguais. São dotados pelo Criador de direitos inalienáveis. Entre estes estão a vida, a liberdade e a busca da felicidade").

Na França, temos as famosas palavras finais de Saint-Just em seu pronunciamento perante a Convenção em 1794: "A felicidade é uma idéia nova na Europa." A concepção revolucionária do direito de todos à felicidade é clara: "Que a Europa saiba que não quereis mais nenhum infeliz ou opressor sobre o território francês; que esse exemplo frutifique sobre a terra; que nela propague o amor das virtudes e a felicidade."[10] Essas belas idéias acabaram com a louca aceleração do ritmo da guilhotina e com a agitação das guerras napoleônicas...

Romantismo da infelicidade...

"O que estamos esperando para sermos felizes? Resposta: estamos esperando que a felicidade seja tão interessante quanto a infelicidade."[11]

No século XIX, o romantismo impôs o chique da infelicidade. "A infelicidade deixa então de ser um estado anímico para se tornar uma história"[12], e assim se constitui uma mitologia da infelicidade, cujos efeitos se prolongam até hoje. A fossa e a tristeza vão pouco a pouco sendo consideradas provas de grandeza da alma e de nobreza moral. Aliás, uma das razões pelas quais os americanos às vezes nos irritam com sua cultura de otimismo e do "positivo" talvez decorra dessa herança diferente: os Estados Unidos não conheceram a onda romântica com a mesma intensidade que o velho continente.

Por um lado, portanto, a felicidade superficial e vazia, por outro, a infelicidade, cheia e profunda...

Nada mais falso, contudo, como lembra Philippe Delerm, para quem a felicidade é simplesmente *leve*, o que é "o contrário de pesado, não de profundo". Foi também no século XIX que o ódio à felicidade fez sua aparição, e ninguém melhor que Nietzsche o encarnou; foi ele que fez dela "um objetivo mesquinho de homem fraco". Para desculpá-lo, é preciso dizer que o grande filósofo que Nietzsche foi era também um homem profundamente atormentado e infeliz.

Apesar de tudo, a muda da felicidade pegara. Vimos que as grandes correntes revolucionárias dela se apropriaram, ainda que, como Marx, considerassem que o homem só poderia experimentar a felicidade depois de uma libertação política, ou seja, a revolução.

A felicidade continua fazendo sucesso até hoje. Mas ao preço de malditos ataques...

DEBATES SOBRE A FELICIDADE:
QUANDO ESCUTO A PALAVRA "FELICIDADE",
VOU LOGO SACANDO MEU REVÓLVER...

"Você está feliz, você está em falta."
Philippe DELERM

"A felicidade: trovejar contra." Essa entrada poderia figurar no *Dicionário de idéias feitas* de Flaubert, tanto mais que, como veremos, este tinha, com efeito, algumas contas a acertar com a felicidade...

O tema da felicidade provoca muitas reações passionais ou peremptórias. Confesso ter passado muito perto do desentendimento com alguns amigos quando lhes anunciei que estava escrevendo um livro sobre a felicidade. Outros quase me excomungaram por querer me envolver com assunto tão vulgar e pretensioso ao mesmo tempo.

Objeto de paixão mais que de razão, a felicidade, até mesmo e sobretudo para aqueles que dela desconfiam. Pois acusações não faltam, e até me diverti fazendo o inventário delas: eis, portanto, os sete pecados capitais da felicidade...

Pecado n.º 1: a felicidade torna molenga e medíocre

Numa carta endereçada a um certo Jules Janin, Baudelaire irrita-se: "Sois *feliz*. Compadeço-me de vós, Senhor, por serdes tão facilmente feliz. Um homem precisa descer muito baixo para se crer feliz!... Compadeço-me de vós e considero meu mau humor mais distinto que vossa beatitude."[13]

Flaubert, por seu lado, não deixava por menos em suas acusações: "Algumas satisfações burguesas provocam asco e a vulgaridade de algumas felicidades ordinárias me repugnam."

A obsessão angustiada com a mediocridade parece ser um dos principais motores dessa família de críticas à felicidade. Podemos nos perguntar se essa atitude não trai, em alguns, um movimento ao mesmo tempo de impotência ("não consigo me sentir feliz") e de orgulho ("sou superior aos outros"), que leva a esse juízo de valor ("portanto, as pessoas que se dizem felizes o são por motivos medíocres").

Mas, falando mais seriamente, essa crítica levanta na verdade três problemas distintos: as relações da felicidade com a presunção, a moderação e a criatividade.

A felicidade deve conduzir à presunção? Por que não, sem dúvida, mas também por que sim? O sofrimento e a fossa teriam algum tipo de superioridade sobre o bem-estar e a felicidade? Mesquinharia e presunção também são encontrados nos rabugentos...

"Parece-me haver um vínculo entre felicidade e moderação", escreve o ensaísta Pascal Bruckner na sua obra crítica *L'Euphorie perpétuelle*[14] [A euforia perpétua]. A felicidade é efetivamente uma questão de justa medida, entre preocupação e obsessão, entre concentração e abertura... Mas tudo depende da concepção que se tenha do justo meio, relaxamento medíocre ou equilíbrio sutil: "Também o justo meio é um extremo, mas para o alto: é uma perfeição e um ápice, como uma linha de crista entre dois abismos, ou entre dois charcos."[15] A arte da felicidade é a da medida, não a da mediocridade.

Enfim, a questão da felicidade e da criatividade. Para Marcel Proust, a felicidade é "salutar para o corpo, mas é a tristeza que desenvolve as forças da mente". Tornou-se clássica a imagem do sofrimento criador e do bem-estar que leva à esterilidade ou à sonolência: "Só vejo por toda parte motivos de contentamento e não estou contente... Estou feliz demais; e a felicidade me aborrece", diz Julie, a heroína de Jean-Jacques Rousseau em *A nova Heloísa*.

Mas, como psiquiatra, vi gente demais sofrendo sem que isso acrescentasse um dedo à sua criatividade (que, ao contrário, voltava depois de superado o sofrimento) para aceitar esse ponto de vista sem matizá-lo. Parece-me que ele decorre de uma confusão entre paz (não sofrer de falta) e saciedade (já não ter vontade nem motivação). A paz não traz desmotivação, mas sim discernimento. E no ser humano existem outras motivações para a ação além da falta e do sofrimento.

Pecado n.º 2: a felicidade torna egoísta

"Vivia, pois, feliz, e sem se importar com coisa alguma do mundo." Assim Gustave Flaubert descreve Carlos Bovary, homem medíocre, mas sinceramente apaixonado por sua esposa, a infeliz e insatisfeita Ema.

Por exigir um certo grau de autoconsciência e por proporcionar uma sensação de paz, a felicidade é acusada de egoísmo. É verdade, como dizia Rousseau, que "a felicidade aproxima de si mesmo". Mas essa aproximação de si nada tem de egoísmo.

A maioria dos trabalhos científicos sobre esse tema encontra exatamente o contrário[16]: o humor positivo aumenta a atenção voltada para o ambiente (estado de "foco externo"), ao passo que o humor negativo provoca o contrário, uma maior atenção em si mesmo ("foco interno").

Nesse sentido, mostraram que o bem-estar em geral aumenta os comportamentos altruístas numa grande variedade de terrenos: voluntários, cujo sentimento de bem-estar aumenta quando se pede a eles que pensem em boas lembranças ou quando se faz com que ganhem um jogo, demonstrarão posteriormente mais boa vontade para doar sangue numa campanha de coleta[17] ou farão donativos mais altos para associações de caridade[18]. É interessante notar que esses comportamentos altruístas ligados ao bem-estar não são "sacrificiais" e motivados por uma culpa qualquer. Aumentam paralelamente ao cuidado consigo mesmo: quanto mais a pessoa se sente feliz, maior a sua vontade de ajudar os outros, mas também maior a atenção e o respeito para consigo mesma[19].

Apesar desses dados, persiste uma tradição bastante forte que vai de encontro à felicidade: como é que se pode ser feliz com tanta infelicidade no mundo? Era o que exprimia uma heroína do teatro de Jean Anouilh: "Ainda que eu trapaceasse e fechasse os olhos com toda a força, haveria sempre um cão perdido em algum lugar que me impediria de ser feliz."[20] Esse tipo de crítica levanta várias questões: essa dificuldade de ter acesso à felicidade está tão clara e exclusivamente ligada a uma consciência hiperaltruísta? Ou não se trataria, às vezes, apenas de uma justificativa para uma inaptidão para a felicidade, cujas fontes são mais pessoais que universais?

Mas há também outra pergunta fundamental: a felicidade precisa de justificativas? Essa é uma pergunta que lembra a da existência de Deus: se Deus existe, como explicar que ele tolere a infelicidade e o sofrimento, o horror e a injustiça? A tradição cristã evidentemente debateu muito essa questão e recorreu até a uma palavra específica, criada pelo filósofo Leibniz, a "teodicéia": conjunto dos argumentos destinados a justificar a existência e a bondade de Deus ante o mal no mundo. Seria, então, o caso de inventar uma outra palavra, como "eudemonodicéia" (do grego *eudemonia*, "felicidade", e *diké*, "justiça") para justificar a realidade e os benefícios da felicidade?

Pecado n.º 3: a felicidade deixa ansioso e infeliz

Conforme os que sustentam essa crítica, teríamos passado da felicidade como *direito* para a felicidade como *dever*. E, ao se tornar sutilmente obrigatório, aquilo que era desejável tornou-se agora uma nova coerção e mais uma ditadura. "A imposição da euforia"[21] ter-se-ia somado às da aparência e da performance.

Flaubert, ainda ele, confirma: "Felicidade: já refletiste sobre quantas lágrimas essa horrível palavra fez correr? Sem essa palavra, dormiríamos mais tranqüilos e viveríamos contentes." De maneira mais sóbria, Maurice Maeterlinck nota: "Ser feliz é ter superado a inquietação da felicidade."

E é verdade que aceitar que a felicidade só se manifesta de modo intermitente, e fazer dela não o centro mas o coração de nossa vida, é uma das condições de uma existência feliz. A felicidade é uma meta e não deve ser uma obsessão. Sob essa condição, ela mais faz crescer do que submete e torna-se uma indiscutível necessidade. Até um pessimista tão inveterado como Cioran chegava, perplexo, à seguinte conclusão: "A felicidade e a infelicidade tornam-me igualmente infeliz. Por que, então, prefiro a primeira?" Entre dois males...

***Pecado n.º 4: a idéia de felicidade é inútil,
ilusória, enganosa e mentirosa***

"Não tenham medo da felicidade; ela não existe": toda a obra de um escritor como Michel Houellebecq empenha-se em convencer da impossibilidade de os seres humanos alcançarem a felicidade[22]. Só é possível aproximar-se dela pelo amor, mas o amor sempre acaba mal e até de forma trágica em todos os seus romances. Escritor da felicidade impedida, Houellebecq coloca no seu romance *Plateforme* a seguinte discussão:

"A felicidade é uma coisa delicada, pronunciou ele em tom sentencioso; é difícil encontrá-la em nós e impossível encontrá-la alhures. Passados alguns segundos, ele acrescentou num tom severo: Chamfort. Lionel olhava-o com admiração, parecia totalmente enfeitiçado. A frase me parecia discutível: caso invertêssemos 'difícil' e 'impossível', talvez nos aproximássemos mais da realidade; mas eu não queria continuar o diálogo, parecia-me imperativo voltar a uma situação turística normal."[23]

Convencido de duas coisas a respeito da felicidade – 1) é impossível atingi-la, e 2) só é possível aproximar-se dela pelo amor –, Houellebecq também acha que algumas de nossas aspirações à inteligência e à autonomia são dificilmente compatíveis com a felicidade, sobretudo nas mulheres da geração pós-movimentos feministas:

"É claro que dessa forma elas eliminavam qualquer possibilidade de felicidade – sendo esta indissociável de estados fusionais e regressivos incompatíveis com o uso prático da razão –, mas esperavam dessa forma escapar aos sofrimentos sentimentais e morais que torturaram suas ancestrais."[24]

◆

A busca da felicidade só desembocaria no sofrimento ou no vazio. Como notava François Mauriac: "Há seres a quem a felicidade persegue como se fosse infelicidade e de fato o é." Mas, mais que uma pretensa *impossibilidade*, esses pontos de vista nos lembram sobretudo a extrema *dificuldade* que muitas pessoas têm de alcançar ou saborear a felicidade, ficando então às vezes tentadas a atribuir à sua própria trajetória um valor universal.

Pecado n.º 5: a felicidade tornou-se um objeto de marketing obrigatório

Este talvez seja o lado mais irritante dos usos atuais que nossa sociedade faz da felicidade: sua apropriação pela indústria do marketing. Em 1954, o escritor americano Henry Miller falava sem rodeios de "pesadelos climatizados" para descrever o *American way of life* tão regular e materialista dos anos do pós-guerra (que, aliás, é em grande medida o nosso hoje). Podemos nos perguntar se a climatização tem alguma importância e se não existem também pesadelos não climatizados igualmente penosos de viver.

Contudo, as promessas de felicidade e as mentiras sobre os meios de alcançá-la tão repisadas pela publicidade têm efetivamente algo de desagradável e de certamente nocivo.

Mas não joguemos fora a criança junto com a água do banho: melhor lutar contra suas perdas de rumo e desvios (falamos das felicidades mercantis e publicitárias) que renunciar a falar, agir ou refletir sobre a felicidade.

Pecado n.º 6: a felicidade é o novo ópio do povo

A felicidade é politicamente perigosa? Primeiro perigo possível: "Pobres e oprimidos, a felicidade está na cabeça. Aceitem sua condição e modifiquem suas expectativas em vez de querer mudanças." Se a felicidade não depende da riqueza ou da classe social, é inútil querer tomar o lugar dos poderosos ou tentar tirar deles alguns privilégios. A felicidade seria o novo "ópio do povo"? Será que ser feliz dissolveria qualquer espírito de revolta e de rebelião, todo senso crítico? A manipulação da felicidade possibilitaria, então, um melhor controle social, por sua ideologia subjacente: "Contentemo-nos com nossa sorte." Imre Kertész, prêmio Nobel 2002 de Literatura, utilizava a expressão "apanhado na armadilha da felicidade" para descrever os riscos de desmotivação associados, segundo ele, à entrega à felicidade[25]. Rimbaud dizia também: "A felicidade é um desastre." No entanto, o que às vezes é verídico para a criatividade artística não se aplica necessariamente às reivindicações políticas. Não se pode mentir por muito tempo sobre a felicidade: se um povo infeliz não se revolta, geralmente é porque tem medo e não porque se crê feliz.

Segundo perigo: "Deve-se dar felicidade ao povo mesmo que ele não tenha pedido." A maioria dos regimes ditatoriais propôs como objetivo oferecer a felicidade a seus cidadãos em prazo mais ou menos longo: "Já que lhes prometemos a felicidade, podem aceitar esses poucos inconvenientes mais ou menos penosos ou sangrentos desse grande salto para a frente..." Sabemos hoje quais os resultados disso. Inúmeras ficções literárias também descreveram futuros não tão longínquos em que a felicidade dos homens estava garantida de maneira metódica, sobretudo com a ajuda de diversas substâncias químicas, como *Admirável mundo novo*, de Aldous Huxley, ou *This Perfect Day*, de Ira Levin (autor do famoso *O filho de Rosemary*). As democracias, por sua vez, contentam-se em tentar garantir o bem-estar de seus cidadãos, devendo estes em seguida cuidarem eles mesmos de sua felicidade. É um projeto mais sensato...

Pecado n.º 7: a felicidade é vulgar

Todas as seis críticas precedentes baseiam-se em premissas honradas e aceitáveis. Advertem de maneira útil contra desvios possíveis e em geral existentes. Contudo, por trás de várias críticas feitas à felicidade, parece haver outra motivação: a felicidade e a tentativa de conquistá-la não são *chiques*. São até propriamente vulgares. Bom apenas para o povo e os pequeno-burgueses...

Como é que se chegou nisso?

FELICIDADE E LUTA DE CLASSES

> "Nunca ficamos mais felizes do que quando nossas brincadeiras fazem a empregada rir."
>
> Jules Renard

O leitor atento terá notado desde o começo deste capítulo: Flaubert tinha certo ressentimento contra a felicidade. Seu amigo Maxime Du Camp recriminou-o, aliás, por isso: "Você tem perto de você, na palma da sua mão, todos os elementos desejados da felicidade e você não é feliz." O que Flaubert reconhecia: "É estranho como nasci com pouca fé na felicidade." Encontramos nas divagações da senhora Bovary essa dificuldade do autor (que confessava: "A senhora Bovary sou eu"): "Como a felicidade resultante desse amor não aparecia, com certeza se enganara, pensava ela. E Ema procurava saber qual era, afinal, o significado certo, nesta vida, das palavras *felicidade*, *paixão* e *embriaguez*, que nos livros pareciam tão belas."* A felicidade burguesa (a única, aliás, que ele podia realmente observar de dentro) foi, portanto, um dos alvos de Flaubert.

---

* *Madame Bovary*, trad. de Araújo Nabuco, Círculo do Livro, 1975, p. 30. (N. da T.)

Mas as felicidades das classes populares também foram analisadas e descritas. Em sua obra, *Les Gens de peu*[26], o antropólogo Pierre Sansot reabilita-as e sublinha a "nobreza" das aspirações à felicidade do "povinho": bailes de 14 de julho, passagem da volta ciclística *Tour de France*, almoço dominical, férias no *camping*, bricolagem... "Sem dúvida vale mais a pena manifestar grandeza no pouco do que continuar indeciso, obtuso, risível, incapaz de um belo gesto na fartura", lembra ele.

Existiram felicidades diferentes segundo as classes sociais? E essas diferenças poderiam explicar em parte a evolução das idéias e das modas relativas à felicidade? Retomemos, pois, as breves referências históricas que acabamos de evocar acima, mas desta vez sob o ângulo da luta de classes...

Três etapas da história da felicidade

Etapa um: da Antiguidade até o Renascimento, a felicidade é chique, é coisa de sábios, de filósofos, de letrados e de aristocratas, ao passo que o prazer é vulgar (o povo se contenta com pão e circo, *panem et circenses*).

Etapa dois: as revoluções francesa e americana, preparadas pelas evoluções sociais do século XVIII, reivindicam a felicidade como um direito e propõem esse direito à felicidade para todos. A felicidade deve ser partilhada.

Etapa três: a partir do século XIX, a felicidade torna-se vulgar e o prazer chique, ao menos aos olhos de alguns. A aspiração generalizada à felicidade e ao desenvolvimento pessoal ganhou, indubitavelmente, uma extensão sem precedentes na história da humanidade, mas isso suscitou uma desconfiança crescente das elites intelectuais. Nietzsche: "Inventamos a felicidade, dizem os últimos homens, e dão uma piscadela." Oscar Wilde, dândi superdotado: "Nunca procurei a felicidade, quem deseja a felicidade? Procurei o prazer." André Gide percebera claramente o fenômeno: "A alegria parecia vulgar, sinal de uma saúde boa e boba demais... A tristeza detinha o privilégio da espiritualidade e, portanto, da profundidade."

Felicidade e distinção social

A rejeição da felicidade decorreria do fato de ter-se tornado popular? Seria uma pena... Mas alguns exemplos recentes parecem ir nesse sentido. Pudemos observar nesses últimos anos na França uma violência desproporcional dos meios de comunicação ditos "intelectuais" contra Philippe Delerm e seus livros (como *La Première Gorgée de bière*) dedicados às pequenas felicidades cotidianas acessíveis a todos, sem necessidade de riquezas financeiras ou culturais prévias.

Ataques ainda mais violentos e loucos[27] também ocorreram contra o filme *O fabuloso destino de Amélie Poulain*, de Jeunet (2001), que conta de modo onírico a história de uma jovem que tem o simples desejo de tornar felizes as pessoas à sua volta.

Toda essa agressividade estava dirigida contra as idéias veiculadas por esse livro e esse filme, ou contra seu imenso sucesso popular (pois os sucessos de uns nem sempre fazem a felicidade dos outros)? Revelou, em todo caso, que a felicidade e suas concepções eram – paradoxalmente – um dos mais maravilhosos temas polêmicos existentes...

O fundo do problema é sem dúvida que a felicidade parece apagar as singularidades entre os indivíduos. É o que explicaria o fato de haver poucos romances de sucesso sobre a felicidade[28], pois, para existirem, os romances precisam de indivíduos fortemente singularizados. Portanto, os homens se diferenciariam muito mais por seus sofrimentos que por suas alegrias... De qualquer maneira, é isso o que pensam muitos eruditos, cuja principal preocupação é não se misturar com a massa.

É certo que todo ser humano aspira ao reconhecimento. Mas, para alguns, basta um reconhecimento de conformidade (ser semelhante aos outros). Ao passo que, para outros, um reconhecimento de distinção (não ser como os outros) é indispensável[29].

Ora, numa sociedade em que a busca da felicidade é supervalorizada e proposta para a maioria, não há outra escolha para quem busca um reconhecimento de distinção senão criticá-la e rejeitá-la...

AS IDÉIAS FEITAS SOBRE A FELICIDADE NEM SEMPRE ESTÃO ONDE SE PENSA...

> "Procurar a felicidade nesta vida, é isto o verdadeiro espírito de rebelião."
>
> Henrik IBSEN

"É certo que cada um tem a liberdade de desprezar sua própria felicidade, mas ao desprezar – às vezes ativamente – a felicidade dos outros, demonstramos mais tolice que maldade. E a tolice atenta contra a felicidade."[30] Como no refeitório, será preciso clamar a propósito da felicidade: "Você pode não gostar disso, mas não precisa enojar os outros"?

Diderot dizia que as teorias sobre a felicidade sempre contam apenas a história dos que as fazem. Mas, com mais pertinência ainda, o argumento não poderia ser invertido e se aplicar àqueles que criticam a felicidade? Por parte dos eruditos "eudemonofóbicos" (eudemonismo: ética que faz da felicidade o soberano bem), a reticência publicamente escancarada em relação à idéia de felicidade não seria apenas prudência ou medo íntimos? Para alguns, poderia haver mais infelicidade na busca da felicidade do que na renúncia antecipada a ela? Ou até uma inveja inconfessa? Nesse caso, até onde se deve crer nesses "homens que nunca souberam ser felizes e que não suportam aqueles que tentam sê-lo"?[31] Assim, nosso bom Flaubert, depois de ter atacado a vida toda a idéia de felicidade, lamentava nos seus velhos dias: "Fui covarde na minha juventude. Tive medo da vida. Tudo se paga..."

Os arautos da contrafelicidade lutam, como gostariam que acreditássemos, contra uma ditadura real, ou simplesmente cedem a um efeito de moda? A raiva antifelicidade é tão tola quanto a devoção inabalável de alguns tratados sobre a felicidade. Mas, a meu ver, é menos útil ainda. Quais são, afinal, as mensagens transmitidas pelas obras dedicadas à arte de não buscar a felicidade, ainda que elas tenham sucesso e sejam divertidas, como a recente *Comment rater complètement sa vie en onze leçons*[32] [Como estragar completamente a sua vida em onze lições]? Como bem notava o filósofo Roger-Pol Droit[33], "a questão é evidentemente saber se essas gracinhas para privilegiados arrancam um sorriso que seja daqueles que nenhuma felicidade ameaça, porque o peso da história só lhes oferece uma vida fracassada de antemão"... Nesse mesmo sentido, o discurso inconsistente e consensual do tipo "não se deve buscar a felicidade" não estará se tornando mais uma fórmula vazia de nossa época e um "pensamento pronto para usar" tão estereotipado quanto estéril?

Lembro-me, certa noite, de ter assistido a uma conferência sobre a felicidade[34]. Os convidados eram um filósofo, um psicanalista e um teólogo. Criticaram, é claro, a idéia da busca da felicidade, sem mau humor excessivo, mas com a tranqüila certeza das pessoas que sabem. Contudo, no momento de recolher as perguntas do público escritas em papeizinhos a serem entregues aos oradores, constrangimento do coordenador da mesa...

Muitas das perguntas revelavam grande irritação e diziam basicamente: "Os senhores têm contas pessoais a acertar com a felicidade para criticar dessa forma a tentativa de alcançá-la?" Os conferencistas tiveram então de voltar atrás e explicar que não tinham nada contra a felicidade, mas simplesmente contra a obrigação de felicidade...

◆

COMPREENDER E DEFENDER A FELICIDADE

Ou seja, as "pessoas de verdade", como se diz na televisão (para designar aqueles que não são nem celebridades nem jornalistas), sem *status* nem imagem, simplesmente gostam da felicidade e da idéia da felicidade.

Então, como se situar em relação a essa aspiração autêntica? Sem dúvida não pela rejeição, mas antes pelo discernimento. Em vez ficar inutilmente obcecado com a felicidade, que não pede tanto, façamos as verdadeiras perguntas, em particular no tocante aos modelos de felicidade. Debatamos e informemo-nos sobre verdadeiras e falsas felicidades e, sobretudo, sobre os meios para alcançá-las...

Terceira Parte

CONSTRUIR A FELICIDADE

Não somos iguais perante a felicidade.
Assim como acontece com todas as formas de riqueza (e viver feliz é uma delas), existem, na felicidade, pobres e privilegiados, alunos superdotados e outros que têm de dar duro, vidas que oferecem tudo e outras que oferecem pouco...
É por isso que devemos falar agora das possibilidades de procurar e de encontrar a felicidade. Não existem dogmas ou certezas nesse assunto. Apenas orientações em que cada qual pode se inspirar, se assim quiser.
Tudo começa com duas perguntas fundamentais: Como não aumentar a infelicidade? Como desenvolver pouco a pouco a aptidão para a felicidade?

Capítulo 7

COMO NÃO FICAR INFELIZ

> "Não se é feliz: nossa felicidade é o silêncio da infelicidade."
>
> Jules RENARD

Na língua francesa, a palavra "infelicidade" designa a um só tempo a situação – externa – que nos atinge, e o sentimento – interno – que disso decorre. Passa-se às vezes por provações tão graves (luto, doença, ruína, violências etc.) que a participação do subjetivo fica reduzida a nada. A infelicidade sentida é então imensa e coloca a questão da resiliência: como sobreviver e, sobretudo, retomar a vida em seguida? Não falaremos aqui dessas grandes infelicidades, já evocadas no segundo capítulo, mas sim daquelas relacionadas principalmente com a nossa subjetividade, aquelas que fabricamos ou aumentamos em parte, e dos meios para enfrentá-las.

VIVER FELIZ

É certo que aspiramos a ser felizes, mas há dias em que o principal problema é escapar da *fossa*, esse sentimento de tristeza ou de mau humor sem causa concreta. Para a maioria dos privilegiados que são os ocidentais do século XXI, o principal impedimento à felicidade não é a "verdadeira infelicidade", mas as múltiplas feridas da vida cotidiana: alterações do humor, percalços e preocupações, raivas e ressentimentos...

Como lutar e se organizar contra essas fontes constantes, que podem alimentar um sentimento de infelicidade benigno mas tenaz? E como não provocar ou fazer esse sentimento durar mais que o necessário? Pois às vezes somos os atores de nossa própria infelicidade...

A TENTAÇÃO DA INFELICIDADE

> "A vida é um restaurante pequeno, ruim e caro. E, além disso, é curta demais."
>
> Woody Allen

Amélie
"Não vivo, sobrevivo. Não aproveito a vida, estou sempre de bode, na corda bamba quando se trata da minha felicidade. Tem sempre alguma coisa que não está bem, algum desgosto para ruminar. Sempre alguma sarna para me coçar. O pior é que tenho a sensação de que isso vem de mim. Chego a me convencer de que sou infeliz, a ceder sem resistência ao mau humor, não me custa muito colocar-me na pele de uma vítima da vida. Às vezes, sinto-me triste sem motivos precisos. Outras, há um ponto de partida, preocupações verdadeiras, mas que ocupam um lugar desmedido. Em todos os casos, tenho a sensação de que é muito difícil para mim não ceder ao apelo da fossa. Como se eu tivesse uma pequena fábrica de infelicidade, aqui, num canto da minha cabeça..."

◆

CONSTRUIR A FELICIDADE

A propensão do ser humano à infelicidade foi muitas vezes descrita e alvo de zombaria. O psicoterapeuta Paul Watzlawick, figura histórica da escola de Palo Alto, escreveu nos anos 1980 um engraçado *Sempre pode piorar ou a arte de ser (in)feliz*[1]. Portanto, há muito a dizer a esse respeito, e nos consultórios de psicoterapia escutam-se as dificuldades que os seres humanos têm de sair de sua infelicidade.

De que está composta essa "tentação da infelicidade"? Pode-se descrever dois fenômenos principais:

- Um é de ordem *emocional*, é a tendência a se entregar ao mau humor (o que os psiquiatras chamam de "humor triste");
- o outro é *psicológico*, é a amplificação das preocupações e adversidades do cotidiano.

O primeiro mecanismo está ligado ao humor, essa tonalidade emocional básica presente constantemente na nossa mente, positivo (estar de "bom humor") ou negativo (estar de "mau humor"). Trabalhos recentes confirmaram que a maioria de nós precisa lutar para não ser tomado pelos humores negativos[2]. E essa luta nem sempre é fácil: embora saibamos que "não se deveria", nem sempre fazemos um esforço para sair do mau humor quando ele nos invade.

O segundo mecanismo presente na tentação da infelicidade é psicológico: transformar um obstáculo em impossibilidade, um insucesso em fracasso total, um incidente em catástrofe... Essa amplificação subjetiva das preocupações cotidianas foi analisada em muitos estudos com pacientes ansiosos e depressivos, mas sua existência também foi comprovada nos sujeitos "normais", bem como sua importante influência sobre o bem-estar sentido e o nível de estresse percebido.

Por que em geral somos dotados para a infelicidade?

O filósofo Alain costumava dizer: "O pessimismo é humor, o otimismo é vontade." É sempre mais fácil, menos custoso em termos de energia psicológica, entregar-se ao sentimento de infelicidade do que lutar contra ele. Infelizmente, pelo contrário, fazer o bem-estar *durar* costuma exigir esforços.

Para explicar isso, há, em primeiro lugar, motivos pessoais: existem diferenças claras entre os indivíduos quanto à sua capacidade de se sentir bem no plano emocional. Algumas são de origem biológica (o chamado temperamento), a maioria tem causas psicológicas (estilos afetivos e educativos predominantes na nossa família, acontecimentos da vida).

Mas existem também fatores próprios do gênero humano: a evolução parece ter favorecido em nós a existência de emoções negativas em grande número, cuja função é aumentar as chances de sobrevivência da espécie[3]. Assim, a ansiedade torna mais vigilante para os problemas, o medo favorece a fuga ou o combate, a raiva intimida os adversários ou rivais, a tristeza atrai compaixão e solidariza o grupo etc.

Contudo, embora a natureza tenha se preocupado com nossa sobrevivência, não o fez no que se refere à nossa qualidade de vida. O espectro de emoções e humores positivos é bem mais restrito, mais lábil, de acesso mais custoso. Sentir-se bem é de certa forma um luxo que a evolução, que só se preocupa com a sobrevivência das espécies e não com o conforto dos indivíduos, não previu para nós.

É por isso que muitas vezes é preciso "trabalhar" para ser feliz...

Por que lutar contra a tentação da infelicidade?

Mas, afinal, por que fazer esforços? Por que não deixar a natureza seguir seu curso, ser como ela é?

◆

CONSTRUIR A FELICIDADE

De fato, por que não? Existe realmente um prazer na melancolia, e até algo de chique na infelicidade, depois que os românticos lançaram a moda no século XIX. Às vezes também existe uma certa criatividade ligada à dor moral. Embora não se deva exagerar, a ansiedade e a infelicidade em geral paralisam mais do que estimulam[4]. Evidentemente, é tudo uma questão de dose. Se as emoções negativas e o sentimento de infelicidade forem ocasionais, de curta duração e não perturbarem demais nosso cotidiano, pode-se efetivamente esperar que desapareçam por si sós. Mas o flerte com a infelicidade comporta alguns perigos que a psicologia começou a estudar melhor.

Primeiro inconveniente: não lutar prolonga a duração do sentimento de infelicidade

Dar livre curso ao sentimento de infelicidade tem como risco prolongar sua duração, ao contrário do que se pensa. Antes, acreditava-se num certo efeito catártico das emoções: pôr para fora livrava da agressividade, queixar-se aliviava o sofrimento etc. Parece que em geral é o contrário que acontece: a queixa repetida e sem resposta (como em certas vidas, ou mesmo certas psicoterapias) pode transformar a pessoa em vítima da vida. A prática ou a observação de jogos ou esportes agressivos pode aumentar ainda mais o risco de comportamentos agressivos posteriores. E a infelicidade alimenta-se dela mesma: mais me entrego a ela, mais prolongo sua duração.

Segundo inconveniente: não lutar amplifica o sentimento de infelicidade

A entrega ao sentimento de infelicidade vai me fazer passar da emoção ("sinto-me infeliz") para a concepção ("tenho uma vida infeliz"). É o que os cognitivistas chamam de "raciocínio emocional": se me *sinto* triste, mesmo sem razão precisa ou válida, então vou pensar que minha vida, ou mesmo a vida em geral, *é* triste.

Um trabalho recente sobre as interações mãe-filho[5] acaba de confirmar a importância do humor a respeito do olhar lançado sobre o mundo. Noventa e nove mães são convidadas para participar de uma experiência no laboratório de psicologia: pede-se a elas que passem duas vezes quinze minutos numa sala na companhia de seu filho, com idade entre dois e cinco anos. Mas dois programas diferentes lhes são propostos durante esses quinze minutos: ora as mães não recebem nenhuma orientação, exceto brincar com o filho; ora pede-se a elas que resolvam um problema matemático, explicando-lhes que a criança não deve mexer nos brinquedos colocados num canto da sala. Nem é preciso dizer que a segunda condição experimental eleva claramente o nível de estresse das mães... Depois de cada uma dessas duas seqüências, elas avaliam seu estado emocional, e sobretudo a qualidade global da relação com o filho.

Com efeito, a avaliação que as mães vão fazer do vínculo com o filho depende tanto do seu humor do momento quanto de seus traços de personalidade ou do comportamento real que a criança apresentou durante a experiência: quanto mais a mãe está estressada, mais ela percebe seu rebento como irritante e trabalhoso. O estado emocional sentido pesa tanto quanto o comportamento da criança. Outros trabalhos já tinham identificado esse fenômeno: as mães disfóricas (que sentem emoções negativas) percebem o filho de maneira mais negativa[6].

Se os estados anímicos pontuais podem pesar sobre a maneira como uma mãe vê seu filho, então podem influir sobre tudo...

Terceiro inconveniente: não lutar facilita o retorno do sentimento de infelicidade

Enfim, último inconveniente, a tristeza a que se deu rédea solta prepara seu próprio retorno: é um fenômeno bastante conhecido na depressão (que tem forte tendência à recidiva), e também foi demonstrado no que se refere ao humor triste cotidiano. Quanto mais uma emoção invadiu a pessoa de modo intenso e duradouro, mais ela poderá se reproduzir em circunstâncias semelhantes e ter como desencadeantes fatores cada vez menores.

É o que os terapeutas cognitivistas chamam de *cognitive shift* (ou "embreagem cognitiva"): a pessoa vai ter crises nervosas desencadeadas por acontecimentos da vida cada vez mais benignos[7]. Deixar o terreno livre para o sentimento de infelicidade é preparar a sua volta pela porta da frente e correr o risco de fazer disso um "estilo emocional" predominante.

É assim que se chega a ser o "carrasco de si mesmo" (em grego: *heautontimoroumenos*), segundo o poeta latino Terêncio[8]. Portanto, um conselho fundamental: sempre que possível, não deixar espaço demais para sentimentos de infelicidade e para os humores tristes, por meio da passividade, da ruminação ou da queixa.

MARASMO, FOSSA E MAU HUMOR: NÉVOAS SOBRE A FELICIDADE...

Jeanne

"Tem dias em que desde a hora em que acordo sei que vai ser ruim. Só tenho pensamentos tristes ou preocupantes na cabeça, sinto-me imensamente receptiva à tristeza: no metrô, por exemplo, tenho a impressão de que todas as pessoas estão infelizes, de que todas elas têm uma vida sombria – como eu –, todos os mendigos vão me deixar de coração partido... Se eu não fizer nenhum esforço, o dia será horroroso e vou continuar nesse ritmo a menos que surja uma notícia muito boa. Antigamente, eu me entregava a essas melancolias flutuantes. Hoje, já não tenho vontade de saborear meus estados de baixo-astral, de chafurdar neles: já deu... Nesses momentos, meu objetivo é lutar contra minha fossa, não aceitá-la, não obedecer a ela, enfrentá-la: por que ela está aí? Será que tenho motivos para ficar me remoendo? Etc."

Como definir exatamente a tristeza? Os dicionários falam de um "estado penoso e calmo", de um "mal-estar sem causa aparente e que impede de se alegrar com o resto"[9]. Há muitas palavras, em todas as línguas e culturas, para designar os humores tristes: *cafard, morosité*, em francês, *blues, spleen*, em inglês, *saudade*, em português etc.

Em geral, esses estados são uma mistura de contrariedades reais com vazios indeterminados na alma. Vários trabalhos científicos[10] estudaram a *mood-regulation*, os mecanismos de regulação de nossos humores. É porque eles desempenham um papel fundamental na nossa felicidade. Falamos dos humores positivos no capítulo 3, mas agora temos de abordar a questão dos humores negativos, que têm a desvantagem de existirem em maior número e serem mais variados...

O que caracteriza o humor (o pano de fundo emocional de nossa consciência) é a tendência a ser esquecido. De novo, o famoso "raciocínio emocional": se me sinto triste, vou ter a sensação de que é o mundo que está triste. Uma das perguntas mais freqüentemente formuladas aos terapeutas é a do temperamento (tendência a sentir mais facilmente tal ou qual humor): "Se tenho um temperamento melancólico, então não tem muito o que fazer." Com efeito, como já dissemos, existe uma certa estabilidade do humor numa determinada pessoa (o *set point*): depois das oscilações para cima ou para baixo, devidas a acontecimentos da vida favoráveis ou desfa-

Deve-se fazer o elogio da depressão?

Antigamente, pensava-se que o sofrimento físico tinha de ser suportado, que era o destino do ser humano e que ele até o engrandecia. Era mais freqüente do que hoje os médicos deixarem seus pacientes sofrerem, e não só por falta de meios terapêuticos. Por exemplo, hesitavam em administrar morfina para aliviar a dor do câncer em fase terminal.

Acabaram admitindo que o sofrimento não engrandecia e que os antálgicos (medicamentos contra a dor) permitiam, ao contrário, enfrentá-la com mais eficácia e dignidade.

O mesmo caminho ainda não foi percorrido no que se refere ao sofrimento moral. Por muito tempo, subestimaram-se as dores da depressão, como até hoje ainda se avalia mal a das doenças ansiosas. Hoje, embora se esteja tirando o atraso, escuta-se às vezes celebrar as virtudes do sofrimento psíquico, ou até declarações de terapeutas sobre os *benefícios* da depressão[11]. O que pensar disso?

É certo que a infelicidade ou o sentimento de infelicidade pode às vezes nos prestar serviços: incitando-nos à reflexão, lembrando-nos que a felicidade não vem sozinha, levando-nos, em contraposição, a perceber que a ausência de dores, sejam de que tipo forem, é uma forma ou um começo de felicidade... Mas isso só é verdade para os primeiros instantes: se ele dura e se repete, o sofrimento não permite entender mais nada, a não ser que a pessoa tenha recursos psicológicos excepcionais. É só num segundo momento (caso sejamos o paciente) que se pode fazer o elogio da depressão. Ou de um ponto de vista exterior (caso sejamos o terapeuta).

Foi La Rochefoucauld que afirmou, a respeito dessa eterna tendência a subestimar um sofrimento que não é o nosso: "Temos sempre força suficiente para suportar os males alheios..."

voráveis, há em geral um retorno à média[12]. E, na ausência de esforços pessoais, esse fenômeno tenderá a ser estável por anos a fio.

Contudo, é sempre possível modificá-lo no longo prazo: esforços, desenvolvimento pessoal, psicoterapias... O objetivo desse trabalho consigo mesmo certamente não é o de *suprimir* os problemas de "moral baixo", mas o de conseguir enfrentá-los.

Que fazer ante o mau humor?

Ficar atento aos próprios humores e levá-los a sério

Levá-los a sério na medida certa: nem demais (senão pensaremos que são o reflexo da realidade, o que nem sempre é o caso) nem de menos (senão acabamos nos tornando seu joguete permanente). Como sempre, é mais fácil agir

---

A distimia

Além dos episódios depressivos bem caracterizados, existe um transtorno do humor que os psiquiatras chamam de "distimia" (do grego *dys*: "atravessado" e *timia*: "humor"). Os pacientes que sofrem de distimia padecem de sintomas depressivos de intensidade menor que na depressão, mas de aspecto crônico: "Nunca muito mal, mas tampouco nunca realmente bem." A distimia sem dúvida repousa em parte sobre bases biológicas, pois responde bastante bem a certos tratamentos antidepressivos[13], mas é também sensível às intervenções psicoterapêuticas[14] e às combinações dessas duas formas de tratamento[15]. Entre nossos pacientes que têm "dificuldades com a felicidade", alguns sofrem de distimia. Mas cuidado: o tratamento medicamentoso ou psicoterapêutico da distimia não é uma promessa de felicidade posterior. Apenas tornará possível sua construção.

desde o começo do fenômeno, indagando-nos sobre nosso humor triste em vez de obedecer a ele. Ou nossa melancolia é conseqüência de causas externas: nesse caso, há o que fazer? Ou é ela mesma o problema: como, nesse caso, limitar sua extensão? Em outras palavras, tentemos sempre compreender nossos humores: existem motivos para nossos estados anímicos negativos? Se sim, como enfrentá-los? Se não, como dissipá-los?

Ser realista

Não se pode impedir a existência e a instalação dos humores negativos. Mas se pode lutar para não transformar a emoção de infelicidade em neurose de destino. Isso consiste particularmente em reagir contra a tendência à generalização: "Está começando tudo de novo", "Sempre a mesma coisa". E isso por duas razões: pensar assim é muitas vezes equivocado e sempre inútil. Isso só agrava o humor triste, pois da generalização não decorre nenhuma outra solução senão a queixa ou a ruminação. Se uma repetição das mesmas dificuldades existir realmente, ela será abordada de maneira mais eficaz de modo frio, à distância do episódio de mudança do humor[16].

Agir

Mesmo que isso não seja muito lisonjeiro para o nosso ego, todos os trabalhos mostram que é mais fácil melhorar nosso humor agindo do que refletindo[17]. Portanto, para se cuidar quando não se está bem, é preciso agir. Mais uma vez, algo óbvio? Pode ser, mas mil vezes desmentido pela observação. A maioria dos ansiosos e dos deprimidos fazem exatamente o contrário: quanto pior estão, mais se maltratam, parando de agir, deixando de ver os amigos, abandonando seus hobbies e lazeres preferidos... E, quanto mais se maltratam, pior ficam, e o círculo vicioso se estabelece.

Fazer coisas agradáveis quando não se está bem não é algo óbvio, pois não se tem *vontade*. Mas todos os trabalhos disponíveis mostram ser preciso dar novo impulso a essa vontade por meio de esforços iniciais (como para fazer pegar um motor que morreu). E que não deve haver engano quanto ao objetivo: quando se está mal, a finalidade das atividades agradáveis não é nos fazer felizes, mas impedir que o mal-estar se agrave ou se instale de forma duradoura.

Os métodos experimentais para induzir um humor positivo

Os pesquisadores dos laboratórios de psicologia recorrem a várias técnicas para induzir humores positivos ou negativos em voluntários que se prestam a seus estudos (do tipo: o humor influi nas aptidões matemáticas? Ou: o humor influi sobre a maneira como falamos de nós com desconhecidos?). Essas técnicas foram elas mesmas alvo de análises destinadas a avaliar sua eficácia[18]. Eis a lista dos maiores sucessos do que pode fazer o moral subir ou descer em laboratório, por no mínimo 10 a 15 minutos. Alguma das suas estratégias está nesta lista?

(Os números designam o "tamanho do efeito", ou seja, o peso de cada item a partir do conjunto dos estudos analisados: quanto mais próximo de 1, maior o efeito.)

Ver um filme cômico	0,73
Receber um presente	0,38
Pensar detalhadamente em coisas agradáveis*	0,36
Ser parabenizado por um sucesso	0,33
Escutar música de que se gosta	0,32
Ter uma conversa agradável com alguém	0,27
Ter diante de si um rosto que exprima uma emoção positiva	0,19

* *O efeito favorável sobre o humor aumenta quando se fala dessas coisas agradáveis com alguém e mais ainda se for com um amigo.*

Nessa ótica, os terapeutas cognitivistas costumam perguntar a seus pacientes: "O que você aconselharia ao seu melhor amigo fazer para levantar o moral?", o que costuma levar a reflexões muito interessantes e pertinentes. E em seguida perguntam: "Por que você mesmo não faz isso?", o que exige então uma reflexão pessoal mais profunda. Pois a maioria de nós não está muito acostumada a se tratar de forma amigável...

PREOCUPAÇÕES, PERCALÇOS E INQUIETAÇÕES: QUANDO VIVER É UMA PREOCUPAÇÃO...

> "Somos todos farsantes: sobrevivemos aos nossos problemas."
>
> Emil Cioran

Annette

"Nunca vi meus pais felizes. Preocupavam-se demais para isso! Sinceramente, acho que a questão da felicidade nem mesmo se colocava aos olhos deles, tinham a sensação de que era preciso aplicar tanta energia para evitar as desgraças da vida, que suas únicas emoções positivas eram o alívio ("ufa, escapamos da catástrofe") ou o repouso ("bom, vamos poder respirar um pouco").

Quando eu ia à casa das minhas amigas, via pais hedonistas *tomarem seu tempo*, ou *deixar para mais tarde* um trabalho doméstico penoso para desfrutarem de um bom momento... Essas eram coisas impensáveis na minha família. Aliás, eu ficava fascinada com a sorte delas – pois achava que era sorte, que eram umas sortudas, abençoadas pelos deuses, ao passo que nós éramos humanos comuns e, portanto, infelizes...

A frase que minha mãe mais pronunciava – ainda a escuto – era: 'Com todas as preocupações que tenho...' Evidentemente, depois de adulta, incorporei a forma deles de ver as coisas. Foi na universidade que minhas companheiras de quarto na cidade universitária, ou meus primeiros namorados, começaram a gozar do meu apetite ilimitado pelas preocupações.

Uma de minhas amigas chegou a me chamar um dia de *bulímica da angústia*: eu tinha umas crises, assim, em que engolia de uma só vez tudo o que pudesse ser inquietante, até me sentir mal. Meus vômitos em seguida eram lágrimas..."

Como se sentir feliz se topamos incessantemente com problemas? Ou melhor, se *sentimos* que topamos com esses problemas?

Pois o mesmo acontecimento será considerado um contratempo benigno por um e uma catástrofe pavorosa por outro. Para alguns, a adversidade é o que é: um momento de vida, desagradável mas inevitável, um parênteses na felicidade (infelicidade-situação, infelicidade-emoção). Para muitos outros, pelo contrário, ela é pretexto para ruminações involuntárias, mas bastante complacentes, sobre a própria infelicidade (infelicidade-construção). Para outros, por fim, ela é a prova de que a felicidade é impossível ou ilusória (infelicidade-concepção). Em suma, a ansiedade e a inquietação podem ser um dos maiores obstáculos para a felicidade. E alimentar a incapacidade de *viver levemente*.

Os ratinhos da ansiedade roem o bolo da felicidade

O pensamento ansioso é desgastante e portanto compromete o acesso aos instantes de felicidade. Engendra um estado de alerta pouco compatível com o relaxamento e o apaziguamento associados ao bem-estar. Leva a sacrificar o real (a possibilidade de ser feliz, ao menos por um momento) ao virtual (a vigilância constante dos eventuais problemas).

A ansiedade é uma visão e uma leitura do mundo: a pessoa percebe o cotidiano cheio de ameaças e concentra a maior parte de sua atenção e energia em vigiá-las, antecipá-las e tentar prevenir os riscos. Em pequenas doses, a ansiedade é útil: a pessoa presta atenção aos problemas e se dedica a enfrentá-los. Mas, assim como existe uma hipertensão arterial, embora a tensão arterial seja um fenômeno normal e até vital, existe uma hiperansiedade, presente em muitas pessoas, de maneira crônica ou episódica. Vários mecanismos psicológicos estão em jogo:

- Na ausência de problemas, uma *hipervigilância sobre o perigo*, que se traduz por uma supervisão constante do ambiente e uma antecipação incessante (o ansioso pensa nos perigos antes que eles aconteçam e abusa da sua imaginação, fabricando incessantes e enlouquecedoras tramas catastróficas). Essa antecipação constante acarreta uma real incapacidade de aproveitar o instante presente.

Um de meus amigos falava-me assim de uma de suas filhas, de oito anos e temperamento ansioso: "Era domingo de manhã, estava voltando da feira com Bérénice. Tudo estava bem, conversávamos de tudo um pouco, quando, de repente, ela se pôs a me perguntar se corríamos o risco de ficarmos muito pobres um dia. Depois, se um dia haveria guerra em nosso país. Perguntei-lhe por que estava pensando em tudo aquilo e ela me explicou que vira um senhor mal-vestido, que a fizera pensar na pobreza, e que ouvira um avião passar, que a fizera pensar em bombas e guerra... Bérénice é assim: mesmo quando tudo está bem, é assaltada por angústias. Como se nunca estivesse totalmente envolvida nas pequenas felicidades cotidianas... Passa grande parte de seu tempo antecipando.

Quando ela era menor, não podíamos prometer-lhe nada, pois ficava pensando naquilo o tempo todo e nos pressionando. Se lhe avisássemos duas semanas antes – no momento em que recebíamos o convite – que fora convidada para o aniversário de uma colega de escola, ela nos perguntava dez vezes por dia se a data estava próxima. Ela tende a ficar dispersa, a pular de uma atividade para outra: mal começou uma atividade, já está pensando na seguinte. Quando se entedia, pergunta por exemplo se já não é hora de almoçar ou lanchar, não porque tenha fome, simplesmente porque tem vontade de que o tempo ande mais rápido. Temos de ajudá-la a parar, a saborear, senão ela não faz mais nada, não aproveita nada."

- Na presença de problemas, a hiperansiedade se caracteriza por uma *amplificação* (um contratempo se torna uma catástrofe) e uma *focalização sem tomada de distância* (vêem-se apenas os problemas, com o risco de se afogar neles). O pensamento ansioso é, por essência, um pensamento generalizador: criamos para nós mesmos um destino infeliz a partir de um acontecimento adverso. Longe de imunizar pouco a pouco a pessoa, a adversidade confirma-lhe a cada vez seu azar e sua infelicidade. É a extrema necessidade de controle dos ansiosos que explica a sua visão perfeccionista da existência: aos olhos deles, os problemas e contratempos deveriam poder ser evitados. Se ocorrem, é porque a pessoa não fez o que deveria ter feito ou porque o destino é particularmente cruel. Em ambos os casos, é preciso redobrar a vigilância para a próxima vez, e sobretudo não baixar a guarda...

Eis o que me contava da sua mãe um de meus pacientes, ele mesmo ansioso (pelo menos ele sabia por quê...): "Com ela, tudo era complicado. Assim que um projeto era imaginado, por exemplo, um piquenique no domingo, a ansiedade dela deslanchava. Era preciso prever os víveres desde a segunda-feira, sempre em quantidades excessivas – para qualquer eventualidade. Meu pai tinha de descrever exatamente o lugar para onde iríamos. Nem pensar em sair sem destino certo, a lista de obrigações era muito precisa: não devia haver muita sombra – as crianças poderiam se resfriar –, mas tampouco muito sol – cuidado com as insolações (de qualquer forma, usávamos chapéus o ano todo). Não podia ser muito perto de uma estrada (o barulho e o risco de acidentes), mas tampouco muito longe (para poder voltar rápido para o carro se um de nós se ferisse gravemente). A partir do meio da semana, ela começava a perder o sono pensando nos enormes riscos que nos ameaçavam: e se chovesse a cântaros? E se nos sentássemos perto de um ninho de vespas? ou de cobras? E se engarrafamentos gigantescos estragassem totalmente a volta? Não tinha fim. Acabamos não contando nada para ela de antemão, mas isso tampouco estava bem para ela..."

O que fazer com a ansiedade?

Refletir em vez de ruminar

Refletir?... Mas os ansiosos pensam o tempo todo nos seus problemas, vocês dirão. É verdade... Contudo, a solução para eles não é "não pensar mais nisso" como as pessoas à sua volta tentam aconselhá-los. Primeiro, porque não adianta, a preocupação sempre retorna. Depois, porque isso não é eficaz: a preocupação do ansioso repousa sempre num mínimo de fundamentos e de realidade, não é um delírio.

Em terapia, ajudamos nossos pacientes a refletir *melhor* nos seus problemas, pois a ansiedade em geral é uma seqüência de ruminações improdutivas e apenas esboçadas: o ansioso pensa num assunto que o inquieta, aflige-se e ou passa para um outro, ou fica ruminando em círculos, concentrando-se não na busca de soluções, mas no horror por vir e na infelicidade que a ele se seguirá... A felicidade é uma construção que se alimenta de ações e de decisões: as ruminações estéreis da angústia estão nos seus antípodas.

Não transformar dúvidas em certezas

O pensamento ansioso é um pensamento estreito: diante de uma incerteza (será que vai chover no piquenique de amanhã?), só considera provável a hipótese mais ameaçadora (sim, choverá a cântaros, as crianças ficarão encharcadas, adoecerão gravemente, terão complicações, será preciso hospitalizá-las, isso talvez não adiante se não houver médicos competentes...). As outras hipóteses não são nem mesmo consideradas. Por isso, a dúvida ansiosa (hipótese negativa: "vai chover?") é promovida à categoria de certeza (convicção negativa: "choverá com certeza").

Um dos exercícios clássicos da psicoterapia das pessoas ansiosas consiste em ensiná-las a considerar sistematicamente várias hipóteses diante de qualquer incerteza: sim, pode chover; mas pode também não chover, ou não por muito tempo, ou não muito; também é possível, caso a chuva seja muito forte, anular o piquenique e assim mesmo passar um bom domingo. Portanto, multiplicar as hipóteses sem obrigatoriamente escolher uma delas e restabelecer um funcionamento "democrático" do pensamento (dar a palavra a todos os pontos de vista). A felicidade só pode emergir de forma duradoura de uma consciência plena e lúcida.

Não ver uma catástrofe por trás de cada incidente

Se o chefe criticou seu trabalho, o ansioso não só considera em geral a hipótese negativa ("deve estar furioso comigo, eu o decepcionei profundamente"), como a amplifica ("vai querer se livrar de mim"). É a chamada "trama catastrófica".

Em geral, essas tramas catastróficas não são percebidas conscientemente, mas são sempre levadas ao extremo, o que explica as emoções ansiosas desproporcionais. Assim, a crítica do patrão vai dar lugar a uma temível construção imaginária que obedece à lógica do pior: "Ele vai pegar no meu pé, me levar a cometer erros e me despedir, nunca mais vou encontrar trabalho, ficaremos na miséria e as crianças terão de mendigar no metrô..."

Tomar consciência desse funcionamento e começar a criticá-lo é uma fase fundamental da luta contra a ansiedade. A questão não é se convencer de que o pior não existe, mas se dar conta de que ele não é tão provável quanto o inconsciente dos ansiosos imagina. A felicidade não consiste em dizer para si mesmo que nada pode nos acontecer, é compreender que pensar sempre no pior tem muitas vezes por conseqüência impedir que o enfrentemos bem caso ele ocorra e ter desperdiçado a vida caso não ocorra.

Aprender a confiar

Os mais recentes trabalhos sobre a ansiedade mostram que ela repousa em grande parte numa alergia à incerteza[19]: sempre que uma situação não está perfeitamente amarrada e garantida, o ansioso imagina o pior. Em suma, tratar de um ansioso consiste em aumentar sua tolerância à incerteza, em lhe ensinar a não ver sistematicamente o perigoso por trás do incerto.

Uma de minhas pacientes ansiosas com quem trabalhei resumiu assim o resultado de sua terapia: "Agora, tento ter confiança *a priori*. Enquanto não tiver provas do pior, esforço-me para não pensar nele precocemente. E, diferente do que eu achava, descobri que o contrário da ansiedade não é a ingenuidade, mas o realismo..." Ao falar do otimismo, veremos que a desconfiança costuma ser mais cega que a confiança. E que, além disso, esta última é uma via bem melhor de acesso à felicidade.

O PESSIMISMO: LUCIDEZ OU CEGUEIRA?

> "Estar feliz não é bom sinal, significa que a infelicidade perdeu o bonde; ela chegará no seguinte."
> Marcel AYMÉ

Jean-Jérôme
"Sou um desmancha-prazeres, um cara azedo... Quando era estudante, me chamavam de *smurf* ranzinza: baixinho, estava

sempre de gorro na cabeça e resmungava sem parar. Paradoxalmente, gostavam de mim, eu deixava as pessoas de bom humor. Eu sem dúvida servia de pára-raios para o mau humor dos outros. Enfim, seja como for, era o que acontecia nos grupos. Porque, na intimidade, minhas namoradas se cansavam rápido...

Minhas frases favoritas: não vai dar certo, não vale a pena, deixa estar. As pessoas alegres me irritam, me dão a impressão de não terem entendido nada da vida, de serem, no melhor dos casos, imaturas, no pior, egoístas. Não sei se sou infeliz, não diria isso, diria que nunca estou contente porque acho que não há muitas razões para estar contente neste mundo. Meu problema é que acabei de me apaixonar por uma moça alegre, que não me suporta do jeito que sou. Diz que estou doente e que tenho de me tratar. Que sou um enfermo da felicidade. Faz algum tempo, eu teria fugido. Mas, vendo-a viver, pergunto-me se ela não tem razão..."

O que é o pessimismo?

O pessimista é aquele que, diante da incerteza, preferirá sempre uma certeza negativa. Perdi minha carteira? Não a encontrarei mais (e ela certamente foi roubada). Meus amigos estão atrasados? Não virão. É sempre melhor prever o pior, garantem os pessimistas*.

Em suma, o pessimismo não passa de uma forma de ansiedade, de aparência calma e resignada e, sobretudo, erigida em sistema de pensamento: tenta-se impô-lo ao meio como se fosse alguma clarividência, debocha-se gentilmente dos ingênuos que preferem supor que o pior nunca é certo. Para o pessimista, se o pior é possível, então acontecerá: este talvez seja um raciocínio útil se você for um engenheiro aeronáutico no seu trabalho, procurando prevenir acidentes e reduzir

---

* Se vocês quiserem avaliar suas tendências ao pessimismo ou ao otimismo, na p. 287 do final do livro encontrarão um questionário para preencher antes de ler o que se segue.

o risco a zero. Mas isso também se aplica à vida diária? E sobre que bases?

As motivações dos pessimistas são bastante apaixonantes e aos olhos deles parecem perfeitamente lógicas:

- Pensar no pior é um bom meio, segundo eles, de não se decepcionar se a felicidade esperada não chegar: *pessimismo preventivo*.
- Permite também estar pronto para enfrentar a infelicidade se esta ocorrer: *pessimismo preparatório*.
- Enfim, alguns pessimismos são *supersticiosos*: preparar-se para o pior, esperando na verdade o melhor, mas sem dizê-lo – ou dizendo até o contrário –, permite não atrair o azar para a felicidade.

É o caso, por exemplo, do estudante depois de um exame, que prefere dizer em alto e bom som que errou tudo e que não está nem um pouco confiante, quando, no fundo, sabe que não foi tão mal e aguarda em segredo. Mas sustentar um discurso pessimista lhe parece ter vários benefícios: tanto ele como aqueles à sua volta não ficarão muito decepcionados se ele for reprovado; pensar que terá de refazer os exames no semestre seguinte será menos doloroso se já começar a se preparar; e, enfim, "nunca se sabe", animar-se rápido demais poderia ser malvisto pelos deuses...

Esse "pessimismo defensivo", estudado pelos cientistas[20], baseia-se em mecanismos hoje bastante conhecidos. O psicólogo americano Martin Seligman, pioneiro da pesquisa sobre o otimismo, elaborou um modelo muito empregado pelos psicoterapeutas: a teoria das atribuições[21]. Atribuímos a cada acontecimento da nossa vida características variadas e que dependem das circunstâncias. Podemos, por exemplo, considerar:

- que um sucesso se deve a nossos esforços (atribuição interna) ou à sorte (atribuição externa);

- que ele comprova o nosso valor como pessoa (atribuição global) ou que ele não prova nada além de nossa capacidade de ser bem-sucedido nesse tipo de tarefa (atribuição específica);
- que ele permite pensar que seremos novamente bem-sucedidos no futuro (atribuição estável) ou que não significa de forma alguma que seremos bem-sucedidos (atribuição instável).

No pessimismo, as atribuições tendem a ser sistematicamente tendenciosas, num sentido negativo, sejam quais forem os contextos. O que mantém nos pessimistas uma visão de mundo desconfortável e pouco operacional.

As atribuições psicológicas no pessimismo

Acontecimentos positivos ("consegui fazer algo")	Acontecimentos negativos ("fracassei em algo")
"Isso não vem de mim" (atribuições externas)	"Isso vem de mim" (atribuições internas)
"Isso não vai durar ou se repetir" (atribuições instáveis)	"Isso vai durar ou se repetir" (atribuições estáveis)
"Isso não significa nada" (atribuições específicas) (atribuições globais)	"Isso significa um monte de coisas e diz muito dos meus problemas"

Como o pessimismo entrava a felicidade

Pessimismo e felicidade não combinam bem por vários motivos...

- *O pessimismo estraga os bons momentos da vida*: faz com que não os aproveitemos de antemão (não há felicidade antecipatória) e que não nos alegremos com eles ou apenas o façamos no último momento e, ainda assim, com prudência e parcimônia. Logicamente: leva

a viver quase sempre entre a inquietação precedente e a antecipação da próxima.
- *O pessimismo não prepara para a infelicidade*, ao contrário do que argumentam os pessimistas ("ficarei menos decepcionado se isso não der certo"). Pois, se a infelicidade ocorre, mergulham nela com certo deleite e satisfação triste: "Eu sabia." E em seguida sofrerão tanto quanto os otimistas. Vários trabalhos mostraram a relação estreita entre pessimismo e risco depressivo[22].
- *O pessimismo se autovalida*: os pessimistas só guardam e lembram aos outros os momentos em que tiveram razão (às vezes acontece...). Em contrapartida, esquecem ou calam todas as suas previsões erradas (embora majoritárias). É o que também fazem, desde sempre[23], os videntes e astrólogos para convencer de suas competências: a cada verificação sistemática de *todas* as suas predições, o balanço é desastroso[24]. Veremos que o mesmo acontece com as predições dos pessimistas...
- *O pessimismo pode cansar os outros* e criar problemas relacionais. Eis o que me contava uma mãe de família a respeito dos diretores da escola de seus filhos: "O antigo diretor era muito competente, mas horrivelmente negativo. Sempre que íamos vê-lo para lhe pedir algo – sou representante de uma associação de pais de alunos –, seu rosto ficava sombrio e ele ia logo dizendo: 'Não vai ser possível.' Mesmo que depois fosse... O novo, igualmente competente, é muito diferente. Diante de um pedido, ele responde: 'Não posso prometer nada, mas vejamos o que dá para fazer.' Acabamos conseguindo as mesmas coisas de um e do outro, mas num clima bem diferente. É mais agradável conviver com o diretor atual, que dá a impressão de mais competência simplesmente por se mostrar mais construtivo: ele primeiro tenta ver se existem soluções

em vez de dizer logo de cara que elas certamente não existem..."

O que fazer para lutar contra o pessimismo?

- *Desconfie de si mesmo e cultive um pouco de humildade.* A maioria dos pessimistas acredita ser simplesmente lúcida, acha sempre que tem razão (é o que está subentendido na expressão inglesa: *sader but wiser*, "mais triste mas mais sábio"). E considera o otimismo uma forma doentia de ingenuidade. Veremos no próximo capítulo em que medida os fatos e a ciência psicológica costumam mostrar que estão enganados.
- *Só diga as coisas negativas ("não vai dar certo") uma única vez*: é inútil ficar repetindo. Pergunte-se, aliás, a cada vez, se vale a pena exprimi-las: os que o rodeiam estão tão acostumados que já nem dão importância. Refletir antes de resmungar... Trabalhão pela frente!
- *Verifique sistematicamente suas predições e leve em consideração o resultado delas*: se nove em cada dez vezes suas predições estiverem erradas, por que continuar? Pelo fato de que uma em cada dez vezes você tem razão?
- *Tente se concentrar na busca de soluções e não nos problemas e suas conseqüências.* Os pessimistas em geral não carecem de inteligência, mas podem cometer, sob efeito da tristeza que costuma ser seu humor básico, muitos erros de julgamento, como mostrou um grande número de pesquisas[25].
- *Pergunte-se o que é mais interessante: ser feliz ou ter razão.* No longo prazo, aos pessimistas resta apenas um motivo (muito ocasional, ademais) de satisfação ante os otimistas (que eles percebem claramente como mais felizes que eles): ter tido razão. Poder, de tempos

em tempos, dizer: "Bem que eu disse" é, no fim, sua única vantagem. Isso é suficiente para perseverar? E o custo do pessimismo não é alto demais em comparação com seus parcos benefícios (ter às vezes razão)?

SEM TEMPO PARA SER FELIZ...

Marc
"Quando penso naquilo... Hoje me custa reconhecer-me na pessoa que eu era: uma espécie de toxicômano da ação. Eu precisava sempre ter não só algo para fazer na hora, mas também no futuro. Quando via que um fim de semana próximo não estava preenchido com um projeto de festa, de saída cultural ou esportiva, tinha uma sensação de morte psíquica e social. Era uma velha história. Meus pais me contavam que quando eu era garoto, no domingo, logo cedo, eu pulava na cama deles perguntando o que a gente ia fazer naquele dia. Meu pai também era um pouco assim, mas eu o superei. Acho que naquela época nunca fiquei deitado numa praia ou espreguiçadeira durante as férias. Para mim, o paraíso era o Clube Med, com um monte de esportes e de atividades e a possibilidade de não ter um único instante desocupado... Depois, sofri um grave acidente de moto, fratura da bacia, meses deitado imóvel. Foi quando tive dois encontros incríveis: minha futura mulher, enfermeira do setor do hospital onde eu estava internado. E o repouso. Simplesmente ficar lendo, olhar pela janela as nuvens passando no céu, ouvir música... Depois da minha reeducação, eu tinha mudado. Envelhecido também, sem dúvida, mas tinha realmente refletido sobre toda a angústia e insatisfação que havia por trás de meu ativismo. Porque, na verdade, tudo aquilo também era um pouco para me impedir de pensar demais. No fato de que eu na verdade não tinha nenhum objetivo na vida, por exemplo, que estava afetivamente só. Além disso, minha futura mulher me modificou definitivamente. Ensinou-me a não fazer nada, ou a só fazer uma coisa por vez:

ouvir um disco sem necessariamente ler ou telefonar ao mesmo tempo. Quando a conheci, achava-a meio alternativa. Ela me colocava no parque da clínica e dizia: 'Não pegue nem seu jornal nem seu laptop, fique simplesmente olhando para as árvores, os esquilos, o céu, isso lhe fará mais bem...' Eu nunca fizera isso na vida! De repente, comecei a me sentir num estado estranho: feliz. E percebi que era algo que também acontecia pela primeira vez na vida. Antes, eu podia estar alegre, excitado, aliviado, contente... Mas não feliz. Entendi que a felicidade só podia existir com um mínimo de lentidão. E como a lentidão me dava medo... Tinha a impressão de que ela era a antecâmara do vazio. Mas era o contrário: são a hiperatividade e a precipitação que, na verdade, não levam a nada."

"A felicidade? Combinado, quando eu tiver acabado..."

"A felicidade, daqui a pouco..." parece ser o lema de um certo número de pessoas muito ativas. É verdade que existe uma felicidade da ação... Mas a ação deve servir para obter bem-estar e felicidade ou ser um fim em si mesma?

A maioria dos sujeitos "muito ocupados" extrai uma evidente felicidade da ação. Muitos são "catadores de sensações", sempre em busca de intensidade e de estimulação, as únicas coisas que lhes dão a sensação de existir; cometem freqüentemente o erro de negligenciar os demais tipos de felicidades. Outros são ansiosos, vítimas de um desejo inconsciente, mas reprimido, de controle sobre o meio (devido ao seu perfeccionismo). Outros, enfim, acumulam os dois perfis psicológicos.

Um dia atendi uma jovem hiperativa que sofria de doença ansiosa bastante grave. No final de sua terapia, já bem melhor, tínhamos abordado uma boa quantidade de detalhes (um provérbio alemão diz com muita razão: "O Diabo se esconde nos detalhes") de sua vida cotidiana, sobretudo seu modo de viver

Bons samaritanos com pressa demais...

Todos nós queremos crer que somos donos de nossos atos e de nossas decisões. Contudo, fatores tão triviais como a pressão do tempo (estar ou achar que se está atrasado) podem nos levar a trair nossos ideais...

Vocês conhecem a parábola do bom samaritano? Nessa famosa passagem da Bíblia (Lc 10, 30-37), Jesus celebra a pessoa que usa o seu próprio dinheiro para ajudar um desconhecido. Um dia, um homem que ia de Jerusalém a Jericó foi atacado, despojado e ferido por salteadores, que o deixaram semimorto na beira da estrada. Um sacerdote e um levita (tribo devotada ao serviço do templo) passam, mas não o socorrem. Chega então um samaritano (população desprezada pelos hebreus por serem descendentes de colonos babilônios) que o acode, cuida dele e o conduz a uma estalagem por sua conta...

Num clássico estudo da psicologia social[26], propuseram a estudantes matriculados no ensino religioso redigir uma homilia sobre o tema do bom samaritano. Deviam em seguida dirigir-se a um bairro vizinho para gravar sua homilia num estúdio.

À metade deles, sorteada ao acaso, foi dito que tinham o tempo que precisassem para ir até lá. A outra metade do grupo, pelo contrário, foi incitada a se apressar, sob a alegação de que já estavam atrasados. Quando os seminaristas se dirigiam à suposta sessão de gravação, encontravam no caminho, deitado no vão de uma porta, um homem tossindo e gemendo (era, evidentemente, um parceiro dos experimentadores). Como os estudantes iam reagir? Apenas 10% daqueles pressionados pelo tempo pararam para ajudar o desconhecido (contra 41% daqueles que pensavam ter tempo). Eram maus seminaristas? Não. Simplesmente achavam que estavam atrasados e estavam concentrados na sua tarefa: essas armadilhas do cotidiano tinham se mostrado mais poderosas que a sua vocação religiosa e suas sagradas leituras...

Moral da história: sejam quais forem nossos ideais (de bondade ou de felicidade), o turbilhão da vida pode nos levar a esquecê-los no meio do caminho...

as visitas de amigos em casa. Essas visitas ou convites eram para ela motivo mais de preocupações e de estresse que de prazer: tudo tinha de estar perfeito, a casa, a comida, a conversa, o entendimento entre os convivas... Fizemo-nos então perguntas muito simples: quando amigos são convidados para jantar, qual é a prioridade? Esgotar-se preparando até o último momento uma recepção perfeita? Ou relaxar enquanto eles não chegam para estar em forma quando aparecerem?

Isso foi, sem dúvida, objeto de um exercício terapêutico...

Por que os hiperativos têm dificuldades com a felicidade?

A resposta é simples: porque a felicidade não serve para nada.

E isso é difícil de suportar para os hiperativos. Gosto muito da anedota contada pelo filósofo Albert Memmi, no seu pequeno tratado *Bonheurs*: "Uma senhora conhecida minha costumava dizer: vou fazer a comida, depois comemos rápido, para poder ir fazer a sesta logo. E seu marido acrescentava: para poder morrer logo."

Quando, em geral na idade madura, eles se colocam a questão crucial: "Para que serve a vida?", muitos hiperativos são afetados pela síndrome do "se eu soubesse". O ex-Beatles John Lennon dizia numa entrevista: "A vida é o que passa enquanto você faz projetos."

O que fazer para não esquecer a felicidade?

- *Simplesmente, dar-se o tempo de refletir.* Pensar (ou repensar regularmente) nas prioridades. A hiperatividade tem como principal inconveniente (e vantagem), em geral inconsciente, impedir de pensar e refletir no que queremos fazer da nossa vida.

CONSTRUIR A FELICIDADE

Luc
"Tive uma depressão ligada à sobrecarga. E naquela hora percebi que vivia de maneira absurda: como um monte de fibras musculares dotadas de um único neurônio. Estímulo-resposta, estímulo-resposta... Acostumamo-nos a reagir como um robô às solicitações do meio. Depois esquecemos por que vivemos daquele jeito e atrás do que estamos correndo. Afinal, para que trabalhamos como loucos?"

- *Programar experiências de soltar as rédeas.* Em terapia, recomendamos a muitos pacientes aprender a não fazer nada, ou melhor, a nem sempre *fazer* algo: não ligar o rádio assim que entram no carro, ou a música (pior, a televisão) assim que entram em casa; nem sempre ler nos momentos de descanso, mas olhar para o teto, ou para o céu e para as nuvens pela janela. Não encher os fins de semana ou as férias com uma maratona de atividades. Também lhes ensinamos a delegar e deixar que os outros façam, no trabalho ou em família, mesmo que esses outros não façam tão bem – na opinião deles – quanto eles teriam feito.

Lembro-me de um dia ter pedido a uma de minhas pacientes, à guisa de exercício terapêutico, que deixasse seus filhos prepararem todo um almoço dominical, o que ela nunca fizera "por causa da quebradeira e da bagunça". Para sua grande surpresa, acabou dando tudo certo. E, sobretudo, sentiu prazer em não fazer nada e deixar que a servissem: para isso, teve de aceitar de antemão um pouco de louça quebrada e sabores duvidosos. Mas o simples fato de ter falado a respeito em consulta fora suficiente.

Terminada a sua terapia, esta mesma paciente me contou de que maneira, agora que estava melhor, passou a ver as mil e uma cenas cotidianas em que o preenchimento e a pressão frenéticos causam estragos: "Quando levo meus filhos para brincar no tanquinho de areia, percebo agora os pais que estimulam os filhos em demasia, que os incitam a *aproveitar* mais ainda o jogo (vai, a bolinha, pega a bolinha...), o espaço de brinquedos (escorrega no escorregador, por que você não escorrega no escorregador?), os amiguinhos (por que você não brinca com os outros, em casa você sempre reclama que está sozinho...). Percebo que eu também era assim. É estranho. Depois de um tempo, não nos damos conta de que conseguimos o resultado oposto ao que buscamos: não tornamos nossos filhos felizes, colocamos pressão neles..."

IRRITAÇÃO, RAIVA E OUTRAS EMOÇÕES HOSTIS

As emoções negativas são velhas conhecidas dos psicoterapeutas. Ocupam toda a consciência de certos indivíduos, nos quais estão associadas a uma visão de mundo particularmente pesada. Existe toda uma gama de emoções hostis: reclamar, ironizar, enfezar-se, detestar, agredir... A resultante disso é um negativismo geral: qualquer proposta é motivo de discussão, diz-se não antes mesmo de pensar, soltam-se previsões pessimistas num jorro ininterrupto, reclama-se diante do menor contratempo. Sofre-se de uma incoercível necessidade de criticar os outros...

"Divirto-me observando o gênero humano... Outro dia, estava olhando da janela da minha casa dois caras jogando uma partida de tênis. Eles com certeza estavam convencidos de que jogavam bem, eles se esforçavam, se levavam a sério. Mas eram ridículos, aquelas duas nulidades, ruins, duros, patéticos no seu esforço para fazer o que acreditavam ser belos gestos. Cuidado: as mulheres não levam nenhuma vantagem em relação aos homens no plano da idiotice, da presunção, da ilusão estúpida. Quando vejo todos esses tribufus que se acham bonitas, dou risada... Todas essas mulheres que se vestem como lhes ordena a moda, que se acham parecidas com o que vêem nas suas revistas e que, na verdade, parecem simplesmente umas barangas estúpidas e espoliadas. Enganadas por fotos que mostram garotas com vinte anos e vinte quilos a menos que elas.

As pessoas são uma nulidade. Todas... Ontem de manhã, fui obrigado a ir ao correio retirar um pacote. Corri para chegar cedo, antes de sair para o trabalho: já tinha uma fila de espera incrível, e só de aposentados, hordas de vovôs e vovós! Às oito da manhã! Eles não têm porcaria nenhuma para fazer o dia inteiro, mas vão nos únicos horários possíveis para aqueles que dão duro. Como se não bastasse, eles não entendem nada, cada um ocupa um guichê durante quinze minutos. Sem falar daqueles que tentam furar fila e passar na frente de todo o mundo com o pretexto de que são velhos e que têm dor nas pernas. Nem falo daqueles funcionários atrás do balcão, aquele bando de incompetentes, cada vez que vão buscar um troço nos fundos, são outros quinze minutos. Eles tomam seu tempo. E somos nós que pagamos!

O gênero humano é patético. A feiúra, a idiotice, a má-fé, a esperteza... estamos cercados!"

Esta fala e outras desse tipo me foram ditas por Philippe, um de meus pacientes. Viera me consultar por uma grave fobia social e em seguida, quando já estava bem melhor, pedira que eu o ajudasse no plano da sua inaptidão para usufruir da vida. Educado por um pai muito negativo e que o desvalorizava sistematicamente, bem como ao gênero humano como um todo, herdara, infelizmente, o mesmo olhar sobre o mundo: estava permanentemente habitado por uma amargura da qual ele era a primeira vítima.

A tentação das emoções hostis

Essa "emocionalidade negativa" pode ser ocasional e afetar qualquer um de nós, pois evolui paralelamente ao nível de estresse: quanto mais estamos sob pressão, mais corremos o risco de dirigir um olhar crítico aos nossos semelhantes.

Mas, quando ela é um estilo habitual, costuma estar ligada a um mal-estar pessoal profundo, que em geral emana de pessoas infelizes. Lembro-me de um de meus avós, que, quando alguém o incomodava, tinha o reflexo de dizer: "Ele deve ser bem infeliz para se comportar assim."

Esse mal-estar pode provir de várias fontes: falta de autoestima, angústia, insegurança, vulnerabilidade, ciúmes, inveja... Em suma, nada de muito confortável ou agradável para a pessoa afetada. Jules Renard escreveu: "É o homem que sou que me torna misantropo." Não é preciso ir buscar muito longe os motivos da amargura dos resmungões: ela reside na insatisfação deles consigo mesmos.

Um estilo emocional hostil caracteriza-se também pela tendência, ante uma dificuldade, de procurar culpados em vez de soluções. Tem-se então o reflexo do "De quem é a culpa?", lá onde seria melhor dizer "O que a gente vai fazer agora?". Esse reflexo pode aparecer muito cedo.

> Clélie, quatro anos, era conhecida na sua família por brigar com os outros em caso de dificuldades: se o zíper da sua capa emperrava, era certamente por culpa do irmão que a irritara ou da mãe que a apressara para ir para a escola; se tivesse perdido um brinquedo, era porque a irmã o tinha pegado e não tinha posto no lugar de novo...

As emoções hostis poluem o bem-estar e prejudicam o vínculo social

As emoções negativas têm um inconveniente imediato: a poluição muito rápida do bem-estar. É difícil sentir-se bem sentindo ressentimento ou raiva... Mas essas emoções hostis são também um entrave para o aparecimento posterior de emoções positivas: sua permanência e a perturbação duradoura que criam acabam fazendo com que ocupem todo o espaço psicológico possível.

Elas têm inconvenientes também no longo prazo: a cultura – em parte involuntária – de uma visão de mundo pouco benevolente quase não é compatível com uma felicidade duradoura. Pois esta última está em grande parte ligada à prática de um mínimo de tolerância, como não deixam de nos lembrar os filósofos. Por outro lado, o negativismo, sob a forma de uma intolerância ao outro, de uma alergia aos defeitos dos outros, leva à perda do vínculo social, tão útil para a felicidade. E a exclusão social vai, ela mesma, alterar a capacidade de tomar distância e utilizar a inteligência[27]...

Caroline
"Uma amiga minha, com quem cortei relações, passava o tempo falando mal das pessoas. Era sempre negativa. Às vezes, o que ela dizia dos outros era verdade, outras vezes engraçado, mas eram sempre críticas. Um dia em que eu estava cansada, ela me telefonou e, depois de meia hora, percebi que ela tinha passado o tempo todo denegrindo todas as pessoas de quem tínhamos falado. Disse isso a ela, talvez de uma maneira um tanto seca, mas ela não gostou nada e começou a me insultar. Desde então não nos falamos mais. Suponho que agora ela deva falar mal de mim com outras pessoas. Refletindo sobre isso, acho que ela precisava das infelicidades e defeitos dos outros. Não para se alegrar com isso, não acho que isso lhe dava prazer, mas para se alimentar. Devia ser algo que a tranqüilizava em relação a si mesma e a suas próprias imperfeições..."

O que fazer para lidar com as emoções hostis?

- *Renunciar ao melhor dos mundos.* No começo, os negativistas costumam ser idealistas que esperariam de seus semelhantes perfeição, ou ao menos coerência, nos seus comportamentos. Decepcionados, caem com freqüência no ressentimento e no cinismo. Costumam, aliás, ser pessoas decepcionadas consigo mesmas.

- *Vigiar-se em situação de estresse.* Vimos que o nível de emocionalidade negativa era proporcional ao nível de estresse. Sabê-lo permite dar prioridade à pergunta: "O que está acontecendo comigo hoje? Por que estou de tão mau humor?" antes de praguejar: "Mas o que deu em todos esses imbecis para dirigirem como idiotas?" Um de meus pacientes escolhera como objetivo de terapia conseguir sentir em relação a seus semelhantes apenas "benevolência ou indiferença". Tinha observado que, quando estava emocionalmente bem, seu olhar sobre o mundo oscilava entre esses dois pólos. E concluíra, com muita razão, que as emoções hostis não provinham dos outros, mas de seu próprio nível de estresse...
- *Repensar as próprias emoções hostis em termos de finalidade e fazer as perguntas certas*: o que me trazem minhas reclamações, minhas irritações, minhas raivas? Elas me fazem bem? Servem para mudar o que me incomoda? Então, poderia fazer outra coisa que fosse útil? Isso não significa desistir de agir ou de exprimir seu descontentamento. Significa simplesmente considerar este último um sinal que chama a atenção para um problema: penso nele, ajo, depois passo para outra coisa... Em suma, trata-se de perguntar se preferimos julgar ou viver.
- *"Não zombar, não chorar, não detestar, mas compreender."* Essa bela fórmula de Espinosa é, por si só, todo um projeto de trabalho. Cuja colocação em prática dá aparentemente frutos, a julgar pela seguinte anedota, contada por Cioran: "Um dia perguntam a Fontenelle, quase centenário, como ele conseguiu ter apenas amigos e nenhum inimigo. – Segui dois axiomas: tudo é possível e todo o mundo tem razão."[28] Renúncia ou tolerância? Seja como for, bom ponto de partida para modificar o olhar que se tem do mundo...

CONSTRUIR A FELICIDADE

AS TRÊS DISTÂNCIAS QUE O SEPARAM DA FELICIDADE

Três fossos[29] podem explicar a sua dificuldade para se sentir feliz:
- uma distância grande demais entre a sua felicidade passada e a sua felicidade presente;
- uma distância grande demais entre a felicidade dos outros e a sua;
- uma distância grande demais entre a sua felicidade sonhada e a sua felicidade real.

Saudade e arrependimentos: "O homem exilado de sua felicidade..."[30]

Lise
"Só tenho imagens de felicidade da minha infância. Mas, a partir da adolescência, já não tenho. Apenas bons momentos, pequenos prazeres. Minha vida não é desagradável, mas não posso dizer que seja feliz. Muitas vezes sinto saudades ao ver crianças brincando: elas parecem ter acesso ao que eu não terei nunca mais..."

Henri
"Desde a morte da minha mulher, há seis anos, já não consigo voltar a viver. Não estou deprimido, estou simplesmente infeliz. As imagens de outrora, quando minha mulher estava viva, me assaltam e me fazem sofrer. Minha felicidade passada me deixa profundamente triste, pois sei que está perdida para sempre..."

Pode-se lastimar as felicidades que perdemos ou que não soubemos aproveitar. Pode-se ter saudades daquelas que conhecemos em outros tempos. Portanto, para alguns de nós, o passado seria apenas fonte de sofrimentos? Uma paciente me dizia um dia: "Fui feliz e deixei de ser. E acho que teria preferido nunca ter sido feliz, pois o sofrimento de nunca ter conhecido a felicidade é menor do que o de tê-la perdido."

Toda experiência de vida pode ser motivo de saudades e de arrependimentos, mas mais especificamente aquelas que trazem, ou supostamente trazem, felicidade: amor, amizade, ser pai ou mãe. Descreveu-se, por exemplo, a "síndrome do ninho vazio" ou "nostalgia materna patológica" para designar um quadro psicológico particular, feito de nostalgia da função parental (e não de verdadeira depressão) depois da saída dos filhos de casa: os pacientes, em geral mães, ressaltam então a perda dos instantes de felicidade ligados à vida familiar. O que parecia banal (refeições em comum, efervescência dos domingos em família) ou até irritante (brinquedos ou roupas largados por toda parte) aparece retrospectivamente como valorizado e maravilhoso. E sobretudo irremediavelmente perdido e, é claro, insubstituível. Se você é um desses pais que só tomam consciência da felicidade familiar quando os filhos estão ausentes e fica vagando pelo quarto deles, então você talvez seja um(a) candidato(a) a essa nostalgia parental patológica.

A saudade parece ser inerente à condição humana. Uma teoria interessante a esse respeito foi desenvolvida pelo psicanalista inglês Michael Balint, com sua teoria da "falha básica"[31]. Todos guardaríamos dentro de nós a lembrança inconsciente de nossos primeiros momentos de vida sob a forma da "imagem primitiva de um mundo onde existe uma harmonia total entre o indivíduo e seu meio, onde o indivíduo não se preocupa com nada e não tem como saber onde ele termina e onde começa o mundo externo". E estaríamos, portanto, condenados a viver com a permanente tentação da nostalgia. Donde a frase do poeta Jules Laforgue: "A felicidade não tem presente, somente um passado e um futuro." A felicidade imobilizada entre sonho e saudade...

Muitas vezes, contudo, a saudade é apenas uma justificativa para a incapacidade de ser feliz no presente. Os saudosos raramente foram pessoas tão felizes quanto querem fazer crer (e crêem elas mesmas). Como dizia ironicamente a esposa de um aposentado nostálgico: "Feliz, você, antigamente? Parece brincadeira! Você reclamava o tempo todo, queixava-se de tudo, das crianças, do trabalho, dos problemas!" O verdadeiro problema da nostalgia é que, na verdade, ela é mais uma expectativa (de uma felicidade por vir) que um arrependimento (de uma felicidade passada). Mas, por falta de uma reflexão mais profunda, essa expectativa é passiva, como nota Saint-Exupéry: "A nostalgia é o desejo de não se sabe o quê." É por isso que é maior o risco de sofrer de nostalgia patológica caso não se tenha projetos de vida aos quais aderir plenamente. E talvez também projetos de felicidade...

Para que a lembrança da felicidade ainda seja felicidade, que outra solução, senão voltar a se concentrar na construção de nossas felicidades presentes?

Eis algumas frases de pacientes a esse respeito: "Tento dizer para mim mesmo que as felicidades passadas me fizeram bem. Que lembrar-se delas ainda é felicidade", "Eu não estava pronto para aquelas felicidades, não adianta lastimá-las", "Tento tirar lições do passado: o que posso aprender delas para ser mais feliz hoje? Que erros cometi que agora é melhor evitar?", "Digo para mim mesmo que os arrependimentos e a saudade são apenas obstáculos a mais para essa felicidade que já tenho tanta dificuldade de conseguir".

Inveja: a distância entre si mesmo e os outros

"Se quiséssemos apenas ser felizes, seria fácil. Mas queremos ser mais felizes que os outros, e isso é quase sempre difícil porque achamos que os outros são mais felizes do que realmente são." Essa observação de Montesquieu lembra-nos o quanto a inveja da suposta felicidade alheia pode ser um obstáculo para a nossa.

Anne-Marie

"Sou uma invejosa. Sempre preciso verificar se os outros não têm mais que eu. Mesmo se o que tenho é conveniente para mim, minha felicidade se perde se alguém próximo tiver mais: se minha irmã parecer mais feliz que eu etc. Sofro de comparação doentia, isso estraga a minha vida, destrói todas as minhas felicidades... Se tiver de suportar que eu tenha Um e que alguém tenha Dois, prefiro que ambos tenhamos Zero. Por exemplo, com minha irmã, quando éramos crianças, quando brigávamos por um objeto, eu preferia chorar para que meus pais interviessem e o confiscassem das duas a vê-la conseguir pegá-lo... Acabei entendendo que a felicidade dos outros não me tirava nada, que não era como as fatias de um bolo. Mas precisei de anos para chegar até isso. É preciso sempre estar vigilante, pois a mordida da inveja desperta regularmente em mim..."

A felicidade em geral padece das comparações. Por isso, a inveja pode ser um de seus grandes obstáculos. Ela se define pelo desejo de possuir o que outros têm. Como emoção, a inveja não é nem boa nem má. De qualquer forma, seu aparecimento é praticamente incontrolável. Tudo vai depender, na verdade, das atitudes que vamos adotar em seguida em relação a ela: inveja hostil ("por que esses idiotas são mais felizes do que eu?"), inveja depressiva ("por que sou tão incapaz de sentir felicidade?") ou inveja emulativa ("como é que as pessoas felizes fazem e como me inspirar nelas?").

Todos os esforços das pessoas vítimas de inveja, além de procurar entender por que se tornaram suas vítimas, devem tender para este fim: assumir a inveja (não adianta ter vergonha), compreendê-la e buscar soluções construtivas (e não ficar remoendo-a ou querendo prejudicar o outro). Para aprender a jugular uma inveja doentia, deve-se fazer sempre duas perguntas. Uma no curto prazo: como resolver esta situação? A outra no longo prazo: o que fazer a partir de hoje para me tornar menos invejoso(a) no futuro?

◆

CONSTRUIR A FELICIDADE

Idealopatia: a distância entre sonho e realidade

Inès

"Sou sempre mais feliz na minha cabeça, pensando as coisas, do que vivendo-as. Nos meus sonhos, tudo é sempre mais belo. É um problema meu ou de todos os seres humanos?"

É sempre mais fácil imaginar a própria felicidade do que construí-la, ou mesmo vivê-la. É o problema dos sonhadores

---

Felicidade e comparações

"Felicidade: agradável sensação que nasce da contemplação da miséria alheia." Em seu *Dicionário do diabo*[32], o americano Ambrose Bierce solta essa definição pessimista da felicidade. Dizia também sobre a infelicidade: "Há infelicidades de duas categorias: infortúnios para si mesmo, golpes de sorte para os outros", o que permite ver que sua visão de mundo era coerente, embora pouco alvissareira.

A felicidade pode sofrer de dois tipos de comparações: para cima e para baixo. Nas comparações para cima, compara-se de preferência a própria felicidade com a dos próximos: não nos comparamos com desconhecidos ou com pessoas inacessíveis. Contudo, esse risco aumenta quando os ricos e famosos revelam sua intimidade (as páginas das revistas de fofocas): aproximando-se de seus admiradores, revelando que eles são "gente como a gente", as celebridades correm o risco de suscitar mais ciúmes e sobretudo insatisfação. Por isso o prazer incômodo dos leitores das revistas de fofocas que verificam que também os ídolos sofrem de infelicidades: doenças, divórcios, suicídios, alcoolismo... As vantagens deles se tornam menos insolentes.

Nas comparações para baixo, compara-se a própria felicidade com a dos próximos, mas também com a de desconhecidos. Isso tranqüiliza, "Não somos os mais infelizes", sem por isso ficar feliz...

(ao menos daqueles que não agem em seguida), dos insatisfeitos ("esta felicidade é o máximo que se pode esperar?") e dos ansiosos ("isto vai durar?").

Os filósofos, contudo, nos lembram que a felicidade não pode se limitar à satisfação de nossos desejos. Talvez seja exatamente o contrário. Nesse sentido, muitos foram os que pregaram a renúncia aos desejos que não dependem de nós, e sobretudo à esperança de realizá-los: "A esperança não passa de um charlatão que nos engana o tempo todo; e, para mim, a felicidade só começou quando a perdi" (Chamfort). Será preciso então desistir de ter esperanças para ser feliz, como propõe André Comte-Sponville com sua fórmula: "A felicidade, desesperadamente"? Para alguns, até, há mais felicidade em *esperar* a felicidade do que em *alcançá*-la.

Quais as soluções? Ao falar dos benefícios do tratamento analítico, Lacan dizia: "A cura virá como benefício adicional", para dizer que essa não era a primeira preocupação dos psicanalistas (ao menos de alguns deles). A frase era contestável no que concerne à cura. Mas pode ser transposta para a felicidade. Portanto, um conselho para os idealopatas (as pessoas cuja doença é seu idealismo): vivam agora e a felicidade virá como benefício adicional... Em todo caso, eis algumas palavras de pacientes: "Acabei entendendo – e aceitando – que a felicidade é incontrolável: somente suas condições são controláveis, e olhe lá...", "Dizer para si mesmo que o desejo de felicidade não deve se transformar em necessidade ou mesmo em obsessão da felicidade", "Aceitar as felicidades imperfeitas: dizer para isso mesmo que não está tão mal, que quem sabe da próxima vez...", "Não existe apenas felicidade na vida!".

CONSTRUIR A FELICIDADE

> **Ideais, sorrisos e medalhas olímpicas**
>
> Durante os Jogos Olímpicos de 1992 em Barcelona, pesquisadores gravaram vídeos dos pódios onde os três primeiros de cada prova iam receber suas medalhas de ouro, prata ou bronze[33]. Em seguida, enquadrando apenas os rostos de cada atleta, apresentaram-nos para a avaliação de observadores que não estavam a par dos resultados. Supunham que os primeiros colocados pareceriam mais felizes que os segundos, que por sua vez pareceriam mais felizes que os terceiros. Mas constatou-se claramente que a maioria dos terceiros tinha um ar nitidamente mais feliz com sua medalha de bronze que os segundos com sua medalha de prata. Com efeito, mais que na sua performance em termos absolutos, os segundos pensavam no primeiro lugar que lhes escapara e nos seus sonhos desfeitos (comparação para cima). Ao passo que os terceiros diziam para si mesmos que, afinal, poderiam não ter ganho nada (comparação para baixo)...

DO BOM USO DA QUEIXA

"A dor é sempre menos forte que a queixa."
Jean de La Fontaine

Lola

"O colega com quem divido meu escritório é um ranheta lamuriento. Resmunga e se queixa do começo até o fim do dia. Está sempre 'cheio, cheio, cheio' de alguma coisa... Um pouco chato, mas boa pessoa. Recentemente, fizemos um curso de capacitação sobre não lembro mais que tema de recursos humanos. Num certo momento, o coordenador disse uma frase do tipo: 'Os ranhetas são uns *loosers*...'.

Olhei discretamente para o meu colega e vi que ele tinha começado a escutar atentamente. A cara dele estava engraçada. Na minha opinião, ele levou um susto, sobretudo porque naquela época estava havendo um enxugamento na nossa empresa com muitas demissões. E era melhor não ser considerado um *looser*... Meu colega voltou a me falar daquele curso várias vezes. E acho que a partir de então começou a refletir sobre o que fazia inconscientemente quando reclamava do começo até o fim do dia.

Por enquanto, parece um milagre, ele resmunga bem menos, já não se queixa o tempo todo..."

Todo tipo de queixas...

O que é uma queixa? Um protesto contra a infelicidade percebida, quando ela é sentida como uma injustiça, uma anomalia do destino. A Bíblia abunda em queixas daqueles que não entendem nem aceitam que Deus tenha escolhido deixar uma margem de manobra para o homem, e portanto confrontá-lo com a infelicidade. Podemos pensar em Jó, é claro, homem justo e piedoso, que Deus deixa Satã esmagar e arruinar (donde a expressão "pobre como Jó") para pôr sua fé à prova. Mas há também o profeta Jeremias – que deixou seu nome para as jeremiadas –, a quem outrora se atribuía o livro das Lamentações, pranteando a tomada de Jerusalém e a destruição do Templo.

Manejada com humor, a queixa às vezes é saborosa. Lembro-me de um jesuíta, conhecido dentro de sua comunidade por suas queixas e recriminações permanentes, mas também por ser engraçado. Nos dias de bom humor, respondia à pergunta: "Como vai você?" com um malicioso: "Bem, não tenho nenhuma razão para *não* me queixar..."

Destinada a chamar a atenção do outro para as nossas dificuldades a fim de obter alguma ajuda, emocional ou material, a queixa, de pontual pode se tornar habitual, e nesse caso traduzir um estilo de relação com o mundo: mostra que nos percebemos como vítimas de uma injustiça ou de uma falta de sorte recorrente.

As queixas podem ser externas (dirigidas a alguém, que escuta ou não escuta), mas também internas. "Não é porque não digo nada que não me queixo na minha cabeça", contava-me um dia uma paciente. Um monólogo interior alimentado de queixas certamente deixa apenas pouco lugar para os sentimentos de felicidade[34].

Sou infeliz, por isso me queixo, ou queixo-me, por isso sou infeliz?

Dois grandes inconvenientes decorrem da queixa.

A queixa repetida induz uma vitimização. Traduz uma visão da vida em que a pessoa se sente constantemente vítima: dos outros, da sociedade ou do destino. A queixa, como

---

Queixa e psicoterapia

Os limites da "psicoterapia mole" (esses *psis* que se contentam em escutar as queixas de seus pacientes, às vezes durante anos, meneando a cabeça) são hoje cada vez mais conhecidos. No seu trabalho, *La Fin de la plainte* [O fim da queixa], o psicanalista iconoclasta François Roustang denuncia seus abusos e sublinha com fineza a natureza da queixa patológica: "Ela não respeita a dor e o penar justos, envolve-os de um acréscimo. [...] Mas, por durar, ela logo se torna uma fixação repetitiva que alimenta o desalento em vez de terminar com ele."

Longe de mim a idéia de que não se deva queixar-se a um terapeuta: para pessoas isoladas ou que têm dificuldade de falar de si mesmas (por vergonha, culpa ou simplesmente por falta de costume), a *talking cure* ("cura pela palavra") permite uma autêntica libertação. Mas, passada uma primeira etapa, comprazer-se na queixa pode reforçar uma visão de mundo errônea, não incita a modificar os comportamentos, e sim a pensar que se tem razão etc.

estilo habitual de reação às dificuldades, traduz uma expectativa desmedida de ser levado em conta, ser escutado pelo outro. Nas famílias numerosas, os choros dos caçulas têm freqüentemente por objetivo fazer os pais intervirem para restabelecer a ordem. Mais tarde, os adultos esperam da queixa que ela possibilite, se não uma punição dos maus ou uma reparação dos sofrimentos, ao menos um reconhecimento das injustiças percebidas.

Outro inconveniente da queixa sistemática é induzir passividade e inação diante dos problemas. Significa muitas vezes a expectativa de uma intervenção externa – ou a desolação pelo fato de essa intervenção ser impossível.

O que fazer com a vontade de se queixar?

- *Considerar as dificuldades com que deparamos como problemas a resolver e não como injustiças que nos atingem.* Sempre que for possível, é interessante nos posicionarmos como atores de nossa existência, e não como vítimas dos acontecimentos.
- *Lembrar-se que a queixa deve iniciar a resolução do problema e não substituí-la.* A vontade de se queixar, aos outros ou a si mesmo, deve sistematicamente ser objeto de algumas perguntas: "Isso é útil para mim?", "Isso me faz bem?", "Isso leva os outros a me reconfortarem ou a me ajudarem?" De modo ainda mais prosaico: "Devo começar a me queixar ou nem começar?", e também: "Quando devo parar?"

O objetivo desses esforços? Simplesmente chegar a "já não suportar que a queixa exceda o padecer"[35].

A arte da queixa...

Queixa adaptada	Queixa nociva
Pontual	Crônica, habitual
Prepara para a busca de solução	Basta-se a si mesma
Apenas quando há dificuldades	Persiste por muito tempo após as dificuldades
Alivia	Não alivia, até agrava
Leva em conta a disponibilidade e as capacidades de escuta do interlocutor	Não leva em conta a disponibilidade e as capacidades de escuta do interlocutor
Limitada (queixa sobre os fatos)	Generalizada (queixa de destino)

PREPARAR O RETORNO DA FELICIDADE...

> "Infelicidade: um pouco mais que uma preocupação comum, e que nos lembra fortemente que as engrenagens desta existência não estão sob o nosso controle."
>
> Ambrose BIERCE

"A infelicidade? Não tem jeito, temos de nos haver com ela...", dizem-me às vezes alguns pacientes resignados.

Haver-se com... Às vezes, não temos escolha. Mas evitemos confundir a infelicidade *situação* (com a qual é efetivamente preciso se haver) com a infelicidade *concepção* ou a infelicidade *construção*. É possível não tornar a si mesmo mais infeliz do que o tanto que a vida nos impõe.

O objetivo disso não é se sentir feliz apesar de tudo e aconteça o que acontecer, mas, diante da adversidade, não se deixar abater, lutar contra o sentimento de infelicidade e suas metástases, diminuir pouco a pouco o espaço reservado para a tristeza...

Trata-se, em suma, de preparar o retorno da felicidade. E o preceito de Aristóteles: "O sábio não aspira ao prazer, mas à ausência de sofrimento" é apenas uma primeira etapa. Pois limitar a infelicidade ainda não é criar felicidade...

Capítulo 8

CULTIVAR E PROTEGER A FELICIDADE

> "Caso alguém construísse a casa da felicidade, o maior cômodo seria a sala de espera."
>
> Jules RENARD

Você deseja se aproximar da felicidade?

Nesse caso, a primeira pergunta a ser feita é: existem "receitas de felicidade"? Utilizo intencionalmente a palavra *receita*, tão denegrida em psicologia. Uma receita é um conjunto de conselhos destinados a permitir que atinjamos um objetivo. Os dicionários são ainda mais precisos: "Um procedimento particular para ser bem-sucedido numa operação doméstica."[1] Estamos sempre recorrendo a receitas, a "truques" para nos ajudar no dia-a-dia. Devemos vê-las apenas como uma maneira de organizar nossos esforços, de nos aproximar o máximo possível de um resultado almejado.

Em matéria de felicidade, as receitas só são nocivas se forem entendidas como garantias infalíveis ("isso sempre funciona") ou obrigações ("só isso funciona"). Essa percepção depende mais da maneira como elas são oferecidas do que de seu conteúdo propriamente dito. É por isso que os preceitos de um guru ("quer se curar? O caminho é este") são de natureza diferente da dos conselhos de um terapeuta ("tente fazer assim e vamos ver se isso ajuda"): os primeiros são verdades reveladas, os segundos, propostas a serem avaliadas.

As "receitas de felicidade" são, evidentemente, apenas propostas, mas são úteis para quem se interessa pela felicidade: contam-lhe de que maneira alguns se tornaram mais felizes ao utilizá-las. Devem, ademais, ser escutadas com prudência: nada garante que elas nos convirão. Por outro lado, como vimos, são apenas degraus, e apenas facilitam a vinda da felicidade.

A segunda pergunta diz respeito ao interesse que pode haver numa vontade global, num "plano de felicidade", como aquele de que falava Mirabeau numa carta ao seu amigo Vauvenargues em 1738: "Não é próprio de um filósofo, meu caro amigo, viver cada dia sem se preocupar com o amanhã. Como é possível, meu caro, o senhor que está continuamente pensando, estudando, para quem não há nada além do alcance de suas idéias, e o senhor não pensa um momento sequer em elaborar um plano fixo voltado para o que deve ser o nosso único objetivo: a felicidade?"[2]

Deve-se fazer da busca da felicidade a prioridade da existência? E, nesse caso, quanta energia dedicar a isso? Há duas atitudes possíveis: desistir ou tentar (aliás, com algumas variantes: desistir criticando aqueles que tentam, ou tentar criticando os que desistem).

CONSTRUIR A FELICIDADE

Tendo decidido tentar, existem várias estratégias para esses "planos de felicidade", perceptíveis desde o enunciado de seu método. As palavras fazem muita diferença: vamos falar de "busca da felicidade" (que supõe podermos não encontrá-la) ou de "demanda" (mais mística e encarniçada)? De sua perseguição, ou até da "caça da felicidade", conforme a expressão de Stendhal? Ou ainda de "conquista da felicidade" (guerreira e voluntarista) como o prêmio Nobel Bertrand Russel[3], ou de uma "arte da felicidade", como o Dalai-Lama[4]?

Esta última formulação é sem dúvida a mais feliz de todas, pois apreende melhor o movimento que caracteriza a abordagem da felicidade: como a criação artística, a felicidade é fruto de um misto de esforços e de revelações, de reflexão e de intuição, de controle e de entrega, sem nenhuma certeza de que a graça de um determinado momento continuará presente no dia seguinte...

Evocamos ao longo de todo este livro as várias direções possíveis para amplificar a felicidade (as "receitas"). Eis, para concluir, alguns elementos a mais para organizar a ação (o "plano").

DECIDIR-SE PELA FELICIDADE

> "É preciso querer ser feliz e empenhar-se nisso. Se ficarmos na posição do espectador imparcial, deixando apenas entrada para a felicidade e as portas abertas, quem entrará será a tristeza."
> ALAIN

Paul
"Antes, eu esperava a felicidade, agora, construo-a. Minha mãe morreu quando eu tinha seis anos. Meu pai estava sempre muito ocupado com seu trabalho, nunca esteve disponível para minhas irmãs e para mim; ele mesmo certamente era muito in-

> **Um plano de felicidade ideal,
> proposto pelo príncipe de Ligne**
>
> A incrível onda, no século XVIII, de tratados dedicados à felicidade legou-nos algumas obras saborosas. É o caso do programa, antiquado mas tocante, de um dia feliz segundo o príncipe de Ligne: esse marechal do Império austríaco, perfeito representante da nobreza européia cosmopolita de seu século, deixou uma obra escrita em francês, língua das elites da época. Seu programa de felicidade comportava seis rubricas[5]:
>
> "Ao acordar, é preciso dizer para si mesmo: 1) Posso agradar a alguém hoje? 2) Como eu poderia me divertir? 3) O que terei de almoço? 4) Conseguirei me encontrar com um homem amável ou interessante? 5) Parecerei alguém assim para a sra. Fulana de Tal que muito me agrada? 6) Antes de sair, lerei ou escreverei alguma verdade nova, picante, útil ou agradável? – e, em seguida, realizar estes seis pontos se possível."
>
> Mas o método também estava programado para o longo prazo:
>
> "Reservar dois dias por semana para fazer o balanço de nossa felicidade. Examinemos nossa existência. Estou bem de saúde... Sou rico, tenho uma posição, sou bem considerado, gostam de mim ou me estimam... Sem essa recapitulação, estragamos a nossa feliz condição."

feliz, e, de qualquer forma, pouco dotado para a felicidade. Eu era uma criança muito ansiosa, perdida na vida, sem fio condutor, nem lógica, nem regras de vida. Quando adolescente, estava convencido, como muitos, de que morreria jovem.

Depois, aos trinta anos, me vi casado, com filhos. E ainda incapaz de aproveitar a vida, mergulhado em minhas preocupações e vontades, nem estabilizado, nem feliz. Tive várias crises graves com minha mulher. Comecei a refletir. Até então, eu esperava a felicidade, ela vinha, ela ia embora. Num certo momento, entendi uma coisa boba: não punha nenhum esforço nisso. Brigava no trabalho, fazendo disso um esporte ou para o conforto material da minha família. Mas não fazia nada para a minha felicidade: nenhuma reflexão, nenhum método, nenhuma coerência. Nada.

Pois bem, só entender isso já foi suficiente para começar a mudar. Tomar consciência de que a felicidade é importante, tomar a decisão de dedicar esforços a ela, reservar o tempo necessário para alcançá-la: tudo isso funcionou no meu caso..."

Esforços para ser feliz?

Felicidades repetidas muito freqüentemente são fruto de uma ascese. Não no sentido cristão de "privação", mas no sentido etimológico, *áskesis* significando exercício em grego. Não se decreta ou convoca a felicidade, ela tem de ser cultivada e construída pouco a pouco, ao longo do tempo. Pode-se apenas prepará-la ou facilitá-la. E, como vimos, existem indivíduos mais dotados que outros. Mas esforços e exercícios continuam sendo necessários para todos. A diferença é que, para alguns, esses esforços são imperceptíveis, pois se tornaram um modo de vida.

Então, devemos continuar rindo dos manuais do tipo "um pensamento feliz por dia"?[6] Na minha pesquisa sobre a felicidade, acabei encontrando muitas pessoas que tinham sido ajudadas por essas obras, sem que por isso elas ignorassem seus limites, assim como os de qualquer livro sobre a felicidade. Os conselhos de felicidade são, de fato, sempre irritantes quando não se tem vontade de ouvi-los, quando não se está *mood-congruent*, ou seja, com um humor igual ao do autor que os propõe.

Por outro lado, certos "culturistas da felicidade", que exibem ostensivamente demais seu bem-estar, serão alvo de desconfiança pela própria permanência de sua serenidade: não estarão calando suas angústias e as pedras do caminho? O leitor poderá às vezes ter a impressão de que as felicidades que lhe são propostas são sufocantes, vão esmagá-lo sob seu peso... E, sobretudo, que o farão perder em certa medida sua personalidade: pois nos reconhecemos melhor e nos sentimos mais únicos em nossos sofrimentos que em nossas felicidades.

Mas os eventuais abusos não devem fazer esquecer a pertinência e a utilidade desses procedimentos. Ainda mais que o cotidiano está o tempo todo nos desviando do essencial.

Escutemos mais uma vez Proust, em *O tempo redescoberto**, descrevendo sua árdua luta para reencontrar a lembrança feliz da madalena: "Dez vezes tenho de recomeçar, inclinar-me em sua busca. E, de cada vez, a covardia que nos afasta de todo trabalho difícil, de toda obra importante, aconselhou-me a deixar daquilo, a tomar meu chá pensando simplesmente em meus cuidados de hoje, em meus desejos de amanhã, que se deixam ruminar sem esforço."

A covardia que nos afasta de todo trabalho difícil... Preferiria falar das tentações da facilidade e do deixa-estar: as solicitações da vida cotidiana, a resignação, o pessimismo. Sim, decididamente, nossa felicidade exige nossos esforços...

Saborear todas as formas de felicidade

Quando trabalho com meus pacientes sobre a felicidade, refletimos sobre ela por meio de quatro verbos: ser, ter, fazer, pertencer. Nossas felicidades diárias distribuem-se quase todas numa ou noutra dessas categorias:
- Ser: são todas as felicidades para as quais basta abrir os olhos, alegrar-se de estar ali, de simplesmente se sentir vivo. É uma felicidade quase animal.
- Ter: é a felicidade de possuir, seja um livro, um objeto de que se gosta, mas também de viver num lugar que se aprecia, a felicidade de ter aquecimento no inverno, luz à noite.

---

* Este trecho encontra-se, na verdade, em *No caminho de Swann*, trad. Mário Quintana, Porto Alegre, Ed. Globo, 9ª ed., 1985, p. 46. (N. da T.)

CONSTRUIR A FELICIDADE

- Fazer: é a felicidade de andar, de trabalhar, de falar com amigos, de imaginar, criar, fabricar, consertar.
- Pertencer: é a felicidade de viver no seio de uma família, de trabalhar no seio de um grupo que tem estima por nós, de ser amado por uma comunidade de amigos.

Quatro famílias de felicidades tão simples e elementares que as esquecemos rápido. O exercício consiste justamente em abrir regularmente os olhos para elas, em saboreá-las, preservá-las, fazê-las viver e reviver, ampliar a quantidade delas. Para nomear esse exercício, a língua inglesa utiliza uma expressão muito bonita: *Count your blessings*[7], "conta as tuas chances", saboreia os presentes que a vida te oferece...

Eis uma lembrança de infância de um de meus amigos, Olivier:

> "Meu pai era muito religioso e, quando eu era pequeno, vinha todas as noites me dar um beijo no meu quarto. Rezávamos então juntos, ajoelhados ao lado da cama. Era muito simples, eram três partes, que se resumiam a três palavras: perdão, ajuda e obrigado.
>
> O perdão consistia em pedir a Deus que nos desculpasse pelas faltas cometidas durante o dia; eu não gostava muito, pois havia dias em que eu não tinha nada de que me recriminar, aquilo me parecia coisa de adulto... A ajuda era para que Deus me apoiasse na realização de algo difícil: já era mais interessante, mas, também nesse caso, muitas vezes eu tinha de fazer força para encontrar alguma coisa. Aliás, sobre esses dois pontos, meu pai nunca insistia.
>
> Sobre o obrigado, em compensação, ele raramente arredava pé: mesmo quando eu tinha a impressão de que nada de particularmente positivo tinha acontecido no meu dia, ele dizia que isso não era possível. E procurávamos juntos, até encontrar, um monte de coisinhas simples pelas quais se podia agradecer a Deus. Às vezes, tinha de ficar procurando por muito

tempo coisas do tipo: fez sol, encontrei as chuteiras que achava ter perdido... Outras vezes, tinha a impressão de estar me forçando e de me estar violentando, por exemplo nos dias em que estava triste ou contrariado. Mas, muitas vezes, era agradável rememorar os bons momentos do dia. Às vezes, era muito engraçado e acabava em boas risadas. Nossa fé era alegre. Quando a adolescência chegou, paramos com esse pequeno ritual, já não sei como. No fim, todos aqueles instantes eram muito legais: me ensinaram a entender que também podia me alegrar com outras coisas que não fossem sucessos ou presentes. E também a nunca esquecer que viver é uma sorte."

Desobedecer ao marasmo

Claire

"Foi ontem à noite, lá pelas dezenove horas. Tivera um dia de trabalho cansativo, estava na cozinha com minha filha menor, de três anos. Ela estava concentrada em terminar de comer seu iogurte, enquanto eu arrumava a cozinha, que estava de ponta-cabeça. Estava pensando em tudo o que ainda tinha para fazer, a noite se anunciava pesada, o dia seguinte exaustivo... Minha filha falava comigo e eu mal lhe respondia, tão preocupada que estava com todas essas pequenas coisas chatas.

De repente, parei. Algo estava errado. Percebi que a situação era absurda: sentia-me irritada porque minha filha pedia um pouco de atenção. Mas sobretudo porque eu estava fazendo com que a louça fosse mais importante que ela.

Larguei a esponja e fui me sentar ao lado dela. Conversamos por um momento, tranqüilamente. Eu estava totalmente presente na situação, observava-a, escutava-a, de verdade. E, pouco a pouco, fui sentindo uma pequena onda de felicidade brotar em mim. Depois, montamos um quebra-cabeça, li a sua história até ela adormecer. Mas não estava fazendo aquilo pensando: 'Rápido, rápido, tem comida para fazer, telefonemas para dar.' Pensava que tinha tempo e que o importante era o que eu estava fazendo, naquele momento.

CONSTRUIR A FELICIDADE

Quando meu marido chegou, não tinha nada para comer e a cozinha estava uma bagunça, mas eu estava bem. E tudo o que faltava fazer já não me parecia impossível..."

Num dia normal, encontramo-nos várias vezes diante de uma encruzilhada.

Podemos escolher continuar no embalo de nossas atividades rotineiras, de nossos humores de adultos estressados e preocupados (pois a vida nem sempre é fácil).

Mas podemos também desobedecer à evidência do marasmo. Escolher apertar o botão de "pausa" e recuperar o controle sobre a vida. Não se pode agir assim o tempo todo, as coisas da vida têm de ser feitas. Mas basta fazer isso de vez em quando. Entrar por um caminho alternativo, no qual nem estávamos pensando um instante antes.

Eis uma lista de seqüências desse tipo, contadas pela própria Claire:

"– Parar para comprar um bolo ao voltar do trabalho,
– não voltar direto para casa à noite, mas encontrar uma amiga no cinema,
– ficar na cama sem culpa domingo de manhã, embora haja um monte de coisas para fazer no apartamento..."

Oferecer-se pequenas doses de felicidade e viver de um jeito mais leve, sempre que possível...

Um objetivo, não uma obsessão

Sobre a busca da felicidade, Comte-Sponville lembra muito corretamente: "Cuide antes do que verdadeiramente tem importância: o trabalho, a ação, o prazer, o amor – o mundo. A felicidade virá em acréscimo, se vier, e lhe faltará menos, se não vier."

É sem dúvida preciso decidir que a felicidade é uma prioridade, mas tomar cuidado para que ela não dependa de nada, para que não entrave nossos movimentos. Trata-se apenas da diferença entre ter um objetivo e sofrer de uma obsessão. Contraditório com um dos conselhos precedentes (fazer esforços)? Não, trata-se apenas de uma das dificuldades de qualquer aprendizado: primeiro se dedicar a ele, depois se emancipar dele...

Felizmente, a espera, a preparação, a perseguição da felicidade também podem proporcionar felicidade ou facilitar seu aparecimento. Diderot escrevia: "Não me afastem da melhor parte de minha felicidade. Aquela que prometo a mim mesmo é quase sempre maior que aquela de que desfruto." E Jules Renard observava de forma ainda mais bonita: "A felicidade está em buscá-la..."

A jardinagem da felicidade

Como a jardinagem, a felicidade é o resultado de esforços que não são recompensados imediatamente. Vimos no capítulo anterior aquilo que pode ser comparado a arrancar as ervas daninhas. Mas também é preciso semear e regar, além de outras tarefas. É um trabalho que exige paciência, às vezes com resultados decepcionantes e algumas estações menos propícias que outras. É por isso que os viciados em prazer não experimentam a felicidade: eles precisam da recompensa mais rápido.

O desalento pela sensação de felicidade que não vem, ou que desaparece nem bem aparece, sem dúvida aumenta devido a hábitos próprios de nossa época, que nos promete um acesso fácil a tudo. Mas a felicidade exige esforços e tempo. Felizmente, a experiência mostra que em geral sobreestimamos o que conseguimos fazer num dia (e podemos ficar decepcionados), mas subestimamos o que conseguimos fazer num ano (e então ficaremos agradavelmente surpresos, se não desistirmos cedo demais).

Em suave inclinação para o alto

Uma das principais causas de renúncia às boas resoluções (regimes, parar de fumar, prática regular de esporte...) é o que acontece na nossa cabeça quando nos desviamos de nossos objetivos. Tendemos a dizer a nós mesmos que ter voltado a fumar numa noitada, por exemplo, é a prova flagrante de que não somos capazes de parar, e podemos então transformar em autêntica recaída o que poderia ter sido um mero acidente de percurso.

O mesmo acontece com a felicidade: decidir dedicar mais esforços para alcançar a felicidade não implica que estejamos sempre de bom humor (apesar dos comentários maliciosos das pessoas à nossa volta: "Ah, você que tanto busca a felicidade está de mau humor?"). Dedicar-se à própria felicidade supõe simplesmente que se espera senti-la com mais freqüência, por mais tempo, não mais estragá-la ou desconsiderá-la. E tudo isso em função dos acontecimentos da vida que naturalmente virão interferir, para o bem ou para o mal, nas nossas boas resoluções.

A curva de mudança pessoal.
É preciso avaliar os progressos com base no movimento global da curva, e não em função dos inevitáveis altos e baixos.

Os terapeutas sabem que uma curva de desenvolvimento pessoal nunca é retilínea, mas obedece a inevitáveis altos e baixos, que correspondem a passos em falso, a quedas do moral, a retornos da fossa, seguidos de retomadas do ânimo. Enquanto a curva subir suavemente ao longo do tempo, não há com o que se preocupar; basta recordar esta frase de André Gide: "É bom seguir a sua inclinação desde que seja para o alto."

Manter os olhos abertos

"Esforcemo-nos por entrar na morte com os olhos abertos", eram as palavras do imperador romano Adriano segundo Marguerite Yourcenar. A frase pode ser aplicada à felicidade? Cultivar uma consciência da felicidade supõe jamais esquecer ou banalizar a sorte que se tem. Por exemplo – para as leitoras e leitores deste livro –, a de viver em países democráticos, ricos, em paz, com condições de trabalho protegidas, um sistema de saúde que funciona bem... É por isso que a felicidade é indissociável da abertura para o mundo e para suas desgraças. Podemos, aliás, nos perguntar se o papel dos filmes melodramáticos ou dos romances trágicos não consiste, passada a emoção, em aumentar nossa consciência da infelicidade possível e levar-nos a perceber mais claramente nossas possibilidades de felicidade.

Eis, a propósito disso, o exercício que o filósofo Cioran[8] aconselhava fazer: "Passai vinte minutos num cemitério e vereis que vossa tristeza por certo não desaparecerá, mas estará quase superada... Se tendes a consciência do nada, tudo o que vos sucede mantém suas proporções normais e não ganha as proporções dementes que caracterizam o exagero do desespero." Como já dissemos: a consciência da fragilidade da felicidade é de mesma natureza que a da fragilidade da vida. Mas os grandes ansiosos nos mostram exatamente o que não se deve fazer: "Como ser feliz quando a infelicidade pode nos atingir a qualquer instante?" Ao passo que as pessoas felizes nos mostram o contrário: "É porque a infelicidade é sempre possível que é preciso se esforçar para ser o mais feliz possível."

Lembro-me de ter atendido uma jovem mãe, que vivia na angústia da morte de seu bebê (uma de suas irmãs tinha perdido um filho de morte súbita do recém-nascido). A terapia foi longa e difícil: pois, para curar essas angústias, não adianta reafirmar que o risco é pequeno (as pessoas próximas e os médicos já tentaram fazê-lo), mas, ao contrário, ajudar o paciente a refletir sobre a morte, a pensar nela não mais, mas melhor, a falar a respeito, em suma. A angústia dela lhe impedia literalmente de ser feliz com o filho: via nele apenas um ser extremamente frágil e ameaçado pela morte.

Depois de longas conversas sobre a eventual morte de seu filho e de inúmeros exercícios terapêuticos de confronto com a idéia de morte[9], a paciente começou pouco a pouco a compreender o essencial: não importa o que aconteça amanhã, a coisa mais importante é se concentrar com todas as forças na felicidade de estar com o filho hoje. No final da terapia, ela conseguia discutir comigo sobre a única questão crucial: "Se meu filho tiver de morrer amanhã, a que devo me dedicar hoje: à angústia ou à felicidade?"

UMA FELICIDADE COM ROSTO HUMANO

Raphaëlle
"Às vezes me sinto constrangida, tenho quase vergonha de ser feliz. Não só porque existe miséria nesta terra: entendi que minha felicidade ou minha infelicidade pessoais não fazem muita diferença no que a isso se refere. Mas porque ser feliz pode incomodar os outros, irritá-los, ou, pior, torná-los infelizes, remetendo-os a suas próprias dificuldades com a felicidade. Quando es-

tava grávida, lembro do constrangimento que sentia no contato com uma das minhas amigas, que não podia ter filhos. Pois bem, minha felicidade me faz sentir a mesma coisa no contato com certas pessoas. Então, às vezes eu a escondo, eu a calo..."

Como não exasperar os outros com a própria felicidade?

Pierre Daninos, escritor que padeceu de uma grave depressão[10], dizia: "As pessoas não conhecem a própria felicidade... mas a dos outros nunca lhes escapa."

A felicidade é uma riqueza, sem dúvida a maior de todas, em todo caso a única que não deveria suscitar irritação ou ciúmes, pois é imaterial e acessível a todos. Contudo, como vimos, a felicidade pode ser um tema que aborrece. Paradoxalmente, pode até ser uma ofensa aos olhos dos outros, como a beleza (sobre a qual o escritor Michel Tournier dizia que "nos fere sem piedade"). Na verdade, contudo, a felicidade assemelha-se bem mais a essa outra riqueza que é a saúde: uma mistura de sorte genética e esforços pessoais. Essas irritações sem dúvida decorrem do fato de que a felicidade é uma riqueza muito mal distribuída e são muitos os que têm dificuldade para ter acesso a ela.

"Para vivermos felizes, vivamos escondidos", Florian faz o grilo de sua fábula dizer. Como devemos entender essa máxima? A felicidade ocorre mais facilmente se vivermos afastados do mundo? Ou a felicidade implica discrição para não incomodar os outros? Discrição, mas não só...

Os deveres da felicidade

Foi Diderot quem primeiro falou do dever de felicidade: "Há um único dever: ser feliz."

Mas há também os deveres *da* felicidade. Com razão, a felicidade está submetida às obrigações morais de todas as outras formas de riqueza: humildade e generosidade. Já vimos que o altruísmo era mais fácil para as pessoas felizes: a felicidade é generosa por natureza. Basta pensar, o mais freqüentemente possível, em compartilhá-la e redistribuí-la.

A felicidade de todos existe?

O homem é um animal social: como pensar nossa felicidade sem levar em conta nossos semelhantes? As únicas felicidades viáveis no seio de uma comunidade humana são aquelas que não tiram nada de ninguém: "Não aceite nenhuma felicidade obtida em detrimento da maioria", dizia Gide.

Essa é sem dúvida a condição prévia dessa utopia da felicidade com a qual tantos sonham: as pessoas felizes não batem, não violam, não matam, não precisam falar mal de todo o mundo ou odiar aqueles que não são como elas, ou que não pensam como elas... Sabemos que essa utopia não pode ser uma decisão "de cima para baixo", que só pode ter a pretensão de existir de forma duradoura se for algo próprio de cada membro da sociedade. É o que nos lembrava Boris Vian: "A felicidade de todos depende da felicidade de cada um..."

O OTIMISMO: MAX, CÂNDIDO E OS RATOS NADADORES

> "O otimista: se ela está atrasada é porque virá."
> Sacha GUITRY

Hadrien

"Conheci Max na universidade, ele pusera um pequeno anúncio para dividir um apartamento no centro com outro estudante. Era um rapaz alegre e agradável. Mas era bem mais que isso: era um otimista praticante. Uso esse termo propositalmente, pois Max não era apenas um crente, com uma extrema confiança no futuro (dizia estar convencido da inteligência da espécie humana), era também praticante, ou seja, seus amigos viam cotidianamente seu otimismo em ação.

Um dia, tínhamos de pegar um avião. Estávamos terrivelmente atrasados e, uns quinze minutos antes da decolagem, ainda não tínhamos chegado ao aeroporto. Eu estava prestes a desistir e voltar para casa, mas Max fez cara de espanto de que essa idéia pudesse ter passado pela minha cabeça e recusou-se firmemente dizendo: 'Nunca se sabe, imagine se o piloto também está preso no engarrafamento...' Não sei se foi isso o que aconteceu, mas ao chegar ao aeroporto, havia um aviso de que nosso avião estava com uma hora de atraso. E conseguimos pegá-lo. Max desfrutou muito mais do vôo do que eu, pois eu tinha ficado muito tenso no caminho, ao passo que ele se mostrara mais fatalista: 'A gente faz o que pode, ficar nervoso não faz a gente andar mais depressa.'

Quando a gente saía para paquerar as garotas, Max não hesitava diante de nada, nem mesmo as mais bonitas o faziam recuar, apostava sempre na sua sorte. Mas tinha um bom olho, nunca insistia, não perdia seu tempo se sentia que era causa perdida. 'A gente sempre tem de tentar', explicava ele simplesmente, 'só assim a gente vê se tem chance, não é ficando a noite toda olhando de longe.' Como ele era um cara relaxado e sorridente, geralmente funcionava. Mas, caso não funcionasse, logo tentava com outra garota, sem se afetar com seu fracasso. Aliás, ele não percebia as recusas como fracassos.

Um dia em que estávamos conversando sobre seu otimismo (na verdade, estávamos muito interessados no seu método com as garotas), ele nos explicou: 'Parto sempre de um pressuposto positivo, exceto prova evidente em contrário. E, na dúvida, nunca me abstenho. Para mim, arrepender-se de não ter tentado é sempre pior do que não ter tentado. Fracassar é normal, anormal é não tentar.'

Max não gostava muito dos exames, mas saía-se bem, apesar de estudar pouco. Extraía o máximo de seus conhecimentos, pois nunca ficava afobado: estava sempre convencido de que daria certo. Nem por isso ele fazia qualquer coisa: modulava seus esforços em função de um trabalho de pesquisa muito eficaz com os alunos dos anos mais adiantados: sabia quais eram as matérias em que era preciso dar duro e com quais dava para ir mais devagar... Quando estava chateado ou preocupado, Max ficava afetado, mas nunca desmoronava. Estava sinceramente convencido de que a felicidade voltaria, como o sol depois da chuva. E era o que acontecia. É o que sempre acontece na vida dos otimistas. São só os pessimistas que ficam atolados na infelicidade.

Nunca soube de onde vinha o otimismo de Max. A vida dele fora normal, com pais normais. Seu pai era um pedreiro de origem italiana, sempre de cara contente, a mãe uma valente matrona que cuidava tranqüilamente de seus cinco filhos, sem nunca levantar a voz.

Com o fim de nossos estudos, não nos vimos mais. Minha última lembrança dele e de seu otimismo é também num aeroporto. Acho que essas lembranças de aeroporto me marcaram mais que outras porque tenho medo de viajar de avião. Na hora de embarcar, Max tinha perdido a passagem e seus documentos. As aeromoças estavam um pouco nervosas, e uma fila de pessoas esperava atrás de nós. Sinceramente, no lugar dele, eu teria estado nervosíssimo e inquieto. Max não. Colocou-se tranqüilamente de lado para deixar as pessoas passarem e olhou para mim rindo: 'Bom, eu estava com eles faz cinco minutos no controle de bagagens, então eles não devem estar longe. Vou encontrá-los...' E foi o que ele fez, sem estresse de nenhum tipo.

Sei que Max se tornou professor de francês num liceu. Os pais de seus alunos têm motivos para se alegrar: ensinará aos filhos deles muitas outras coisas além das que estão nos livros..."

O que é o otimismo?

A definição do otimismo evoca um estado de espírito que leva a "ver o lado bom das coisas desconsiderando seus aspectos desfavoráveis", bem como um "sentimento de confiança no desfecho favorável de uma situação"[11].

O otimismo é uma dimensão da personalidade muito estudada em psicologia, pois está estreitamente ligada aos sentimentos de bem-estar e de felicidade[12]. Considera-se em geral que os otimistas desfrutam de maior conforto emocional e de uma melhor qualidade de vida[13]. Os estudos de psicologia experimental mostram também, de modo bastante unânime, os efeitos benéficos do otimismo sobre a saúde[14], numa grande variedade de campos, como o desenrolar dos pós-operatórios[15] ou o envolvimento com o tratamento, no caso de doenças graves[16].

Pois o otimismo não se limita a uma atitude mental (confiar no futuro); traduz-se também em atitudes mais ativas e comportamentos concretos diante das dificuldades da vida[17]: busca de apoio e de informações, aplicação de estratégias adaptadas para resolver o problema ou elevar o moral etc.

Esses dados atuais dos conhecimentos psicológicos permitem propor uma definição mais precisa do otimismo: *ante o incerto, supor que haverá um desfecho favorável e agir para facilitar que ele ocorra*. Há, portanto, otimismo de pensamento e de ação.

Caricaturas e críticas do otimismo: Cândido

Existem muitos preconceitos em relação ao otimismo. O otimismo é suspeito. No melhor dos casos, é alvo de piadas: "O otimista é aquele que começa a fazer as palavras cruzadas a caneta." No pior, é considerado falta de lucidez e de inteligência. E a culpa de tudo isso é de Voltaire! E do seu famoso *Cândido*...

Esse conto filosófico, a mais famosa das obras de Voltaire, era na verdade um ataque feroz contra as teses do filósofo alemão Leibniz, convencido da excelência da criação divina e adepto – para simplificar – do "está tudo bem".

Cândido, jovem alemão de espírito simples e reto, de nascimento nobre mas ilegítimo, foi recolhido pelo barão de

Thunder-ten-thronck. No castelo, é aluno do doutor Pangloss, partidário como Leibniz do "Tudo está o melhor possível no melhor dos mundos". Essa lição e uma juventude agradável fazem dele um otimista um tanto ingênuo. Mas ele se vê brutalmente expulso desse paraíso, depois de ter sido surpreendido pelo barão beijando Cunegundes, sua filha legítima. É quando começam os problemas de Cândido. Inúmeras aventuras, tão cruéis quanto exóticas, irão conduzi-lo de Buenos Aires a Constantinopla e se encarregarão de devolvê-lo à razão (segundo Voltaire): acabará abandonando suas crenças otimistas e recolhendo-se modestamente para "cultivar seu jardim", deixando de se preocupar com a metafísica.

Voltaire tinha contas a acertar com o otimismo? Na época em que redigiu *Cândido* estava profundamente chocado com a grande catástrofe da época, o terremoto de Lisboa (que destruiu totalmente a cidade em 1755 e apavorou a Europa), bem como com os horrores da Guerra dos Sete Anos. Banido pelo rei, exilado em Ferney, perto da Suíça, Voltaire era presa de um pessimismo generalizado: "Um dia, tudo estará bem, é essa a nossa esperança. Está tudo bem hoje, é essa a ilusão."[18]

Por que é mais comum criticarmos os otimistas que os pessimistas, quando, na verdade, buscamos mais a companhia dos primeiros que dos segundos? Será que isso se deve a algum tipo de ciúme desses bons alunos da escola da felicidade? Mas é sobretudo porque só se nota uma faceta muito limitada do otimismo: a vontade de ver o mundo de maneira positiva, embora nem sempre haja o que ver. Haveria no otimismo uma certa cegueira, um desejo bobo de não voltar a vista para o lado sombrio da realidade. Aliás, no seu conto, Voltaire empenha-se maliciosamente em pôr no caminho de Cândido todas as desgraças do mundo, como provas da inanidade de sua postura filosófica.

Na verdade, vimos que os conhecimentos modernos sobre o otimismo mostram que ele não é apenas um estado de espírito (esperar o melhor e não o pior), mas também uma atitude global que implica comportamentos ativos (agir para que o melhor ocorra). O que faz com que, ao contrário do que Voltaire acreditava, o otimismo esteja perfeitamente adaptado à vida num "mundo cruel"...

Inteligência do otimismo

A inteligência do otimismo é o que Montherlant pressentia em seus cadernos quando escrevia: "Nenhuma prova de inteligência supera a de ver o mundo tal como ele é, e de achá-lo bom, ou seja, em termos coloquiais, de se sentir bem na sua pele." A convicção do otimista é que lucidez e bem-estar são perfeitamente compatíveis.

Com efeito, o otimismo *piegas*, ou *cego*, parece não passar de invenção de pessimistas invejosos! Geralmente, o otimismo é de fato inteligente, ou seja, bem mais lúcido, flexível e capaz de discriminação do que se pensa[19].

Demonstrou-se que, em caso de dificuldades, os otimistas perseveram mais que os pessimistas ("tem de haver uma solução para esse problema"), a não ser que avaliem que seus esforços são inúteis e seriam mais eficazes em outro lugar. Um experimento psicológico consistiu, por exemplo, em pedir a voluntários para resolverem problemas geométricos (quebra-cabeças) na realidade insolúveis. Enquanto não havia alternativa a essa prova, otimistas e pessimistas não se diferenciavam: todos tentavam encontrar a solução nos vinte minutos concedidos, apesar da total ausência de resultados. Em compensação, quando, numa outra situação experimental, eram fornecidas três séries de quebra-cabeças para realizar, começando pela insolúvel, os otimistas abandonavam essa primeira série em média quatro minutos antes dos pessimistas, para passar para a seguinte[20].

A lenda que diz que os otimistas não querem ver as coisas desagradáveis também é desmentida pela experimentação. Foram avaliados os tempos de leitura de estudantes a quem eram fornecidos folhetos informativos sobre certos riscos para a saúde (alimentação, exposição ao sol, consumo de tabaco etc.). Contrariando as expectativas, os estudantes otimistas passavam mais tempo lendo as informações de advertência que as informações neutras. E, quanto mais as informações desagradáveis lhes dissessem respeito, mais liam: os fumantes sobre os malefícios do tabaco, os grandes consumidores de vitaminas sobre os riscos das superdosagens[21]. E, com efeito, em seguida, os otimistas modificam mais seus comportamentos em função das informações negativas que lhes pareçam pertinentes[22]. Vários mecanismos podem explicar essa inteligência adaptativa dos otimistas, mas um deles foi claramente demonstrado em vários estudos: é o papel das emoções positivas. Quanto mais o humor de uma pessoa é positivo, mais ela vai se mostrar receptiva às mensagens que concernem a seu bem-estar e sua saúde[23].

Portanto, estamos bem longe do método de tapar o sol com a peneira ou da política do avestruz, tantas vezes associados à psicologia dos otimistas...

Ilusões positivas?

Parece, pois, que o otimismo "cego" não existe e que a lucidez costuma estar mais do lado do otimismo que do pessimismo. Contudo, devemos abordar um ponto teórico delicado: o papel da recusa da realidade no otimismo e na felicidade. Madame de Puisieux, amante de Diderot, escrevia por exemplo: "Prefiro um erro que me faça feliz a uma evidência que me desespere."

O otimismo repousa claramente num conjunto de "ilusões positivas". Estas são simplesmente convicções, não mais nocivas que outras, e, como sempre no otimismo, de uma eficácia comprovada: um estudo realizado com pessoas idosas (média de 63 anos) mostrou que, num período de acompanhamento de 23 anos, as pessoas que tinham uma visão positiva do envelhecimento ("continuo me sentindo em forma", "o tempo que passa sempre me ensina alguma coisa" etc.) viviam em média sete anos e meio a mais que aquelas cuja visão era mais negativa[24].

Existem ainda outros trabalhos, igualmente convincentes, sobre as ilusões positivas ("vou sair dessa, tudo voltará a ser como antes"...) utilizadas pelas pessoas que sofrem de doenças graves[25]. Lembremos contudo que, quando existem, essas "ilusões positivas" dizem respeito não à avaliação ou ao reconhecimento do problema (se ele é real, não há diferenças entre otimistas e pessimistas), mas ao que chamamos "expectativas de eficácia". Ou seja, a convicção de que se pode fazer algo para lidar com a situação. E nisso abre-se uma grande distância entre otimistas e pessimistas.

A vida é bela

Um dos exemplos mais tocantes e mais claros da função do otimismo nos é dado pelo filme *A vida é bela* (1999). Nessa fábula, ao mesmo tempo alegre e cruel, o diretor italiano Roberto Benigni representa o papel de um pai deportado para um campo de concentração com seu filho pequeno. Querendo proteger a criança dos sofrimentos e da violência do universo do campo, o pai inventa uma gigantesca "ilusão positiva" à qual faz o filho aderir. Apresenta-lhe a sobrevivência no campo como uma espécie de gincana em tamanho natural, um pouco violenta, da qual ambos vão tentar sair vencedores, para ganhar o primeiro prêmio (com o qual o menininho sonha): um verdadeiro carro de combate! Graças à energia empregada pelo pai para tornar aquela ilusão crível, o menininho sairá vivo e acabará subindo num tanque de soldados americanos que vieram libertar o campo...

Existem muitos trabalhos em curso sobre essas ilusões positivas, de grande interesse para os especialistas em ciências humanas: tenta-se, por exemplo, verificar se seus benefícios, bastante claros no curto prazo, continuam válidos no longo prazo[26]; ou se se adaptam mais a certos campos que a outros (à luta contra as doenças graves mais que ao sucesso nos estudos). Em outras palavras: haveria que fixar limites aos benefícios já demonstrados do otimismo? Resposta daqui a alguns anos. Enquanto isso, continuemos otimistas, ou aprendamos a nos tornar otimistas...

Como fazer com que ratos se tornem otimistas?

Tome um recipiente de paredes lisas, cheio de um líquido que você tornou opaco como leite, e uma quantidade suficiente de ratos. Separe os ratos aleatoriamente em dois grupos e mergulhe todos, um por um, no recipiente, suficientemente profundo para que eles não tenham pé, perdão, pata.

Para fazer uma descoberta interessante, imagine o seguinte estratagema: os ratos do primeiro grupo terão a vantagem de nadar num recipiente onde haverá uma ilha submersa, isto é, uma pequena plataforma invisível sob a superfície da água, mas que permitirá que o rato, ao encontrá-la por acaso no seu nado frenético em busca de uma eventual saída, descanse e se recupere um pouco. Os ratos do segundo grupo, em contrapartida, não terão direito à ilha submersa e terão de nadar o tempo todo.

Verifique que o tempo de nado dos ratos de ambos os grupos seja comparável (para que a fadiga não falseie seus resultados). Retire-os do recipiente. Deixe seus valentes ratos nadadores se secarem e se recuperarem. Em seguida, volte a mergulhá-los de novo, um por um, no líquido leitoso. Dessa vez, acabou o favoritismo, já não se tem pata em nenhum lugar, a ilha submersa desapareceu. Meça então quanto tempo seus ratos vão nadar desesperadamente, antes de se afogar, esgotados e desanimados (mas pense em retirá-los do recipiente a tempo, eles vão ficar muito agradecidos).

O que você constatará? Os ratos que, na primeira sessão de nado, descobriram por acaso a existência da ilha escondida vão nadar o dobro do tempo em comparação com aqueles convencidos, depois de sua primeira experiência, de que não há esperança de recuperar o fôlego em algum lugar[27]. Em caso de naufrágio e de equipes de socorro um pouco atrasadas, os ratos do primeiro grupo teriam sido maioria entre os resgatados com vida.

De onde vem o otimismo?

Você entendeu como tornar ratos otimistas. Mas também entendeu que o otimismo podia ser aprendido...

Os mecanismos de aquisição do otimismo no ser humano não são tão diferentes do que aconteceu com nossos ratos: ter tido experiências anteriores em que nossos esforços foram recompensados nos leva para o otimismo (ao menos nos campos em que tivemos sucesso regularmente). Em contrapartida, fracassos repetidos e sobretudo sofridos sem que houvesse o que fazer para impedi-los, num ambiente de impotência para agir (a chamada "impotência aprendida"), induzirão pessimismo e uma tendência a só buscar como saída para as dificuldades o retraimento e a passividade.

Sabe-se também que os modelos parentais, otimistas ou pessimistas, e a maneira de estimular ou de criticar os esforços dos filhos também pesam muito sobre as futuras capacidades para o otimismo de cada pessoa[28].

Quando experiências de vida negativas ocorreram precocemente (carências afetivas, violências psíquicas ou físicas, experiências de abandono etc.), costumam instalar-se os chamados "distúrbios da personalidade". Esses distúrbios se caracterizam sobretudo por um estilo relacional muito patológico com o outro (por exemplo, uma dependência excessiva ou uma agressividade incontrolável) e por convicções muito pessimistas sobre os vínculos sociais ("já sei de antemão como isso vai acabar"). Mas, como sempre em psicologia, nada é imutável... Um estudo recente com pacientes desse tipo[29] mostrou interações estreitas entre o aparecimento e o desenvolvimento do otimismo durante terapias e a diminuição das convicções negativas sobre a existência, mesmo que estas fossem muito antigas.

Prática do otimismo

O filósofo Alain escreveu: "O pessimismo é humor, o otimismo é vontade." Pois é, trata-se sempre de fazer esforços! Eis algumas das direções possíveis.

Nem positivo nem negativo

Como vimos, o pensamento otimista é um pensamento caracterizado pelo realismo, pela confiança e pelo pragmatismo. Dista igualmente do pensamento positivo sistemático e do pensamento pessimista.

O pensamento otimista: um pensamento realista...

Pensamento positivo	Pensamento otimista	Pensamento pessimista
"Não há problema algum, tudo dará certo"	"Há alguns problemas, mas vou me adaptar"	"Os problemas são insuperáveis"
"Sou perfeito(a) e todo o mundo me adora"	"Tenho qualidades e defeitos, e há quem goste de mim desse jeito"	"Sou uma lástima e ninguém pode gostar de mim"

Refletir e agir

Desenvolver o otimismo vai consistir não só em refletir, mas também em agir: ser *plenamente* otimista é transformar os pensamentos em ação. Vários estudos mostraram a pertinência e a eficácia desses procedimentos de treino para o otimismo[30].

Verificar as predições feitas

Em termos gerais, os esforços a serem desenvolvidos consistirão em quatro etapas principais, resumidas no quadro abaixo: ante uma determinada situação, pede-se ao paciente que imagine:
- o pior desfecho (pensamento pessimista);
- sempre o melhor desfecho possível (pensamento positivo);
- enfim, o meio-termo mais provável em função da situação. O principal objetivo desse procedimento é chegar a um pensamento realista, a meio caminho entre o pensamento positivo e o pensamento pessimista, ambos em geral pouco adaptados;
- e, sobretudo, quarta etapa, verificar metódica, sistematicamente o resultado. A realidade dos fatos costuma ser o melhor terapeuta.

Confiar a priori?

Louis

"O otimismo é uma questão de confiança. Afinal de contas, há duas maneiras de abordar a vida e as relações com os outros. Ou bem não se tem confiança *a priori*: começa-se desconfiando e pouco a pouco se vai ajustando a visão da situação ou da pessoa em função do que acontece. Eficaz, mas um pouco cansativo. Ou, então, faz-se o contrário: confia-se de início e se observa o desenrolar das coisas, sem ficar cego. Isso me parece igualmente eficaz, mas bem mais agradável. Tive a

Exemplo de intervenções psicoterapêuticas sobre o pessimismo

(Jean-Philippe, 36 anos, em terapia cognitiva para prevenção de recaída depressiva)

Situação	Pensamento automático	Pensando bem, o pior que pode acontecer	Pensando bem, o melhor que pode acontecer	Pensando bem, o mais provável é que	Que posso fazer de útil?	Na verdade, o que realmente aconteceu
Engarrafamento nas marginais	Não vou conseguir chegar na hora no meu encontro	Um engarrafamento monstro, vou ficar cinco horas aqui	Vai começar a andar logo, em cinco minutos	Vou chegar atrasado, mas vão me esperar	Relaxo para chegar em bom estado psicológico. Não adianta agregar estresse ao atraso. Um problema por vez é suficiente	Dez minutos de atraso no encontro, mas a outra pessoa também estava presa no engarrafamento, chegamos ao mesmo tempo
Uma festa para cinqüenta pessoas em casa	É um exagero, nem vamos aproveitar	As pessoas se entediam, não tem comida e bebida suficiente, fazem estragos porque estão apertados demais	É a melhor noite do ano para todos os convidados	Vai ser gostoso, como sempre, são bons amigos	Tiro o máximo de móveis e providencio bebida e comida de sobra	Alguns copos quebrados, mas uma noite muito boa
Uma entrevista de emprego	Estressado demais, não vou causar boa impressão	Não vão me contratar	Escolhem-me para um cargo melhor que o previsto	Eles sabem que os candidatos costumam estar estressados, estão habituados	Preparo-me ensaiando com uma amiga que trabalha com relações humanas	Consegui o emprego!

sorte de ter sido criado por pais que me ensinaram ao mesmo tempo a confiança e a lucidez. Sempre dou uma chance para as pessoas. No começo de qualquer nova relação, o cursor está em 10 sobre 20. Em seguida, ele sobe ou desce. Sei que outras pessoas fazem seu cursor partir de zero: é preciso adquirir a confiança delas. Outras, por fim, lhe dão 20 sobre 20 *a priori*. Minha mulher é assim. É preciso realmente aprontar muito com ela para que faça um juízo negativo de alguém. Sempre encontra formas de desculpar as pessoas. Ela é otimista demais! O inconveniente do seu jeito de ser é que fica decepcionada quando se dá conta de que se enganou sobre alguém. Contudo, isso não acontece com tanta freqüência, ou não é necessariamente dramático..."

O otimismo, afinal, nada mais é que uma confiança *a priori* na vida, associada à convicção de que em caso de ameaça ou de decepção se saberá como reagir. Como já dissemos, o otimismo não repousa apenas numa *visão* de mundo (realista e moderadamente positiva), mas em aptidões para *modificar* o mundo: saber se afirmar, desenvolver o autocontrole etc.

Mais uma vez, estamos bem longe da imagem de uma felicidade plácida e medíocre. A felicidade é ativa. E inteligente...

CULTIVAR A INTELIGÊNCIA QUE SE TEM DA FELICIDADE

> "O cérebro é um órgão indispensável para a felicidade."
>
> UM DE MEUS PACIENTES

Rémi

"Quando conheci minha futura esposa, houve primeiro um choque de culturas. Ela vinha de um meio burguês, eu, de um meio operário. Ela não se interessava muito pelos estudos, eu era um excelente aluno. Ela era alegre, eu, inquieto. E nossos modos de viver eram completamente diferentes. Lembro-me da manhã seguinte à primeira noite que passamos juntos, o momento do café-da-manhã foi revelador. Em geral, eu resolvia isso em cinco minutos, engolia meu café de pé, já pensando nas coisas a fazer em seguida: trabalhar, fazer compras, ir para a escola... Naquela manhã, estávamos na casa dela, ela pôs uma toalha branca, música, arrumou a mesa me explicando: 'É nosso primeiro café-da-manhã juntos, vamos fazer dele um momento agradável, está bem?' Fiquei um tanto desconcertado. Perguntava a mim mesmo para que servia todo aquele aparato, a não ser para perder tempo. Eu era um selvagem da felicidade, e ela, uma civilizada. Com o passar do tempo, entendi que ela desejava viver o máximo possível de momentos felizes. E que ela tinha sobre mim uma enorme superioridade: uma inteligência tranqüila da felicidade..."

É útil dedicar boa parte de seus esforços e de sua inteligência *à* felicidade. Mas algumas pessoas nos mostram que existe sem dúvida uma inteligência *da* felicidade. Em que ela consiste, e, sobretudo, como cultivá-la e desenvolvê-la?

Observar as pessoas felizes

A aptidão para a felicidade provém de mecanismos psicológicos múltiplos e sutis, dos quais falamos nos primeiros capítulos. Não existe um único modo de agir, ou um único procedimento possível – caso houvesse, todos saberiam. Diante de qualquer fenômeno complexo, a melhor aprendizagem consiste na observação direta de modelos convincentes: é o que os psicólogos denominam "aprendizagem social"[31]. Como funcionam as pessoas dotadas para a felicidade? É de nosso interesse escolher professores de felicidade e observar suas atitudes, sem que, aliás, eles o saibam necessariamente: ensina-se a felicidade melhor pelo exemplo que pelo conselho...

Alice

"Uma das pessoas mais dotadas para a felicidade que conheço é meu tio Pierre. No entanto, ele não teve uma infância muito feliz: seu pai morreu quando ele era muito jovem e ele foi colocado num internato. De pequeno, sofreu de uma doença reumática bastante grave, que o prejudicou a vida toda. Mas, apesar de tudo, teve uma vida feliz e continua se dizendo – e sobretudo se mostrando – feliz. Ele é muito convincente, pois não professa isso, e sim o demonstra.

Uma vez, durante uma de suas viagens ao exterior, veio dormir na nossa casa. Tínhamos um pequeno apartamento, e o instalamos num colchão no chão, no quarto de um de nossos filhos, um pouco chateados por causa de seus problemas de saúde, mas ele recusara nossa cama. Na manhã do dia seguinte, pergunto-lhe, bastante inquieta, sobre a qualidade de sua noite. 'Mas Alice, respondeu-me ele, eu não estava num colchão no chão! Estava num mundo bem mais extraordinário, nesse quarto com todos aqueles brinquedos, esses objetos da infância, essas provas de vida feliz, com os barulhinhos dos sonhos do seu filho. Foi inesquecível, em nenhum outro lugar teria visto isso, essa intensidade da vida. Sou um senhor idoso, o que você me ofereceu foi um banho de juventude. Não ligo se dormi mal, tenho o resto da vida para dormir!'

Outra vez, estávamos visitando Paris juntos, o tempo estava horrível, estávamos completamente perdidos e encharcados debaixo de uma chuva torrencial, atrasados para o encontro que tínhamos com uns primos. Parei um táxi. Depois de abrigados e no caminho certo, eu ainda estava embalada na minha contrariedade: estava encharcada, tinha frio, fome… Mas meu tio já tinha se livrado de todas essas impressões negativas e iniciara com o motorista uma longa conversa. Ao descer, ele me disse: 'Que momento agradável! Estávamos perdidos, desamparados e esse táxi nos salvou. Além disso, esse sujeito era muito divertido e agradável. E eis que chegamos ao nosso destino!'

Ele tem um apetite e uma competência incríveis para a felicidade. Tenho a impressão de que o cérebro dele é diferente do meu, ele não vê as mesmas coisas, não as vive do mesmo jeito. Num dia de outono, estávamos passeando pela floresta. Eu estava entregue aos meus pensamentos, quando, de repente, vejo que meu tio ficou uns cem metros para trás, parecendo transtornado. Quando me juntei a ele, ele quase perdera o fôlego, muito emocionado: 'Que felicidade estar aqui! É extraordinária toda esta beleza. Que sorte a nossa!' Acabei o passeio num estado de espírito diferente, graças a ele. Mas eu continuava pasma: ele tinha naquela época setenta anos, afinal eram muitos os outonos que vira passar. Mas não, sempre 'maravilhado', sempre perdendo o fôlego pelas árvores com folhas avermelhadas...

É a pessoa que mais me impressionou na vida. Contudo, sempre desconfio dos professores da felicidade, com suas liçõezinhas água-com-açúcar. Mas acho que nunca o escutei me dando conselhos de felicidade: no lugar de sermões, ação. Aprendi muito sobre a felicidade com ele, calmamente. Porque ele a vivia..."

As pequenas felicidades

Como pode a felicidade ser "pequena"? Contudo, trata-se de uma evidência que se impõe. Todos os superdotados para a felicidade insistem nessas pequenas felicidades: "A exemplo do ouro que é encontrado em pepitas, a felicidade se apresenta sob a forma de migalhas: será isso motivo para desdenhá-la?"[32] Os instantes de felicidade são felicidade total. Mas, como vimos, é preciso estar consciente disso e saber abrir os olhos para eles, para que instantes benignos se transformem em momentos de consciência feliz. Aliás, todos os trabalhos científicos confirmam que a freqüência dos instantes felizes é mais importante que sua intensidade: mais vale várias pequenas felicidades que uma grande felicidade única[33].

Sabemos que a crença de que "ou um grande amor ou nada" causou consideráveis desastres nas almas românticas. O mesmo se aplica à felicidade: é inútil querer hierarquizar as felicidades, as grandes à minha esquerda, as pequenas à direita e as médias no meio... É preciso esforçar-se para acolher todas as primícias de felicidade. Pode-se perfeitamente ser ou estar *um pouco feliz* ou sentir uma *pequena felicidade*: nem por isso deixa de ser felicidade. À pergunta: "O senhor é feliz?", André Comte-Sponville respondia: "Digamos que sou mais ou menos feliz, ou seja, feliz."[34]

Numa vida comum, o contrário da felicidade nem sempre é a infelicidade, mas a indiferença ao mundo, que acaba desembocando no tédio e na cegueira. A felicidade repousa, portanto, numa mistura complexa de vigilância e receptividade, de esforços e entregas, que tornam possível o surgimento dessas *pequenas felicidades*...

Sábios, mas não resignados

Serge Gainsbourg cantava: "Meu velho, quando não temos o que amamos, é preciso amar o que temos..." De fato, certas felicidades são construídas sobre pequenos acomodamentos com a vida. Outras às vezes exigem grandes renúncias. É conhecida a citação de Madame de Staël: "A glória é o luto estrondoso da felicidade." Em compensação, será a felicidade às vezes a renúncia discreta a toda forma de glória?

Constata-se que a extrema dependência de objetivos materiais (o sucesso, a celebridade, a riqueza) é incompatível com a felicidade no longo prazo (mas não com o prazer). O mesmo se aplica a uma existência dedicada à realização de uma vocação ou de uma paixão: uma vida interessante nem sempre é uma vida feliz (embora isso não lhe fizesse muita falta...).

Contudo, não basta renunciar para ser feliz, mesmo que a felicidade às vezes comece com renúncias. Em seguida, é preciso construir (ou fazer jardinagem...).

E a sabedoria não deve terminar na resignação: saber dizer não, ser capaz de se afastar das pessoas nocivas, fugir de atividades desagradáveis, tudo isso é necessário para a felicidade. Como escrevia Rousseau: "O tipo de felicidade de que preciso não é tanto fazer o que quero, mas não fazer o que não quero."

Gratidão e felicidade

Virginie

"Antigamente, tinha muita raiva dos meus pais: suas brigas incessantes, suas doenças (minha mãe era alcoólatra e meu pai, depressivo) e, por fim, o divórcio deles, tudo isso fazia com que eu tivesse a sensação de que eles eram responsáveis por todas as minhas dificuldades psicológicas. Depois, a vida e todos os meus esforços mudaram isso. Hoje, acho que tenho uma vida mais ou menos feliz. E que fiz as pazes com meu passado. Portanto, com meus pais. Ainda tenho consciência dos erros deles, mas também tenho consciência de que não eram voluntários. O que entendi, antes de mais nada, é o que devo a eles: ensinaram-me a amar os estudos, os livros, a natureza, a respeitar o outro, e várias outras coisas que estão na base de minhas capacidades de felicidade atuais. Pelo fato de hoje eu ser mais feliz, chego até a lhes ser reconhecida. Esse reconhecimento aumenta a minha felicidade. E sem dúvida a deles..."

Exceto em alguns instantes de graça, a felicidade "habitual" não surge do nada: é precedida de uma história e é a culminação de um processo. Esse processo é em geral de natureza individual, como já dissemos (nossa história e nossos esforços). Mas também é de natureza coletiva: devemos algumas de nossas felicidades ou de nossas possibilidades de felicidade a pessoas que vieram antes de nós e nos deram acesso às condições de vida que temos: nossos pais, em primeiro lugar, mas também nossos ancestrais ou o gênero humano como um todo.

Para quem duvidar, vários estudos confirmaram que o exercício da gratidão está solidamente correlacionado com emoções de bem-estar[35]. Um estudo desse tipo acompanhou estudantes durante dez semanas: alguns recebiam a instrução de anotar toda semana pelo menos cinco acontecimentos que lhes inspiravam reconhecimento para com alguém; os outros tinham de anotar pelo menos cinco acontecimentos estressantes. No fim da pesquisa, os estudantes do grupo "gratidão" apresentaram uma pontuação significativamente mais alta nas escalas de felicidade e de bem-estar[36].

A gratidão não implica esperar tudo dos outros ou dever toda a nossa felicidade a eles. Apenas mostra que estamos conscientes do que devemos a eles. Os filósofos, que sempre a classificaram entre as virtudes, compreenderam isso antes dos psicólogos e lembram a seu respeito: "Ela se alegra com o que deve, quando o amor-próprio preferiria esquecê-lo."[37] Aos olhos deles, a gratidão é de fato um dos componentes da felicidade.

"Ficar feliz quando tudo vai bem..."

Devemos sempre simplificar...

Quanto mais complexo e delicado for o que almejamos, quanto mais difícil e impressionante for, mais é preciso simplificar.

Então, a primeira coisa que você se empenhará em fazer ao fechar este livro será tentar "ficar feliz quando tudo vai bem"[38]. Um projeto aparentemente muito modesto, mas que na prática mostrará ser o mais útil de todos.

Decidir ficar feliz quando tudo vai bem já é muito. Significa tomar a decisão de parar de estragar os instantes em que se pode ser feliz. Aceitar que as felicidades que esperamos às vezes sejam menores do que o previsto e apesar disso desfrutar delas. Compreender que não desperdiçar o que se oferece a nós é a primeira etapa, a mais fundamental, da construção da felicidade. É o mais inteligente e o mais pragmático dos projetos de felicidade...

CONCLUSÃO

Bem, finalmente, tudo está claro, não é mesmo? Se os contos de fada sempre param (ver a introdução) no: "Viveram felizes..."

Não é porque a felicidade não é interessante. Ao contrário, ela apaixona todo o mundo...

Não é porque é melhor imaginá-la que vivê-la. Pergunte a qualquer um qual dos dois prefere...

Não é porque ela não existe. Todos já a vislumbramos...

Não, se as histórias sempre param no: "Viveram felizes", é por uma razão bem mais simples. É porque os contos de fadas, que servem para falar da infelicidade, também nos dizem: a felicidade é possível e é melhor ir ao encontro dela do que escutar o relato sobre ela...

◆

Você já sabia de tudo isso, não é verdade? Claro, a felicidade é possível. Mas, como a vida não é um conto de fadas, cabe a você escrever o fim da história.

Então, boa sorte, coragem e felicidades!

Quarta Parte

COMO ESTÁ A SUA RELAÇÃO COM A FELICIDADE?

O objetivo dos questionários que vêm a seguir não é o de classificá-lo numa categoria qualquer, por mais que ela satisfaça seu ego ("estou me saindo bem!") ou seja confortável para suas certezas ("infelizmente, isso não me espanta!").

São ferramentas destinadas sobretudo a fazer você refletir um pouco mais sobre as suas relações pessoais e íntimas com a felicidade. E talvez sirvam de primeira etapa nos seus esforços de mudança.

I

UM QUESTIONÁRIO PARA AVALIAR SUAS PREDISPOSIÇÕES EMOCIONAIS PARA A FELICIDADE

O questionário abaixo propõe-se avaliar as suas predisposições para sentir afetos agradáveis. Está inspirado em duas ferramentas existentes[1].

Lembremos que essas predisposições não são uma condição indispensável; simplesmente indicam o que poderíamos chamar "facilidades" para se sentir feliz. Há outras dimensões envolvidas na felicidade. E os dons não implicam obrigatoriamente o sucesso: lembre-se da fábula da lebre e da tartaruga...

Ponha simplesmente uma cruz na casa que melhor corresponder à sua situação atual.

	Verdadeiro	Falso
1) Costumo estar de bom humor		
2) Os filmes, piadas e histórias engraçadas não me divertem		
3) Tomo facilmente distância dos meus problemas		
4) Gosto da solidão		
5) Recupero-me rápido das minhas preocupações		
6) Muitas vezes fico triste sem razão		
7) Confio no futuro		
8) Sou uma pessoa inquieta		

Como calcular seus resultados?

Para calcular seu número de pontos em função de suas respostas, faça uso do quadro abaixo: por exemplo, se você pôs uma cruz na casa "verdadeiro" na questão 1, você tem 4 pontos, ao passo que "falso" lhe dá 0 pontos etc.

Seu total pode variar de 0 a 24.

	Verdadeiro	Falso
1) Costumo estar de bom humor	4	0
2) Os filmes, piadas e histórias engraçadas não me divertem	0	2
3) Tomo facilmente distância dos meus problemas	2	0
4) Gosto da solidão	0	2
5) Recupero-me rápido das minhas preocupações	2	0
6) Muitas vezes fico triste sem razão	0	4
7) Confio no futuro	4	0
8) Sou uma pessoa inquieta	0	4

COMO ESTÁ A SUA RELAÇÃO COM A FELICIDADE?

Como interpretar seus resultados?

- *Se você obteve 6 pontos ou menos*: suas predisposições emocionais para a felicidade parecem modestas. Isso corresponde à sua impressão pessoal? Se sim, será preciso trabalhar para desenvolver suas aptidões para o bem-estar, mas nada está perdido. Para muitas pessoas, o acesso à felicidade costuma se dar de maneira progressiva ao longo da vida toda. Se as suas dificuldades são grandes demais, você pode recorrer à ajuda de um(a) terapeuta.
- *Entre 8 e 14*: suas predisposições emocionais são, digamos, médias. Você pode melhorar dando-se o tempo de refletir e agir, e considerando a sua felicidade como uma das prioridades (se não *a* prioridade) de sua vida. Aumentar sua aptidão para a felicidade depende agora de você.
- *Se você obteve 16 ou mais*: você herdou boas predisposições emocionais para a felicidade e está com as cartas na mão para construir uma vida feliz. Ainda assim, cuidado para não desperdiçar seus dons. E não esqueça que a felicidade é uma riqueza: permita que os outros desfrutem dela!

◆

II

UM QUESTIONÁRIO PARA AVALIAR A RELAÇÃO ENTRE SEU BEM-ESTAR E SEU TRABALHO

Trabalho é saúde... Mas é sempre felicidade? Este questionário propõe que você reflita sobre isso.

Simplesmente marque a casa que melhor corresponder à sua situação atual.

	Verdadeiro	Falso
1) Não sinto a "síndrome do domingo à noite" (fossa e vazio na alma no final do fim de semana)		
2) Se tivesse de recomeçar, escolheria o mesmo trabalho		
3) Passo bons momentos de convívio com meus colegas de trabalho		

	Verdadeiro	Falso
4) Cheguei a perder a noção do tempo enquanto trabalhava		
5) Disponho de autonomia satisfatória no meu cargo		
6) Estou satisfeito(a) com o diálogo que tenho com meus superiores hierárquicos		
7) Meu trabalho me faz evoluir favoravelmente no plano pessoal		
8) Posso citar três momentos profissionais agradáveis no mês passado		
9) Tenho possibilidades de evoluir no meu trabalho		
10) Meus superiores reconhecem meus sucessos		

Como calcular seus resultados?

Conte 1 ponto por resposta "verdadeiro".

Como interpretar seus resultados?

- *Menos de 3 respostas "verdadeiro"*: Há sem dúvida um problema entre você e seu trabalho. É um problema de orientação (você trabalha num setor que não escolheu)? É um problema de adaptação (suas condições de trabalho atuais não são estimulantes)? Ou, principalmente, um problema de ambiente de trabalho ruim?
- *Entre 4 e 6 respostas "verdadeiro"*: Você está com um pé em cada barco, seu trabalho não é nem fonte de estímulo nem fonte de sofrimento. É possível melhorar isso?
- *Com 7 "verdadeiros" ou mais*: seu trabalho contribui claramente para o seu desenvolvimento pessoal.

III

UM QUESTIONÁRIO SOBRE SUA SATISFAÇÃO COM A VIDA

Este pequeno questionário é uma adaptação de uma ferramenta de pesquisa[2] concebida para ser utilizada com grandes populações de indivíduos. Daí a sua aparente simplicidade. Destina-se a explorar um dos componentes do sentimento subjetivo de felicidade: a satisfação global com a vida (sendo outro componente o bem-estar emocional).

Para cada item, você deve escolher (e anotar na coluna da direita) uma nota que indica até que ponto você concorda ou não com o que está formulado:

7 = concordo plenamente
6 = concordo
5 = concordo em parte
4 = nem concordo nem discordo

3 = discordo em parte
2 = discordo
1 = discordo totalmente

1) No essencial, minha vida está próxima do que eu desejava dela	
2) Tenho excelentes condições de vida	
3) Estou satisfeito(a) com minha vida	
4) Não medida do que foi possível, tirei o melhor da vida	
5) Se tivesse de recomeçar, não mudaria quase nada na minha vida	
Total de pontos	

Como calcular seus resultados?

Some o total de seus pontos.

Você pode obter uma nota que vai de 5, indicando que você não está nem um pouco satisfeito(a) com sua vida atual, a 35, número que exprime, ao contrário, uma satisfação máxima.

Como interpretar seus resultados?

A título de informação, a maioria das pessoas que se submeteram ao teste (nos Estados Unidos) obteve pontuações situadas entre 21 e 25:

- *De 5 a 20*, você está menos satisfeito(a) com a vida que a média.
- *Entre 21 e 25*, você está situado(a) na média.
- *Acima de 26*, você está mais satisfeito(a) com a sua vida que a média.

IV

UMA ESCALA DE PEQUENAS FELICIDADES COTIDIANAS

Propomos a seguir uma escala de auto-avaliação destinada a medir as pequenas fontes de bem-estar cotidiano, na qual, ademais, você poderá se inspirar para a construção de sua felicidade pessoal. Esta escala foi extraída de um programa terapêutico proposto a pacientes que sofrem de depressões moderadas[3]. É interessante por dois motivos: oferece um panorama das diversas atividades agradáveis no dia-a-dia (e portanto permite fazer um balanço pessoal sobre o tema), mas também pode ser personalizada.

Para cada atividade, pergunta-se qual o grau de prazer que ela lhe proporciona, mas também a freqüência com a qual você a praticou nos últimos trinta dias. O produto desses dois números representa então a satisfação obtida. Assim, uma atividade freqüente, mas pouco prazerosa a seu ver, não lhe dará pontos, como tampouco uma atividade prazerosa, para a prática da qual, contudo, você não dedica bastante tempo. Portanto, esta escala tenta combinar as duas dimensões: *top-down* (de cima para baixo) e *bottom-up* (de baixo para cima) mencionadas no capítulo 5.

Como utilizar o questionário?

- Para cada atividade, escolha um número de 0 a 2 para descrever o grau de prazer que você obtém ao praticá-la:

    0 = nenhum prazer
    1 = um pouco de prazer
    2 = muito prazer

- Proceda da mesma forma para a freqüência no último mês:

    0 = atividade não praticada no último mês
    1 = praticada de uma a seis vezes
    2 = praticada sete vezes ou mais

- A "quantidade" de satisfação que essa atividade lhe dá é indicada pela multiplicação desses dois números: por exemplo, se "respirar ar puro" lhe dá muito prazer (nota 2), mas você só fez isso duas vezes neste mês (nota 1), sua nota de satisfação obtida será de 2 × 1 = 2. Portanto, a nota de satisfação pode variar de 0 a 4.

	Prazer (de 0 a 2)	Freqüência (de 0 a 2)	Satisfação obtida (Prazer × Freqüência)
1) Respirar ar puro			
2) Comer bem			

COMO ESTÁ A SUA RELAÇÃO COM A FELICIDADE?

	Prazer (de 0 a 2)	Freqüência (de 0 a 2)	Satisfação obtida (Prazer × Freqüência)
3) Ir ao restaurante			
4) Dormir bem à noite			
5) Estar relaxado(a)			
6) Sentir-se em paz			
7) Ter tempo livre			
8) Rir			
9) Ver um belo espetáculo ou uma bela paisagem			
10) Sentar-se ao sol			
11) Vestir roupas limpas			
12) Escutar rádio			
13) Ouvir música			
14) Ler			
15) Estar na companhia de animais			
16) Olhar outras pessoas			
17) Sorrir para outras pessoas			
18) Conhecer alguém			
19) Ter uma conversa agradável com alguém			
20) Ter uma discussão útil			
21) Cumprimentar ou felicitar alguém			
22) Ser aceito(a) num grupo			
23) Estar na companhia de pessoas alegres ou felizes			

	Prazer (de 0 a 2)	Freqüência (de 0 a 2)	Satisfação obtida (Prazer × Freqüência)
24) Estar com amigos			
25) Encontrar velhos amigos			
26) Tomar um trago com amigos			
27) Ver que amigos ou pessoas próximas estão bem			
28) Pensar em pessoas de quem gosto			
29) Estar com alguém de quem gosto			
30) Ouvir dizer que gostam de mim			
31) Agradar a alguém			
32) Expressar meu amor para alguém			
33) Afagar, acariciar			
34) Beijar			
35) Fazer amor			
36) Sentir a presença de Deus na minha vida			
37) Ser chamado(a) para ajudar ou dar minha opinião			
38) Dizer claramente alguma coisa			
39) Ver que alguém se interessa pelo que digo			
40) Fazer as pessoas rirem			

◆

COMO ESTÁ A SUA RELAÇÃO COM A FELICIDADE?

	Prazer (de 0 a 2)	Freqüência (de 0 a 2)	Satisfação obtida (Prazer × Freqüência)
41) Planejar ou organizar algo			
42) Organizar uma saída, uma excursão, férias			
43) Dirigir calmamente um carro			
44) Levar um trabalho a bom termo			
45) Ver um projeto ser concluído e dar certo			
46) Aprender a fazer algo			
47) Receber um elogio			
48) Pensar em algo agradável que irá acontecer			
TOTAIS			

Alguns itens do questionário talvez tenham lhe causado certa surpresa. Pense que esta escala foi concebida para ser aplicada também em pacientes sofrendo de miséria material, de onde a pergunta 11 sobre as roupas limpas, e que sua origem é americana, de onde a pergunta 43 sobre a forma de dirigir carros (nos Estados Unidos, o carro é, muito mais que na França, um símbolo de autonomia e, portanto, de felicidade).

Como calcular seus resultados?

Faça a soma dos pontos obtidos em cada uma das três colunas.
- Você deve obter para as duas primeiras colunas uma nota compreendida entre 0 e 96 pontos.

- Para a terceira coluna, o total estará situado entre 0 e 192 pontos.

Como interpretar seus resultados?

Você pode comparar o total de pontos que obteve nessa escala com os de uma população que apresenta dificuldades psicológicas de intensidade variável e que são os seguintes[4]:
- Prazer: nota média = 51 (compreendida entre 35 e 67).
- Freqüência: nota média = 49 (compreendida entre 27 e 71).
- Satisfação: nota média = 72 (compreendida entre 34 e 110).

Se você está na média ou mesmo acima dela, a sua vida aparentemente lhe oferece uma quantidade de pequenas felicidades plenamente satisfatórias. Você pode aumentá-las ainda mais (nunca se está feliz demais...) observando em que itens obteve poucos pontos. Mas você também pode evitar o perfeccionismo e continuar assim...

Se você está abaixo da média, este questionário pode ser uma oportunidade para refletir nessa aparente penúria de pequenas felicidades cotidianas. Será o caso de aumentar a freqüência de algumas delas? Sobretudo daquelas que lhe proporcionam prazer (*cf.* coluna 1), mas que você pratica pouco (*cf.* coluna 2). Ou será o caso de inventar novas felicidades que não figuram na lista (que certamente é limitada)?

V

UM QUESTIONÁRIO SOBRE O SEU PERFIL DE FELICIDADE

Podemos sentir felicidade em quatro campos diferentes:
- ação (felicidade sobretudo externa e de movimento);
- satisfação (felicidade sobretudo externa e de retiro);
- domínio (felicidade sobretudo interna e de movimento);
- serenidade (felicidade sobretudo interna e de retiro).

Para cada pergunta, escolha a resposta que mais se aproxima de seu ponto de vista atual, fazendo um círculo em torno da letra correspondente:

1) A felicidade é algo que você…	
• persegue	(A)
• desfruta	(SE)
• sente	(D)
• recebe	(S)

VIVER FELIZ

2) Você dispõe de quinze dias de férias. Você escolhe...	
• fazer um retiro numa ilha deserta	(SE)
• alugar uma casa grande no campo com seus filhos e netos	(S)
• fazer um curso de mergulho submarino ou de caligrafia chinesa	(D)
• fazer uma viagem com velhos amigos	(A)
3) Qual é o animal cuja felicidade você melhor imagina?	
• o cavalo	(A)
• o elefante	(S)
• o gato	(SE)
• o pássaro	(D)
4) Que felicidade lhe causaria vibração mais intensa?	
• sobrevoar uma montanha num planador, na hora do pôr-do-sol	(D)
• salvar a vida de alguém	(A)
• fazer uma criança adormecer nos seus braços	(SE)
• receber o prêmio Nobel em Estocolmo, ou um Óscar em Hollywood	(S)
5) Em face de uma felicidade, o que você faz?	
• você, logo em seguida, faz novos projetos	(D)
• se senta e pensa no caminho percorrido	(S)
• grita e pula de alegria	(A)
• fecha os olhos e a desfruta	(SE)
6) Quanto à música, você gosta:	
• de ir escutá-la em apresentações com amigos	(A)
• de ter o disco e tocá-lo quando tem vontade	(S)
• de tocá-la	(D)
• de lembrar dela e cantarolá-la	(SE)
7) Um verbo para descrever a felicidade:	
• avançar	(D)
• construir	(S)
• renunciar	(SE)
• dividir	(A)
8) A morte mais bela:	
• dormindo	(SE)
• fazendo amor	(A)
• depois de uma festa de família	(S)
• absorto(a) num trabalho de que você gosta	(D)

◆

COMO ESTÁ A SUA RELAÇÃO COM A FELICIDADE?

9) A maior felicidade com uma casa de que você gosta: • construí-la • mantê-la e embelezá-la • habitá-la • sair e voltar a ela	(A) (D) (S) (SE)
10) Momentos de felicidade com um filho: • ensinar-lhe algo • pensar nele • brincar com ele • vê-lo viver	(D) (SE) (A) (S)

Como calcular seus resultados?

Conte quantas vezes você obteve cada uma das quatro letras (A, S, D ou SE) e transfira esse resultado para o total no quadro abaixo. O total de suas respostas deve ser igual a 10.

Tipo de felicidade	Número de letras correspondente
Ação	Total de A = ...
Satisfação	Total de S = ...
Domínio	Total de D = ...
Serenidade	Total de SE = ...

Como interpretar seus resultados?

Para cada um dos perfis de felicidade, você pode obter uma nota de 0 a 10. Quanto mais elevada for sua nota num determinado campo, mais esse campo será aquele que você prefere.

Mas pense também nos campos nos quais obteve as notas mais baixas: são aqueles que seria interessante você desenvolver para ampliar ainda mais suas capacidades de felicidade.

◆

Se você obteve uma maioria de respostas
"Felicidade de ação"

Seu lema da felicidade: "Agir e dividir".

Esse tipo de felicidade está ligado à plenitude sentida quando se participa de acontecimentos exteriores. É aquela que podemos sentir em atividades realizadas em grupo: trabalho conjunto, lazer com a família ou amigos... É uma felicidade de ação, mas também de vínculo, de compartilhamento, de pertencimento.

Uma monocultura dessa felicidade pode provocar certa superficialidade, levar a uma busca sistemática dos prazeres e estimulações da extroversão, a uma dependência em relação ao outro para se sentir vivo. Mas as virtudes da felicidade de ação também são bem concretas: é uma felicidade fácil de exprimir e de perceber, e portanto é comunicada e transmitida para os que nos rodeiam. A felicidade é uma riqueza, e dividi-la é um dos deveres que ela impõe...

Se você obteve uma maioria de respostas
"Felicidade de satisfação"

Seu lema da felicidade: "Sentar e desfrutar".

Esse tipo de felicidade está ligado ao retiro e à satisfação sentida interiormente graças à realização de objetivos pessoais almejados. Não é uma felicidade apenas materialista, pode provir também, por exemplo, da sensação de ter ajudado alguém. É uma felicidade de vínculo com o mundo, mas mentalizada, sentida mais no retiro que na ação.

Privilegiar excessivamente esse tipo de felicidade de satisfação pode induzir materialismo (se os objetivos forem alcançados) ou insatisfação (se não forem). Contudo, a felicidade de satisfação é uma poderosa fonte de energia para empreender e construir. Pois, ao contrário do que se ouve dizer, a felicidade é perfeitamente compatível com a criatividade e a motivação...

COMO ESTÁ A SUA RELAÇÃO COM A FELICIDADE?

Se você obteve uma maioria de respostas "Felicidade de domínio"

Seu lema da felicidade: "Comprometer-se e ir até o fim."

A pessoa com esse perfil de felicidade se caracteriza pelo fato de ficar totalmente absorta e satisfeita numa atividade de que gosta e que domina. Fala-se de estado de *"flow"* para descrever esse sentimento de *fluxo* harmonioso de pensamentos e, sobretudo, de sensações que daí decorrem.

O problema de cultivar exclusivamente essa felicidade de domínio, centrada nos benefícios pessoais de uma atividade intensa, é, no melhor dos casos, cair num ativismo, numa dependência do trabalho ou da ação, e, no pior, no egoísmo. Mas a felicidade de domínio também possibilita a excelência e a especialização: é o alimento daquelas e daqueles que aspiram à superação de si mesmos...

Se você obteve uma maioria de respostas "Felicidade de serenidade"

Seu lema da felicidade: "Presença e distância no mundo."

Essa felicidade repousa numa mistura de receptividade, repouso, distância em relação ao andamento do mundo. A pessoa se sente feliz de estar ali, ao lado dos acontecimentos da vida, mas não mergulhada neles. Essa distância não é indiferença, pois essa felicidade quase sempre ocorre num momento de vida: olhando um pôr-do-sol ou uma aurora, quando todos ainda dormem; escutando a ária de uma música; simplesmente percebendo que se está calmo e feliz de estar assim...

Desenvolver na vida apenas essa felicidade de serenidade pode induzir uma certa forma de passividade, de fatalismo, de descompromisso em relação aos combates necessários da vida. Contudo, essa mesma felicidade favorece enormemente o acesso à paz interior e à tolerância, que podem constituir bases existenciais melhores que muitas emoções negativas...

VI

UM QUESTIONÁRIO SOBRE O PESSIMISMO E O OTIMISMO

Este questionário inspirou-se em duas ferramentas científicas[5] destinadas a avaliar o otimismo e o "lugar de controle" (o que acontece conosco depende de nós, ou do acaso e dos outros?). Constata-se que esses dois dados são importantes na capacidade para construir e preservar a felicidade.

Marque a cada vez a casa que corresponde à frase que mais se aproxima de seu ponto de vista atual:

1	Sempre é possível se entender com as pessoas			Existem pessoas com quem é impossível se entender
2	Gosto de ficar sem fazer nada			Preciso sempre fazer alguma coisa para me ocupar

3	Prever o pior permite preparar-se melhor para ele		Confiar no futuro torna a vida mais agradável
4	Quando tenho preocupações, adormeço pensando que "a noite é a melhor conselheira"		Não gosto de terminar um dia com problemas não resolvidos
5	Ninguém escapa do seu passado		Sempre se pode mudar o destino
6	Às vezes fico furioso(a)		Não é fácil eu ficar nervoso(a)
7	Acredito na noção de progresso		Muitas vezes acho que os seres humanos caminham para seu fim
8	Se algo de ruim tiver de acontecer, vai acontecer		O diabo nem sempre está atrás da porta
9	Gosto principalmente dos pores-do-sol		Prefiro ver o sol nascer
10	Costumo ter sorte na vida		Em geral, não tenho sorte
11	Pode-se mudar o curso das coisas		Costumamos estar sujeitos ao curso das coisas
12	Dor de amor dura a vida toda		Uma porta se fecha, outra se abre
13	Numa carreira profissional, a competência sempre faz diferença		Há muitas outras coisas além da competência para explicar o sucesso: pistolão, sorte, concessões
14	Gosto dos quadrados		Prefiro os círculos
15	Sempre que perco um objeto, acabo encontrando-o quando paro de procurá-lo		Se a gente não encontra as coisas perdidas logo, acaba topando com elas só quando já não são necessárias

COMO ESTÁ A SUA RELAÇÃO COM A FELICIDADE?

| 16 | Em geral é inútil tentar mudar a opinião das pessoas, pois tudo é relativo | | | Sempre vale a pena tentar convencer as pessoas que estão equivocadas |

Como calcular seus resultados?

Se você escolheu a coluna da esquerda para as perguntas 1, 4, 7, 10, 11, 13, 15: conte 1 ponto. Para essas perguntas assinaladas na coluna da direita, nenhum ponto.

Se você escolheu a coluna da direita para as perguntas 3, 5, 8, 12, 16: conte 1 ponto. Para essas perguntas assinaladas na coluna da esquerda, nenhum ponto.

As perguntas 2, 6, 9, 14 estão presentes apenas para desviar a atenção da mecânica do questionário...

Portanto, você pode obter um total que vai de 0 a 12 pontos.

Como interpretar seus resultados?

- *Menos de 3 pontos*: Não deve ser surpresa para você ficar sabendo que é bastante pessimista... Você tende a antecipar negativamente sempre que se encontra diante de algo incerto. Também considera que não temos meios de influenciar o curso de nossas vidas. Portanto, vai ter trabalho para desenvolver uma concepção diferente da vida, mais compatível com momentos de felicidade: fique tranqüilo(a), ao contrário do que você tende a pensar (normal, por enquanto, é seu pessimismo que está no comando), a mudança é possível...
- *De 4 a 8 pontos*: Você tem inegáveis capacidades para o otimismo, mas os demônios do pessimismo às vezes se apoderam de você. Isso pode acabar sendo uma posição bastante eficaz na vida: seu otimismo só é ativado quando as circunstâncias o exigem ou permitem.

Cabe a você verificar se é isso o que acontece. Mas você pode progredir mais. Por exemplo, refletindo sobre os benefícios que atribui ao pessimismo: são tão claros assim? E também sobre a maneira de ser mais otimista mesmo na adversidade: chegar a brigar, sem perder a confiança. É um trabalho apaixonante consigo mesmo(a)...

- *9 pontos ou mais*: Você pertence à feliz família dos otimistas: confia *a priori* no futuro e também nas suas capacidades de construí-lo e modificá-lo. Você não gosta de ficar ruminando: refletir, agir, depois passar para outra coisa, é essa a sua principal estratégia na vida. Seu otimismo lhe permite ter um acesso mais fácil a emoções de bem-estar e de felicidade. Preserve-o com todo o cuidado, continue a cultivá-lo e não esqueça de dividir com os próximos menos dotados nesse assunto...

PARA SABER MAIS

Obras sobre a psicologia da felicidade e do bem-estar

American Psychologist, Special Issues on Happiness, Excellence, and Optimal Human Functioning, vol. 55, n° 1, janeiro de 2000.

M. ARGYLLE, *The Psychology of Happiness*, Londres, Taylor & Francis, 2001.

F. e L. CAVALLI-SFORZA, *La Science du bonheur*, Paris, Odile Jacob, 1998.

E. C. CHANG (ed.), *Optimism and Pessimism. Implications for Theory, Research and Practice*, Washington DC, American Psychological Association, 2001.

M. CSIKSZENTMIHALYI, *Living Well. The Psychology of Everyday Life*, Londres, Phoenix, 1997.

D. KAHNEMAN, E. DIENER, N. SCHWARZ (eds.), *Well-being. The Foundations of Hedonic Psychology*, Nova York, Russell Sage Foundation, 1999.

P. LEGRENZI, *Le Bonheur*, Bruxelas, De Boeck, 2001.
D. LYKKEN, *Happiness. The Nature and Nurture of Joy and Contentment*, Nova York, St-Martin's Griffin, 1999.
D. G. MYERS, *The Pursuit of Happiness*, Nova York, Avon Books, 1992.
C. R. SNYDER, S. J. LOPEZ, *Handbook of Positive Psychology*, Oxford, Oxford University Press, 2002.
R. E. THAYER, *The Origin of Everyday Mood*, Oxford, Oxford University Press, 1996.
J. VAN RILLAER, *La Gestion de soi*, Bruxelas, Mardaga, 1992.
D. WATSON, *Mood and Temperament*, Nova York, Guilford Press, 2000.

Obras sobre a filosofia e a história da felicidade

ALAIN, *Propos sur le bonheur*, Paris, Gallimard, 1928.
AGOSTINHO, *La Vie heureuse*, Paris, Payot et Rivages, 2000.
A. DE BOTTON, *Les Consolations de la philosophie*, Paris, Mercure de France, 2001.
P. BRUCKNER, *L'Euphorie perpétuelle. Essai sur le devoir de bonheur*, Paris, Grasset, 2000.
MADAME DU CHÂTELET, *Discours sur le bonheur*, Paris, Payot et Rivages, 1997.
A. COMTE-SPONVILLE, *Petit Traité des grandes vertus*, Paris, PUF, 1995.
A. COMTE-SPONVILLE, *Dictionnaire philosophique*, Paris, PUF, 2001.
A. COMTE-SPONVILLE, *Le Bonheur, désespérément*, Nantes, Pleins Feux, 2000.
M. CONCHE, *Montaigne ou la conscience heureuse*, Paris, PUF, 2002.
EPICURO, *Lettre sur le bonheur*, Paris, Mille et une nuits, 1993.
L. FERRY, *Qu'est-ce qu'une vie réussie?*, Paris, Grasset, 2002.
R. MAUZI, *L'Idée du bonheur dans la littérature et la pensée françaises au XVIIIe siècle*, Genebra, Slatkine Reprints, 1979.
PLUTARCO, *La Sérénité intérieure*, Paris, Payot et Rivages, 2001.
L. PRIOREFF, *Le Bonheur. Anthologie de textes philosophiques et littéraires*, Paris, Maisonneuve et Larose, 2000.

B. RUSSELL, *La Conquête du bonheur*, Paris, Payot et Rivages, 2001.
A. SCHOPENHAUER, *L'Art d'être heureux*, Paris, Seuil, 2001.
P. TEILHARD DE CHARDIN, *Sur le bonheur*, Paris, Seuil, 1966.
P. VAN DEN BOSCH, *La Philosophie et le bonheur*, Paris, Flammarion, 1997.
B. VERGELY, *Petite philosophie du bonheur*, Toulouse, Milan, 2001.

Obras sobre o exercício da felicidade no cotidiano
DALAI-LAMA e H. CUTLER, *L'Art du bonheur*, Paris, Robert Laffont, 1999.
P. DELERM, *Le Bonheur. Tableaux et bavardages*, Paris, Éditions du Rocher, 1986.
P. DELERM, *La Première Gorgée de bière, et autres plaisirs minuscules*, Paris, Gallimard, 1997.
P. DELERM, *La Sieste assassinée*, Paris, Gallimard, 2001.
A. E. ELLIS, *How to Make Yourself Happy and Remarkably Less Disturbable*, Atascadero, Impact Publishers, 1999.
A. MEMMI, *Ah, quel bonheur!*, Paris, Arléa, 1999.
A. MEMMI, *L'Exercice du bonheur*, Paris, Arléa, 1995.
A. MEMMI, *Bonheurs*, Paris, Arléa, 1992.
D. NIVEN, *The 100 Simple Secrets of Happy People. What Scientists Have Learned and How You Can Use It*, São Francisco, Harper Collins, 2000.
D. NOGUEZ, *Les Plaisirs de la vie*, Paris, Payot et Rivages, 2000.
M. RICARD, *Plaidoyer pour le bonheur*, Paris, NIL éditions, 2003.
P. SANSOT, *Du bon usage de la lenteur*, Paris, Payot et Rivages, 1998.
M. SELIGMAN, *Apprendre l'optimisme*, Paris, InterÉditions, 1994.
J.-L. SERVAN-SCHREIBER, *Vivre content*, Paris, Albin Michel, 2002.
S. C. VAUGHAN, *Half Empty, Half Full. How to take Control and Live Life as an Optimist*, Orlando, Harcourt, 2000.

Várias revistas dedicaram números especiais
ao tema da felicidade
Beaux-Arts Magazine, "132 pages de bonheur dans l'art contemporain, la peinture du XVIIIe siècle, la BD, le design, la mode, la publicité...", n.º 188, janeiro de 2000.

Magazine littéraire, "La tentation du bonheur", n? 389, julho-agosto de 2000.

Le Nouvel Observateur, "Le bonheur, mode d'emploi", número especial n? 36, 1999.

Psychologies Magazine, "Dossier Bonheur", n? 161, abril de 1998.

Sciences humaines, "Le bonheur, de la philosophie antique à la psychologie contemporaine", n? 75, agosto-setembro de 1997.

HOMENAGENS

A André Comte-Sponville, cujos textos iluminaram a redação deste livro.

A Philippe Delerm, que ousou celebrar os prazeres (e felicidades) minúsculos.

À memória de Robert Mauzi, cuja monumental obra, *L'Idée du bonheur dans la littérature et la pensée françaises au XVIIIe siècle*, proporcionou-me uma imensa felicidade de leitura.

AGRADECIMENTOS

A Odile Jacob, por sua presença atenta em todas as etapas deste projeto.

A Catherine Meyer, por sua ajuda editorial e psicológica.

A Jean-Jérôme Renucci, por sua sóbria e constante eficiência.

A Cécile Andrier e Hélène Sabatier, por seu apoio e sua amizade.

Aos professores Henri Lôo e Jean-Pierre Olié, pela felicidade de trabalhar ao lado deles no serviço hospitalar universitário do hospital Sainte-Anne de Paris.

Aos meus colegas e amigos: Frédéric Fanget, pelos seus calorosos conselhos, Jacques Van Rillaer, por suas contribuições científicas.

Aos pacientes que aceitaram reler e criticar (com razão) os escritos de seu terapeuta: Annie, Christine, Laure, Maud e Jean-Marc.

A Misou e Clémence, por seus comentários pertinentes sobre este manuscrito.

◆

VIVER FELIZ

Aos meus amigos e familiares, por suas opiniões, experiências de vida e citações: Danièle Laufer, Pierre Boisard, Jacques-Franck De Gioanni, Florian Kleinefenn, Bertrand Legendre, Pierre Ricard, Étienne e a feliz família Prache (cujos testemunhos percorrem este livro). Minhas desculpas a aquelas e aqueles que esqueci: falei tanto de felicidade com os que me cercam...

Aos meus pais, evidentemente, pelas felicidades que me deram e por aquelas que me permitiram alcançar.

Enfim e sobretudo às minhas três filhas, por seus conselhos cheios de bom senso e sua alegre participação no nascimento e na redação deste livro.

NOTAS

PRIMEIRA PARTE: A FELICIDADE É POSSÍVEL?

Capítulo 1
O que é a felicidade?

1. P. VAN DEN BOSCH, *La Philosophie et le bonheur*, Paris, Flammarion, 1997.
2. J.-C. GUILLEBAUD, *La Tyrannie du plaisir*, Paris, Seuil, 1998.
3. J. DANIEL, Introdução à obra *Le Bonheur. Anthologie de textes philosophiques et littéraires*, Paris, Maisonneuve et Larose, 2000.
4. A. COMTE-SPONVILLE, *Dictionnaire philosophique*, Paris, PUF, 2000.
5. *Dictionnaire des mots de la foi chrétienne*, Paris, Éditions du Cerf, 1968.

6. A. REY, *Dictionnaire historique de la langue française*, Paris, Dictionnaires Le Robert, 1992.
7. D. KAHNEMAN, E. DIENER, N. SCHWARZ (eds.), *Well-Being: The Foundations of Hedonic Psychology*, Nova York, Russel Sage, 1999.
8. J.-L. SERVAN-SCHREIBER, *Vivre content*, Paris, Albin Michel, 2002.
9. M. CONCHE, *Montaigne, ou la conscience heureuse*, Paris, PUF, 2002.
10. A. DAMASIO, *Le Sentiment même de soi*, Paris, Odile Jacob, 1999.
11. Citado por P. FOULQUIÉ, *Dictionnaire de la langue philosophique*, Paris, PUF, 1962, p. 74.
12. F. LECLERC, *Pieds nus dans l'aube*, Montreal, Bibliothèque québécoise, 1982.
13. P. DELERM, *Le Bonheur, tableaux et bavardages*, Paris, Éditions du Rocher, 1998.

Capítulo 2
A felicidade impedida

1. M. YOURCENAR, *Feux*, Paris, Gallimard, 1993.
2. P. FORT, *Ballades françaises*, Paris, Flammarion, 1983, p. 91.
3. E. MOZZANI, *Le Livre des superstitions*, Paris, Robert Laffont, 1995.
4. F. e S. CAVALLI-SFORZA, *La Science du bonheur*, Paris, Odile Jacob, 1998.
5. S. HEIMPEL *et al.*, "Do people with low self-esteem really want to feel better? Self-esteem differences in motivation to repair negative mood", *Journal of Personality and Social Psychology*, 2002, 82: 128-47.
6. A. BRACONNIER, *Petit ou grand anxieux*, Paris, Odile Jacob, 2002.
7. P. LEGRENZI, *Le Bonheur*, Bruxelas, De Boeck Université, 2001, pp. 34-5.
8. J. E. YOUNG, J. KLOSKO, *Je réinvente ma vie*, Montreal, Éditions de l'Homme, 1995.

9. L. ABRAMSON *et al.*, "Learned helplessness in humans: Critique and reformulation", *Journal of Abnormal Psychology*, 1978, 87: 49-74.
10. GUILLERAGUES, *Lettres de la religieuse portugaise*, Paris, Mille et une nuits, 2000.
11. A. T. BECK *et al.*, "The measurement of pessimism: The 'Hopelessness scale'", *Journal of Consulting and Clinical Psychology*, 1974, 42: 861-5.
12. J. AUDIBERTI, *Race des hommes*, Paris, Gallimard, 1968.
13. A. COMTE-SPONVILLE, *op. cit.*
14. C. PRIEUR, "Les écueils de la liberté", *Le Monde*, 20 de dezembro de 2002, p. 14.
15. B. CYRULNIK, *Un merveilleux malheur*, Paris, Odile Jacob, 1999.
16. Ed. fr.: W. STYRON, *Face aux ténèbres. Chronique d'une folie*, Paris, Gallimard, 1990.
17. Ed. fr.: A. SOLOMON, *Le Diable intérieur. Anatomie de la dépression*, Paris, Albin Michel, 2002.

Capítulo 3
A felicidade: uma história íntima

1. R. E. THAYER, *The Origin of Everyday Moods*, Oxford, Oxford University Press, 1996.
2. D. WATSON, "Measuring mood: A structural model", in *Mood and Temperament*, Nova York, Guilford Press, 2000, pp. 31-61.
3. N. SCHWARZ e G. L. CLORE, "Mood, misattribution and judgments of well-being: Informative and directive functions of affective states", *Journal of Personality and Social Psychology*, 1983, 45: 513-23.
4. N. SCHWARZ *et al.*, "Soccer, rooms and the quality of your life: Mood effects on judgments of satisfaction with life in general and with specific domains", *European Journal of Social Psychology*, 1987, 17: 69-79.
5. E. DIENER, R. J. LARSEN, "Temporal stability and cross-situational consistency of affective, behavioral and cognitive responses", *Journal of Personality and Social Psychology*, 1984, 47: 871-83.

6. D. WATSON, "The dispositional basis of affect", in *Mood and Temperament, op. cit.*, pp. 144-73.
7. L. A. CLARK, D. WATSON, "Mood and the mundane: Relations between daily life and self-reported mood", *Journal of Personality and Social Psychology*, 1988, 54: 296-308.
8. P. T. COSTA *et al.*, "Environmental and dispositional influences on well-being: Longitudinal follow-up of an American national sample", *British Journal of Psychology*, 1987, 78: 299-306.
9. D. WATSON, *Mood and Temperament, op. cit.*
10. H. J. EYSENCK, *The Biological Basis of Personality*, Springfield, 1967.
11. W. VAN DER DOES, "Differents types of experimentally induced sad mood", *Behavior Therapy*, 2002, 33: 551-61.
12. C. L. RUSTING, R. J. LARSEN, "Diurnal patterns of unpleasant mood: Associations with neuroticism, depression and anxiety", *Journal of Personality*, 1998, 66: 87-103.
13. R. DE BEAUREPAIRE, "Anatomies discrètes du bonheur et du malheur", *Dépression*, 2000, 18: 51-3.
14. A. J. TOMARKEN, A. D. KEENER, "Frontal brain asymmetry and depression: A self-regulatory perspective", *Cognition and Emotion*, 1998, 12: 387-420.
15. A. F. LEUCHTER *et al.*, "Changes in brain function of depressed patients during treatment with placebo", *American Journal of Psychiatry*, 2002, 159: 122-9.
16. A. L. BRODY *et al.*, "Regional brain metabolic changes in patients with major depression treated with either paroxetine or interpersonal therapy", *Archives of General Psychiatry*, 2001, 56: 631-40.
17. A. ERNAUX, *La Place*, Paris, Gallimard, 1983.
18. L. PRIOREFF, *Le Bonheur*, Paris, Maisonneuve et Larose, 2000, p. 222.
19. A. RÉMOND, *Chaque jour est un adieu*, Paris, Seuil, 2000.
20. J. ANOUILH, *Antigone*, Paris, La Table ronde, 1946.
21. D. D. DANNER *et al.*, "Positive emotions in early life and longevity: Findings from the nun study", *Journal of Personality and Social Psychology*, 2001, 80: 804-13.
22. A. COMTE-SPONVILLE, *op.cit.*, p. 621.
23. *Impact Médecine*, n.º 14, 31 de outubro de 2002, pp. 6-8.

24. R. HELSON, E. C. LOHNEN, "Affective coloring of personality from young adulthood to midlife", *Personality and Social Psychology Bulletin*, 1998, 24: 241-52.
25. A. COMTE-SPONVILLE, *op. cit.*, p. 322.

SEGUNDA PARTE: COMPREENDER
E DEFENDER A FELICIDADE

Capítulo 4
Onde buscar a felicidade?

1. A. SCHOPENHAUER, *L'Art d'être heureux*, Paris, Seuil, 2001, p. 29.
2. J. LECOMTE, "Le bien-être au quotidien", *Sciences humaines*, 1997, nº 75, pp. 26-9.
3. E. DIENER *et al.*, "The relationship between income and subjective well-being: Relative or absolute?", *Social Indicators Research*, 1993, 28: 195-223.
4. E. DIENER *et al.*, *art. cit.*
5. A. CAMPBELL, *The Sense of Well-Being in America*, Nova York, McGraw-Hill, 1981.
6. P. BRICKMAN *et al.*, "Lottery winners and accidents victims: Is happiness relative?", *Journal of Personality and Social Psychology*, 1978, 36: 917-27.
7. P. THOITS, M. HANNAN, "Income and psychological distress", *Journal of Health and Social Behaviour*, 1979, 20: 120-38.
8. T. TER SCHIPHORTS, *Joseph Delteil*, Paris, Éditions CLT, 1977.
9. F. BEIGBEDER, *99 francs*, Paris, Grasset, 2000 (depois de 2002, passou a se chamar *14,99 euros...*).
10. A. DE BOTTON, *Les Consolations de la philosophie*, Paris, Mercure de France, 2001.
11. C. OLIEVENSTEIN, *Il n'y a pas de drogués heureux*, Paris, LGF, 1978.
12. J. G. HULL *et al.*, "The self-awareness reducing effect of alcohol consumption", *Journal of Personality and Social Psychology*, 1983, 44: 461-73.
13. J. MORENON, F. PÉRÉA, "L'alcoolique au comptoir, étude sur le comportement verbal spontané des buveurs", *Synapse*, 2002, nº 190, pp. 23-8.

14. J. G. HULL, R. D. YOUNG, "Self-consciousness, self-esteem, and success-failure as determinants of alcohol consumption in male social drinkers", *Journal of Personality and Social Psychology*, 1983, 44: 1097-109.
15. P. KRAMER, *Prozac: le bonheur sur ordonnance?*, Paris, First, 1994.
16. A. L. BRODY *et al.*, "Personality changes in adults subjects with major depressive disorder or obsessive-compulsive disorder treated with paroxetine", *Journal of Clinical Psychiatry*, 2000, 61: 349-55.
17. B. KNUTSON *et al.*, "Serotonergic interventions selectively alters aspects of personality and social behavior in normal humans", *American Journal of Psychiatry*, 1998, 155: 373-9.
18. W. K. CAMPBELL, P. E. CONVERSE, W. L. ROGERS, *The Quality of American Life*, Nova York, Sage, 1976.
19. D. GOLEMAN, *L'Intelligence émotionnelle*, Paris, Robert Laffont, 1997.
20. J. SIAUD-FACCHIN, *L'Enfant surdoué*, Paris, Odile Jacob, 2002.
21. D. K. MROCZAK, C. M. KOLANZ, "The effect of age on positive and negative affect: A developmental perspective on happiness", *Journal of Personality and Social Psychology*, 1998, 75: 1333-49.
22. J.-F. AMADIEU, *Le Poids des apparences*, Paris, Odile Jacob, 2002.
23. M. ARGYLE, L. LU, "The happiness of extraverts", *Personality and Individual Differences*, 1990, 11: 1011-7.
24. D. G. MYERS, "Close relationships and quality of Life", *in* D. Kahneman *et al.* (eds.), *Well-Being: The Foundations of Hedonic Psychology*, Nova York, Russell Sage, 1999, p. 378.
25. A. MASTEKAASA, "Marital status, distress, and well-being: An international comparison", *Journal of Comparative Families Studies*, 1994, 25: 183-206.
26. A. T. BECK, *Love is never enough*, Londres, Penguin Books, 1989.
27. W. WOOD *et al.*, "Sex-differences in positive well-being", *Psychological Bulletin*, 1989, 106: 249-64.
28. B. CYRULNIK, *Sous le signe du lien*, Paris, Hachette, 1989.

29. R. F. BAUMEISTER, *Meanings of Life*, Nova York, Guilford, 1991.
30. C. WALKER, "Some variations in marital satisfactions", *in* R. Chester, J. Peels (eds.), *Equalities and Inequalities in Family Life*, Londres, Academic Press, 1977, pp. 127-39.
31. S. FORWARD, *Toxic Parents*, Nova York, Bantam Books, 1989.
32. R. D. ENRIGHT *et al.*, "Le pardon comme mode de régulation émotionnelle", *Journal de thérapie comportementale et cognitive*, 2001, 11: 123-35.
33. A. COMTE-SPONVILLE, *Dictionnaire philosophique, op. cit.*, p. 425.
34. R. W. LARSON, "The solitary side of life: an examination of the time people spend alone from childhood to old age", *Developmental Review*, 1990, 10: 155-83.
35. L. WHEELER *et al.*, "Loneliness, social interaction and social roles", *Journal of Personality and Social Psychology*, 1983, 45: 943-53.
36. T. A. JUDGE, S. WATANABE, "Another look at the job satisfaction-life satisfaction relationship", *Journal of Applied Psychology* 1993, 78: 939-48.
37. K. M. SHELDON, L. HOUSER-MARKO, "Self-concordance, goal attainment, and the pursuit of happiness: Can there be an upward spiral?", *Journal of Personality and Social Psychology*, 2001, 80: 152-6.
38. M. ARGYLE, *The Psychology of Happiness*, Hove, Routledge, 2001, p. 93.
39. L. LU, M. ARGYLE, "TV watching, soap opera and happiness", *Kaoshiung Journal of Medical Sciences*, 1993, 9: 501-7.
40. J. P. ROBINSON, "Television's effects on families' use of time", *in* J. Bryant (ed.), *Television and The American Family*, Hillsdale, Erlbaum, 1990, pp. 195-209.
41. D. WATSON, *Mood and Temperament, op. cit.*
42. M. CSIKSZENTMIHALY, *Living Well*, Londres, Phoenix, 1997.
43. J. NAKAMURA, M. CSIKSZENTMIHALY, "The concept of flow", *in* C. R. Snyder e S. J. Lopez (eds.), *Handbook of Positive Psychology*, Oxford, Oxford University Press, 2002, pp. 89-105.
44. ABBÉ TRUBLET, citado por R. MAUZI, *L'Idée de bonheur dans la littérature et la pensée françaises au XVIIIe siècle*, Paris, Colin, 1979, p. 330.

45. E.-M. CIORAN, *De l'inconvénient d'être né*, Paris, Gallimard, 1973.
46. J.-J. ROUSSEAU, *Les Rêveries du promeneur solitaire*, Paris, Garnier-Flammarion, 1964.
47. E. ORSENNA, *Portrait d'un homme heureux*, Paris, Fayard, 2000.
48. Ed. fr.: H. D. THOREAU, *Walden ou La vie dans les bois*, Paris, Aubier, 1967.

Capítulo 5
Que sabemos sobre a felicidade?

1. Citado por F. e L. CAVALLI-SFORZA, *La Science du bonheur, op. cit.*, 1998, p. 25.
2. D. LYKKEN, *Happiness: The Nature and Nurture of Joy and Contentment*, Nova York, St Martin's Griffin, 2000.
3. F. M. ANDREWS, S. B. WHITEY, *Social Indicators of Well-Being: American's Perceptions of Life Quality*, Nova York, Plenum, 1976.
4. P. STEEL e D. S. ONES, "Personality and happiness: A national-level analysis", *Journal of Personality and Social Psychology*, 2002, 83: 767-81.
5. R. INGLEHART, *Culture Shift in Advanced Industrial Society*, Princeton, Princeton University Press, 1990.
6. F. DE WAAL, *Le Bon Singe*, Paris, Bayard, 1997.
7. A. WEISS *et al.*, "Subjective well-being is heritable and genetically correlated with dominance in chimpanzees", *Journal of Personality and Social Psychology*, 2002, 83: 1141-9.
8. J.-P. ROLLAND, "Le bien-être subjectif. Revue de questions", *Pratique psychologique*, 2000, 1.
9. B. HEADEY *et al.*, "Top-down versus bottom-up theories of subjective well-being", *Social Indicators Research*, 1991, 24: 81-100.
10. E. DIENER, E. SUH, "Measuring quality of life: economic, social and subjective indicators", *Social Indicators Research*, 1997, 40: 189-216.
11. G. RANNAUD, "Stendhal: la chasse du bonheur", *Magazine littéraire*, 2000, n° 389, pp. 49-52.
12. C. D. RYFF, "Happiness is everything, or is it? Explorations of the meaning of psychological well-being", *Journal of Personality and Social Psychology*, 1989, 57: 1069-81.

13. E. DIENER, M. DIENER, "Cross-cultural correlates of life satisfaction and self-esteem", *Journal of Personality and Social Psychology*, 1995, 5687: 653-63.
14. C. ANDRÉ, F. LELORD, *L'Estime de soi*, Paris, Odile Jacob, 1999.
15. L. MILLET *et al.*, "La nostalgie maternelle pathologique", *Annales médico-psychologiques*, 1980, 138: 587-94.
16. N. DUBOIS, *La Psychologie du contrôle*, Grenoble, Presses universitaires de Grenoble, 1987.
17. R. LARSEN, "Is feeling 'in control' related to happiness in daily life?", *Psychological Reports*, 1989, 64: 775-84.
18. J. RODIN, "Aging and health: Effects of the sense of control", *Science*, 1986, 233: 1271-6.
19. G. OETTINGEN, M. E. P. SELIGMAN, "Pessimism and behavioral signs of depression in East versus West Berlin", *European Journal of Social Psychology*, 1990, 20: 207-20.
20. B. SCHWARTZ *et al.*, "Maximizing versus satisficing: happiness is a matter of choice", *Journal of Personality and Social Psychology*, 2002, 83: 1178-97.
21. S. KIERKEGAARD, *Le Concept de l'angoisse*, Paris, Gallimard, 1977.
22. K. M. SHELDON, L. HOUSER-MARKO, "Self-concordance, goal attainment and the pursuit of happiness: Can there be an upward spiral?", *Journal of Personality and Social Psychology*, 2001, 80: 152-65.
23. R. SHAFRAN *et al.*, "Clinical perfectionism: A cognitive-behavioral analysis", *Behaviour Research and Therapy*, 2002, 40: 773-91.
24. G. OETTINGEN, D. MAYER, "The motivating function of thinking about the future: Expectations versus fantasies", *Journal of Personality and Social Psychology*, 2002, 83: 1198-212.
25. M. LACROIX, *Le Développement personnel*, Paris, Flammarion, 2000.
26. C. R. SNYDER, S. J. LOPEZ (eds.), *Handbook of Positive Psychology*, Oxford, Oxford University Press, 2002.
27. C. L. M. KEYES *et al.*, "Optimizing well-being: The empirical encounter of two traditions", *Journal of Personality and Social Psychology*, 2002, 82: 1007-22.
28. F. LELORD, C. ANDRÉ, *La Force des émotions*, Paris, Odile Jacob, 2001.

29. J. L. FREEDMAN, *Happy People*, Nova York, Harcourt, 1978.
30. J. R. AVERILL, T. A. MORE, "Happiness", *in* M. Lewis, J. M. Havilland, *Handbook of Emotions*, Nova York, Guilford, 1993, pp. 617-29.
31. K. M. SHELDON *et al.*, "What is satisfying about satisfying events? Testing 10 candidate psychological needs", *Journal of Personality and Social Psychology*, 2001, 80: 325-39.
32. MADAME DU CHÂTELET, *Discours sur le bonheur*, Paris, Payot, 1997.
33. *In Psychologies Magazine*, n°. 213, 2002, pp. 98-102.
34. A. CAMUS, *Le Mythe de Sisyphe*, Paris, Gallimard, 1942.
35. P.-H. SIMON, *Témoins de l'homme*, Paris, Payot, 1968.
36. P. TEILHARD DE CHARDIN, *Sur le bonheur*, Paris, Seuil, 1966.
37. A. COMTE-SPONVILLE, *Dictionnaire philosophique*, *op. cit.*, p. 252.
38. *Ibid.*, p. 264.
39. M. ARGYLLE, *The Psychology of Happiness*, Nova York, Taylor & Francis, 2001, p. 164.
40. R. A. WITTER *et al.*, "Religion and subjective well-being in adulthood: A quantitative synthesis", *Review of Religious Research*, 1985, 26: 332-42.
41. J. MALTBY *et al.*, "Religious orientation and psychological well-being: The role of the frequency of personal prayer", *British Journal of Health Psychology*, 1999, 4: 363-78.
42. C. G. ELLISON, "Religious involvment and subjective well-being", *Journal of Health and Social Behavior*, 1991, 32: 80-99.
43. L. TEPPERS *et al.*, "The prevalence of religions coping among persons with persistent mental illness", *Psychiatrie Services*, 2001, 52: 660-5.
44. V. T. DULL, L. A. SKOKAN, "A cognitive model of religion's influence on health", *Journal of Social Issues*, 1995, 51: 49-64.
45. A. W. BRAAM *et al.*, "Religions climate and geographical distribution of depressive symptoms in older dutch citizens", *Journal of Affective Disorders*, 1999, 54: 149-59.
46. P. DESPROGES, *Vivons heureux en attendant la mort*, Paris, Seuil, 1983.
47. A. COMTE-SPONVILLE, *Dictionnaire philosophique*, *op. cit.*

NOTAS

Capítulo 6
A felicidade, um tema que aborrece

1. P. VAN DEN BOSCH, "Le bonheur en philosophie", *Sciences humaines*, 1997, n° 75, pp. 20-5.
2. Ed. fr.: AGOSTINHO, *La Vie heureuse*, Paris, Payot, 2000.
3. M. CONCHE, *Montaigne ou la conscience heureuse*, Paris, PUF, 2002, p. 28.
4. J. DELUMEAU, "L'âge d'or", *Le Nouvel Observateur*, edição especial n° 36, *Le Bonheur, mode d'emploi*, 1999, pp. 82-3.
5. J. DELUMEAU, *Une histoire du paradis*, Paris, Fayard, 1992.
6. *Ibid.*, p. 106.
7. Citado por D. RABOUIN, "Du bonheur comme idée reçue", *Magazine littéraire*, 2000, n° 389, pp. 29-30.
8. R. MAUZI, *op. cit.*, p. 15.
9. A. BURGUIÈRE, "Une idée neuve", *Le Nouvel Observateur*, edição especial n° 36, *Le Bonheur, mode d'emploi*, 1999, pp. 25-6.
10. Citado por M. DELON, "Sade contre Rousseau: en marge des lumières", *Magazine littéraire*, 2000, n° 389, pp. 39-43.
11. D. NOGUEZ, *Les Plaisirs de la vie*, Paris, Payòt, 2000.
12. R. MAUZI, *op. cit.*, p. 24.
13. Citado por Y. LECLERC, "Flaubert: le bonheur dans la bêtise", *Magazine littéraire*, 2000, n° 389, pp. 52-5.
14. P. BRUCKNER, *L'Euphorie perpétuelle*, Paris, Grasset, 2000.
15. A. COMTE-SPONVILLE, *Dictionnaire philosophique, op. cit.*
16. C. SEDIKIDES, "Mood as a determinant of attentional focus", *Cognition and Emotion*, 1992, 6: 129-48.
17. M. N. O'MALLEY, L. ANDREWS, "The effects of mood and incentives on helping", *Motivation and Emotion*, 1983, 7: 179-89.
18. A. M. ISEN, P. F. MEVIN, "Effects on feeling good on helping: Cookies and kindness", *Journal of Personality and Social Psychology*, 1972, 21: 384-88.
19. D. J. BAUMANN *et al.*, "Altruism as hedonism: Helping and self-gratification as equivalent responses", *Journal of Personality and Social Psychology*, 1981, 40: 1039-46.
20. J. ANOUILH, *La Sauvage*, Paris, Gallimard, 1972.
21. P. BRUCKNER, *op. cit.*

22. M. HOUELLEBECQ, *Rester vivant*, Paris, Flammarion, 1997.
23. M. HOUELLEBECQ, *Plateforme*, Paris, Flammarion, 2001.
24. M. HOUELLEBECQ, *Les Particules élémentaires*, Paris, Flammarion, 1998.
25. Citado por M. WACHENTORFF numa entrevista para *Impact Médecine*, n.º 13, 25 outubro de 2002, pp. 72-3.
26. P. SANSOT, *Les Gens de peu*, Paris, PUF, 1991.
27. "Pourquoi tant de haine pour Amélie? Les lecteurs de Libé défendent le film de Jeunet", *Libération*, 3 de junho de 2001, n.º 6235, pp. 2-4.
28. B. CANNONE, "Le bonheur en littérature", *Sciences humaines*, 1997, n.º 75, pp. 38-41.
29. T. TODOROV, "Sous le regard des autres", *Sciences humaines*, 2002, n.º 131, pp. 22-7.
30. P. CARRÉ, "Pyrrhon: abolir tous les étants", *Magazine littéraire*, 2001, n.º 394, pp. 25-7.
31. ALAIN, *Propos*, Paris, Gallimard, 1956.
32. D. NOGUEZ, *Comment rater complètement sa vie en onze leçons*, Paris, Payot, 2002.
33. R.-P. DROIT, "Le mou, le raté et le flou", *Le Monde des livres*, 18 de janeiro de 2002, p. 8.
34. Ciclo de conferências da Igreja reformada de l'Étoile, Paris, em 2001.

TERCEIRA PARTE: CONSTRUIR A FELICIDADE

Capítulo 7
Como não ficar infeliz

1. Ed. fr.: P. WATZLAWICK, *Faites vous-mêmes votre malheur*, Paris, Seuil, 1984.
2. M. MURAVEN *et al.*, "Self-control as a limited resource: Regulatory depletion patterns", *Journal of Personality and Social Psychology*, 1998, 74: 774-89.
3. M. McGUIRE, A. TROISI, Darwinian Psychiatry, Oxford, Oxford University Press, 1998.
4. C. WADDELL, "Creativity and mental illness: Is there a link?", *Canadian Journal of Psychiatry*, 1998, 43: 166-72.

5. R. WEIS, M. C. LOVEJOY, "Information processing in everyday life: Emotion-congruent-bias in mother's report of parent-child interaction", *Journal of Personality and Social Psychology*, 2002, 83: 216-30.
6. E. YOUNGSTROM *et al.*, "Dysphoria-related bias in maternal ratings of children", *Journal of Consulting and Clinical Psychology*, 1999, 67: 905-16.
7. Z. V. SEGAL *et al.*, "A cognitive science perspective on kindling and episode sensitizations in recurrent affective disorders", *Psychological Medicine*, 1996, 26: 371-80.
8. Citado por A. SCHOPENHAUER, *L'Art d'être heureux*, Paris, Seuil, 2001, p. 56.
9. *Le Petit Robert*, Paris, Dictionnaires Le Robert, 1990.
10. D. WATSON, *Mood and Temperament*, *op. cit.*
11. P. FÉDIDA, *Les Bienfaits de la dépression*, Paris, Odile Jacob, 2001.
12. P. T. COSTA *et al.*, "Environmental and dispositional influences on well-being: Longitudinal follow-up on an american national sample", *Journal of Personality and Social Psychology*, 1987, 78: 299-306.
13. J. M. VANELLS *et al.*, "Controlled efficacy study of fluoxetine in dysthymia", *British Journal of Psychiatry*, 1997, 170: 345-50.
14. J. C. MARKOWITZ, "Psychotherapy of dysthymia", *American Journal of Psychiatry*, 1994, 89: 1114-21.
15. A. V. RAVINDRAN *et al.*, "Treatment of primary dysthymia with group cognitive therapy and pharmacotherapy", *American Journal of Psychiatry*, 1999, 156: 1608-17.
16. N. BAUMAN, J. KUHL, "Intuition, affect and personality: Unconscious coherence judgments and self-regulation of negative affects", *Journal of Personality and Social Psychology*, 2002, 83: 1213-23.
17. R. E. THAYER, "Rational mood substitution: Exercise more and indulge less", *in* R. E. Thayer, *The Origin of Everyday Mood*, *op. cit.*, pp. 157-68.
18. R. WESTERMANN *et al.*, "Relative effectiveness and validity of mood induction procedures: A meta-analysis", *European Journal of Social Psychology*, 1996, 26: 557-80.

19. M. DUGAS *et al.*, "Intolerance of uncertainty and worry", *Cognitive Therapy and Research*, 2001, 25: 551-8.
20. J. K. NOREM, "Defensive pessimism, optimism, and pessimism", *in* E. C. Chang (ed.), *Optimism and Pessimism*, Washington DC, American Psychological Association, 2001, pp. 77-100.
21. M. E. P. SELIGMAN, "Explanatory style: Predicting depression, achievement and health", *in* M. D. Yapko (ed.), *Brief Therapy Approaches to Treating Anxiety and Depression*, Nova York, Brunner-Mazel, 1989.
22. C. J. ROBINS, A. M. HAVES, "The role of causal attributions in the prediction of depression", *in* G. M. Buchman, M. E. P. Seligman (eds.), *Explanatory Style*, Hillsadale (NJ), Erlbaum, 1995, pp. 71-98.
23. M. MINOIS, *Histoire de l'avenir, des prophètes à la prospective*, Paris, Fayard, 1996.
24. J.-C. PECKER, "L'effet Mars", *Sciences et Avenir*, 1995, edição especial n.º 101, pp. 20-6.
25. N. AMBADY, H. M. GRAY, "On being sad and mistaken: Mood effects on the accuracy of thin-slice judgments", *Journal of Personality and Social Psychology*, 2002, 83: 947-61.
26. J. M. DARLEY, C. D. BATSON, "From Jerusalem to Jericho: A study of situational and dispositional variables in helping behaviors", *Journal of Personality and Social Psychology*, 1973, 27: 100-8.
27. R. F. BAUMEISTER *et al.*, "Effects of social exclusion on cognitive processes: Anticipated aloneness reduces intelligence thought", *Journal of Personality and Social Psychology*, 2002, 83: 817-827.
28. E. CIORAN, *Cahiers 1957-1972*, Paris, Gallimard, 1997, p. 801.
29. R. H. SMITH, E. DIENESR, D. H. WEDELL, "Intrapersonal and social comparison determinants of hapiness: a range-frequency analysis", *Journal of Personality and Social Psychology*, 1989, 56: 317-25.
30. R. MAUZI, *op. cit.*, p. 296.
31. M. BALINT, *Les Voies de la régression*, Paris, Payot, 2000.
32. Ed. fr.: A. BIERCE, *Le Dictionnaire du Diable*, Paris, Payot-Rivages, 1989.
33. P. LEGRENZI, *Le Bonheur, op. cit.*, p. 28.

◆

34. V. B. SCOTT *et al.*, "The development of a trait measure of ruminative thought", *Personality and Individual Differences*, 1999, 26: 1045-53.
35. F. ROUSTANG, *La Fin de la plainte*, Paris, Odile Jacob, 2000.

Capítulo 8
Cultivar e proteger a felicidade

1. Dictionnaire *Le Robert*, *op. cit.*
2. Citado por R. MAUZI, *op. cit.*, pp. 261-2.
3. B. RUSSELL, *La Conquête du bonheur*, Paris, Payot, 1962.
4. S. S. DALAI-LAMA, H. CUTLER, *L'Art du bonheur*, Paris, Robert Laffont, 1999.
5. Citado por R. MAUZI, *op. cit.*, p. 42.
6. Ver, por exemplo, o clássico M. AUCLAIR, *Le Livre du bonheur*, Paris, Seuil, 1959. Ou então, D. GLOCHEUX, *Petits chemins du bonheur*, Paris, Flammarion, 1999.
7. Entrevista de J.-L. SERVAN-SCHREIBER, *Psychologies*, 2002, n.º 213, p. 114.
8. E. CIORAN, *Entretiens*, Paris, Gallimard, 1995, p. 314.
9. R. LADOUCEUR, A. MARCHAND, J.-M. BOISVERT, *Les Troubles anxieux. Approche cognitive et comportementale*, Paris, Masson, 1999.
10. P. DANINOS, *Le 36ᵉ dessous*, Paris, Hachette, 1966.
11. Dictionnaire *Le Robert*, *op. cit.*
12. C. PETERSON, "The future of optimism", *American Psychologist*, 2000, 55: 44-55.
13. M. F. SCHEIER *et al.*, "Optimism, pessimism and psychological well-being", *in* E. C. Chang (ed.), *op. cit.*, pp. 189-216.
14. C. PETERSON *et al.*, "Pessimistic explanatory style is a risk-factor for physical illness: A thirty-five year longitudinal study", *Journal of Personality and Social Psychology*, 1988, 55: 23-7.
15. S. GUELLATI *et al.*, "Le rôle de l'optimisme dans les suites opératoires", *Journal de thérapie comportementale et cognitive*, 2000, 10: 15-29.
16. S. GUELLATI, "Le concept d'optimisme en psychologie de la santé", *Journal de thérapie comportementale et cognitive*, 2000, 10: 5-14.

17. I. BRISSETTE *et al.*, "The role of optimism in social network development, coping and psychological adjustment during a life transition", *Journal of Personality and Social Psychology*, 2002, 82: 102-11.
18. VOLTAIRE, *Candide*, Paris, Hachette, "Classiques", 1991.
19. L. G. ASPINWALL *et al.*, "Understanding how optimism works: An examination of optimist's adaptative moderation of belief and behavior", *in* E. C. Chang (ed.), *op. cit.*, pp. 217-38.
20. L. G. ASPINWALL *et al.*, "Optimism and self-mastery predict more rapid disengagement from unsolvable tasks in presence of alternatives", *Motivation and Emotion*, 1999, 23: 221-45.
21. L. G. ASPINWALL *et al.*, "Distinguishing optimism from denial: optimistic beliefs predict attention to health threats", *Personality and Social Psychology Bulletin*, 1996, 22: 993-1003.
22. S. E. TAYLOR *et al.*, "Optimism, coping, psychological distress and high-risk sexual behavior among men at risk for AIDS", *Journal of Personality and Social Psychology*, 1992, 63: 460-73.
23. R. RAGHUNATHAN, Y. TROPE, "Walking the tightrope between feeling good and being accurate: mood as a ressource in processing persuasive messages", *Journal of Personality and Social Psychology*, 2002, 83: 510-25.
24. B. R. LEVY *et al.*, "Longevity increased by positive self-perceptions of aging", *Journal of Personality and Social Psychology*, 2002, 83: 261-70.
25. S. E. TAYLOR *et al.*, "Psychological ressources, positive illusions and health", *American Psychologist*, 2000, 55: 99-109.
26. R. W. ROBINS, J. S. BEER, "Positive illusions about the self: Short-term benefits and long-term costs", *Journal of Personality and Social Psychology*, 2001, 80: 340-52.
27. Segundo R. G. MORRIS, "Spatial localization does not require the presence of local cues", *Learning and Motivation*, 1981, 12: 239-60; R. BRANDEIS *et al.*, "The use of the Morris Water Maze in the study of memory and learning", *International Journal of Neuroscience*, 1989, 48: 29-69.
28. M. SELIGMAN, *Apprendre l'optimisme*, Paris, InterÉditions, 1994.

29. A. HOFFART e H. SEXTON, "The role of optimism in the process of schema-focused cognitive therapy of personality problems", *Behaviour Research and Therapy*, 2002, 40: 611-23.
30. J. H. RISKINF *et al.*, "For every malady a sovereign cure: Optimism training", *Journal of Cognitive Psychotherapy*, 1996, 10: 105-17.
31. A. BANDURA, *L'Apprentissage social*, Bruxelas, Mardaga, 1980.
32. A. MEMMI, *L'Exercice du bonheur*, Paris, Arléa, 1995, p. 11.
33. E. DIENER, R. J. LARSEN, "The experience of emotional well-being", *in* M. Lewis, J. M. Havilland, *Handbook of Emotions*, Nova York, Guilford Press, 1993, p. 407.
34. A. COMTE-SPONVILLE, *Le Bonheur, désespérément*, Nantes, Pleins Feux, 2000, p. 102.
35. M. E. McCULLOUGH, "The grateful disposition: A conceptual and empirical topography", *Journal of Personality and Social Psychology*, 2002, 82: 112-27.
36. R. A. EMMONS, C. A. CLUMPER, "Gratitude as human strenght: Appraising the evidence", *Journal of Social and Clinical Psychology*, 2000, 19: 56-69.
37. A. COMTE-SPONVILLE, *Petit traité des grandes vertus*, Paris, PUF, 1995.
38. A. COMTE-SPONVILLE, *Le Bonheur, désespérément, op. cit.*, p. 21.

QUARTA PARTE: COMO ESTÁ A SUA RELAÇÃO COM A FELICIDADE?

1. H. J. EYSENCK, S. B. G. EYSENCK, *Manual of the Eysenck Personality Questionnaire*, S. Diego, CA, "Educational and Industrial Testing Service", 1975; D. WATSON *et al.*, "Development and validation of brief measures of positive and negative affects", *Journal of Personality and Social Psychology*, 1988, 54:1063-70.
2. E. DIENER *et al.*, "The Satisfaction With Life Scale", *Journal of Personality Assessment*, 1985, 49: 71-5; W. PAVOT, E. DIENER, "Review of the Satisfaction With Life Scale", *Psychological Assessment*, 1993, 5: 164-72.
3. P. LEWINSOHN e M. GRAF, "Pleasant activites and depression", *Journal of Consulting and Clinical Psychology*, 1973, 41: 261-8.

4. J. VAN RILLAER. *La Gestion de soi*, Bruxelas, Mardaga, 1992, pp. 79-82.
5. M. F. SCHEIER *et al.*, "Distinguishing optimism and neuroticism: A reevaluation of the Life Orientation Test", *Journal of Personality and Social Psychology*, 1994, 67: 1063-78; J. B. ROTTER, "Generalized expectancies for internal versus external control of reinforcement", *Psychological Monographs*, 1966, 80 (todo o número 609).

IMPRESSÃO E ACABAMENTO:
YANGRAF Fone/Fax: 6195.77.22
e-mail:yangraf.comercial@terra.com.br